◎转型时代的中国财经战略论丛◎

本专著为山东省社会科学规划研究项目"中国制造2025"背景下山东省人才协调适配度评价与人才开发研究（19BYSJ15）的研究成果

山东省制造业人才与产业发展协调适配度测评及开发研究

崔霞 著

中国财经出版传媒集团

·北京·

图书在版编目（CIP）数据

山东省制造业人才与产业发展协调适配度测评及开发研究 / 崔霞著. -- 北京：经济科学出版社，2025.7. (转型时代的中国财经战略论丛). -- ISBN 978-7-5218-7118-0

Ⅰ. F426.4

中国国家版本馆 CIP 数据核字第 2025Y9C167 号

责任编辑：宋　涛
责任校对：齐　杰
责任印制：范　艳

山东省制造业人才与产业发展协调适配度测评及开发研究

崔霞　著

经济科学出版社出版、发行　新华书店经销
社址：北京市海淀区阜成路甲 28 号　邮编：100142
总编部电话：010-88191217　发行部电话：010-88191522
网址：www.esp.com.cn
电子邮箱：esp@esp.com.cn
天猫网店：经济科学出版社旗舰店
网址：http://jjkxcbs.tmall.com
北京季蜂印刷有限公司印装
710×1000　16 开　15.75 印张　250000 字
2025 年 7 月第 1 版　2025 年 7 月第 1 次印刷
ISBN 978-7-5218-7118-0　定价：78.00 元
(图书出现印装问题，本社负责调换。电话：010-88191545)
(版权所有　侵权必究　打击盗版　举报热线：010-88191661
QQ：2242791300　营销中心电话：010-88191537
电子邮箱：dbts@esp.com.cn）

前　言

转型时代的中国财经战略论丛

本书为山东省社科规划研究项目"中国制造2025"背景下山东省人才协调适配度评价与人才开发研究（19BYSJ15）的研究成果。

制造业是国民经济的主体，是立国之本、兴国之器、强国之基。2025年是我国实施制造强国战略第一个十年的关键节点，也是"十四五"规划的收官之年。党的二十大报告中指出，坚持把发展经济的着力点放在实体经济上，推进新型工业化，加快建设制造强国。党的二十届三中全会强调，培育壮大先进制造业集群，推动制造业高端化、智能化、绿色化发展。作为经济大省、制造业大省，山东制造业在我国经济版图中有着重要地位，从总量、市场、效益到成长都稳居全国前列。

制造业的高质量发展，人才是关键。必须牢固树立"人才是第一资源"的观念，加强人才开发工作。党的二十大报告中明确指出"加快建设国家战略人才力量，努力培养造就更多大师、战略科学家、一流科技领军人才和创新团队、青年科技人才、卓越工程师、大国工匠、高技能人才"。

本书在梳理人才、制造业、协调适配度等概念和国内外关于科技人才评价、高技能人才评价、人才与产业协调适配度等相关文献的基础上，运用人力资本理论、协同分析理论、系统耦合与耦合的复合系统等理论，采用文献研究法、案例分析法和耦合分析法等研究方法，首先，分析了山东省制造业人才和制造业的发展现状；其次，构建了山东省制造业人才（科技人才、高技能人才）的评价指标体系、山东省制造业发展评价指标体系；再次，建立了山东省制造业人才和制造业协调适配度模型，并对两子系统的协调匹配情况进行分析；同时，以山东省制造业上市公司为样本，分析企业经营管理人才与企业创新绩效的匹配度；

最后，基于山东省制造业人才与制造业协调适配的基础上，提出山东省制造业人才开发的战略对策。

本专著从构思到形成初稿再到定稿历经六年，从制造业"十三五"的快速发展到"十四五"规划的收官之年和制造业的高质量发展，其间写作大纲反复修改、文献梳理更新补充、数据获取与处理全部更新、实证研究和对策分析逐步成熟、完善，直至最后定稿，写作中的艰辛、困难和喜悦，令人感慨不已。崔霞（山东财经大学）负责全书的设计、大纲和内容的编写，并进行了多次的修改、更新、总纂、审核和定稿。丁宇森博士（香港大学）利用专业优势为本书提出了很好的研究思路，特别是关于山东省制造业的现状和发展从专业角度提供了建议、素材、数据和分析。王芳（青岛工学院）参加了本专著的编写，完成了最后定稿的指标体系所用数据的更新、数据处理、分析和耦合度的研究等。

衷心感谢！

崔霞

2025 年 5 月

目 录

转型时代的中国财经战略论丛

第1章 绪论 ·· 1
  1.1 研究背景和意义 ····································· 1
  1.2 研究方法和思路 ····································· 4
  1.3 研究的主要内容和创新点 ····························· 6

第2章 相关概念和理论基础 ································· 8
  2.1 相关概念 ··· 8
  2.2 理论基础与协调适配的作用机制 ······················ 21
  2.3 人才与产业发展协调适配的作用机制 ·················· 24

第3章 山东省制造业现状及创新研究 ······················ 37
  3.1 中国制造业发展大背景 ······························ 37
  3.2 山东省制造业发展的现状 ···························· 39
  3.3 山东省制造业发展的创新 ···························· 48
  3.4 山东省打造先进制造业集群成效显著 ·················· 54
  3.5 山东省制造业发展存在的问题 ························ 58

第4章 山东省制造业人才现状与问题研究 ·················· 62
  4.1 山东省制造业发展的回顾和制造业人才概况 ············ 62
  4.2 山东省制造业科技人才的现状 ························ 65
  4.3 山东省制造业高技能人才的现状 ······················ 69
  4.4 山东省制造业对人才的需求预测 ······················ 74

4.5 山东省制造业人才存在的问题与对策 …………………………… 77

第5章 山东省制造业评价指标体系的构建与应用 ………………… 81

5.1 制造业评价指标体系构建的基础 ……………………………… 81
5.2 制造业发展不同评价指标体系的研究 ………………………… 87
5.3 山东省制造业评价指标体系的构建 …………………………… 92
5.4 山东省制造业评价指标体系的应用 …………………………… 100

第6章 山东省制造业人才评价指标体系的构建与应用 …………… 110

6.1 山东省制造业科技人才评价指标体系的构建与应用 ………… 110
6.2 山东省制造业高技能人才评价指标体系的构建与应用 ……… 122

第7章 山东省制造业人才与制造业协调适配度模型的构建与应用 … 129

7.1 文献综述 ………………………………………………………… 129
7.2 山东省制造业人才与产业发展协调适配度模型的构建 ……… 135
7.3 山东省制造业人才与产业发展协调适配度模型的
应用（实证分析）………………………………………………… 145

第8章 山东省制造业经营管理人员的现状与匹配度研究
——基于山东省制造业上市公司的研究 ………………… 170

8.1 山东省制造业上市公司与山东省制造业发展之间的
关系 ……………………………………………………………… 170
8.2 山东省制造业经营管理人员的现状分析 ……………………… 175
8.3 山东省制造业经营管理人员团队对企业创新绩效的
影响研究 ………………………………………………………… 178

第9章 基于协调适配的制造业人才开发战略对策 ………………… 200

9.1 山东省制造业高质量发展目标和展望 ………………………… 200
9.2 山东省制造业经营管理人才开发对策 ………………………… 204
9.3 山东省制造业科技人才开发对策 ……………………………… 211
9.4 山东省制造业高技能人才开发对策 …………………………… 216

参考文献 ………………………………………………………………… 228

第1章 绪　　论

1.1 研究背景和意义

1.1.1 研究背景

制造业是立国之本、强国之基。制造业是工业化和现代化的主导力量，其发展水平是衡量工业化国家或地区综合实力和竞争力的重要标志。2018年的中央经济工作会议首次对制造业高质量发展作出战略部署。《中华人民共和国国民经济和社会发展第十四个五年规划和2035年远景目标纲要》明确指出，要保持制造业比重基本稳定，增强制造业竞争优势，推动制造业高质量发展。2021年，习近平总书记在广西考察时强调，制造业高质量发展是我国经济高质量发展的重中之重，建设社会主义现代化强国和发展壮大实体经济都离不开制造业。党的二十大报告中指出，坚持把发展经济的着力点放在实体经济上，推进新型工业化，加快建设制造强国。党的二十届三中全会强调，要培育壮大先进制造业集群，推动制造业高端化、智能化、绿色化发展。2025年是我国实施制造强国战略第一个十年的关键节点，也是"十四五"规划的收官之年。该战略自2015年启动，截至2025年，多项指标已超额完成，例如新能源汽车、高铁、5G等领域达到国际领先水平，十大重点领域（如新一代信息技术产业、高端装备制造）70%以上的生产任务提前实现。因此，当前中国制造业越来越注重"高质量发展""智能化转型"等。

山东省作为具有中国制造业典型发展特征的省份，其制造业在山东省工业化进程中占据着举足轻重的位置，也是中国制造业发展的缩影。山东省《先进制造业强省行动计划（2022~2025年）》指出，山东省制造业发展的总体目标是坚持"破三难、优四产、促五化"的"345"推进思路，加快破解创新能力偏弱、产业结构偏重、资源要素偏紧等难题，以更大力度转移优化低效产能、改造升级传统产业、培育壮大新兴产业、前瞻布局未来产业，全力促进制造业高端化、智能化、绿色化、服务化、生态化发展。力争到2025年，制造业增加值占全省GDP比重达到30%左右，规模以上工业企业营业收入利润率达到6%左右，规模以上工业企业研究与试验发展（R&D）经费支出占营业收入比重达到2.2%左右，高新技术产业产值占规模以上工业总产值比重达到50%左右，数字经济核心产业增加值占全省GDP比重达到10%左右，单位工业增加值能源消耗较2020年降低17%左右，推动制造业实现质的有效提升和量的合理增长，初步建成先进制造业强省。

作为经济大省、制造业大省，山东制造业在我国经济版图中有着重要地位，总量规模稳居全国前列，重点行业市场占有率较高，涌现出海尔、重汽、浪潮、潍柴等一大批知名制造业企业，但在世界百年未有之大变局与国际形势复杂深刻演变的大背景下，发展方式相对粗放、结构不尽合理等问题给山东制造业高质量发展带来较大挑战。

制造业的高质量发展，人才是关键。发展先进制造业，人才也是关键，因此必须牢固树立"人才是第一资源"的观念，加强人才开发工作。制造业的高质量发展需要提高人才供需的匹配度，而近年来，中国人才培养总量不断扩大，但人才培养的质量和效益还有待提高，存在着中低端人才供给过剩，高端技术型、技能型、创新型人才供给不足的结构性矛盾。

本书旨在探索评价山东省制造业发展和人才开发的协调适配度。在山东省制造业发展现状、制造业人才发展现状分析的基础上，基于区域制造业发展和制造业人才评价指标的构建，采用耦合协调度的方法构建了制造业及其人才协调适配度模型并进行了测评，分析山东省制造业人才和制造业的协同情况。在此基础上，提出解决供需失衡的具体设想和政策建议，以培养和造就一批高素质的制造业人才，为山东省制造业的发展提供强有力的理论支撑。

1.1.2 研究意义

1.1.2.1 理论意义

通过梳理人才评价、制造业评价和人才产业关系的相关文献发现，学者们多注重研究个体或企业评价、人才结构和产业结构的协调研究，对于区域制造业人才、区域制造业的评价、区域制造业人才与制造业协调适配关系的研究分析较少。本研究在国内外相关文献的基础上，借鉴了前人研究人才产业结构适配度的研究方法，并以协同分析和系统耦合理论为基础，构建了两个子系统的评价指标体系，并对山东省制造业人才和制造业发展协调适配情况进行了定性和定量分析，丰富和深化了制造业评价、制造业人才评价、制造业人才与制造业协调适配度评价的理论研究。

1.1.2.2 现实意义

党的二十大报告中指出，坚持把发展经济的着力点放在实体经济上，推进新型工业化，加快建设制造强国。实现制造强国的战略目标，关键在人才。面对新的形势和挑战，必须把制造业人才发展摆在更加突出的战略位置，加强顶层设计，发挥资源优势、抓好体制机制改革、强化人才队伍基础、补齐人才结构短板、优化人才发展环境，充分发挥人才在制造强国建设中的引领作用。

本书旨在基于山东省制造业和山东省制造业人才两个变量，从区域人才和产业发展协调适配的视角探讨山东省制造业人才开发的战略，本书的研究：一是有利于山东省制造业人才资源满足制造业的需求；二是有利于山东省制造业人才培养与制造业发展需求更加吻合；三是有利于提高山东省制造业重点领域人才供给能力；四是有利于山东省制造业人才资源聚集能力和效应的增强；五是有利于山东省制造业人才发展制度改革的进展；六是通过基于协调适配的山东省制造业人才的开发，对山东省制造业的高速高质量发展具有重要的现实意义，进而对区域人才与区域产业的发展有一定的借鉴意义。

1.2 研究方法和思路

1.2.1 研究方法

1.2.1.1 文献研究法

围绕人才评价、产业评价、人才与产业关系等主题，通过查阅、学习国家、政府各部委、省市各级相关的文件，检索图书馆和电子数据库中相关的书籍、报告、期刊资料和数据，提取《山东省统计年鉴》《中国统计年鉴》、山东省统计局官方网站、山东省工业和信息化厅官方网站等的相关数据，对所搜集的资料、数据进行梳理、分类、归纳和研究，为后续研究工作提供必要的理论和数据支撑。

1.2.1.2 案例分析法

以山东省制造业和山东省制造业人才为研究案例，运用区域人才与产业协调适配度的相关理论和模型，对山东省制造业人才、山东省制造业发展的现状及其协调匹配度进行较深层次的分析和研究，找出其暴露的问题和不足，并以此为切入点，找出问题解决方案和措施，为其他同类区域、产业提供一定的参考和借鉴。

1.2.1.3 耦合分析法

耦合分析法是研究多个物理场或系统组件间相互作用的一种分析方法，通过揭示不同物理过程或子系统间的关联机制，解决复杂工程和科学问题。本研究借鉴这一方法，将山东省制造业人才和山东省制造业作为两个子系统，以耦合度与耦合协调度为评判指标，通过构建山东省制造业人才与山东省制造业耦合发展评判模型，定量评估两者的协同发展现状，提出相应的发展对策。

1.2.2 研究思路

本书在梳理人才、制造业、协调适配度等概念和国内外关于科技人才评价、高技能人才评价、人才与产业协调适配度等相关文献的基础上，运用人力资本理论、协同分析理论、系统耦合与耦合的复合系统等理论，采用文献研究法、案例分析法和耦合分析法等研究方法，第一，分析了山东省制造业人才和制造业的发展现状；第二，构建了山东省制造业人才（科技人才、高技能人才）的评价指标体系、山东省制造业发展评价指标体系；第三，建立了山东省制造业人才和制造业协调适配度模型，并对两子系统的协调匹配情况进行分析；第四，以山东省制造业上市公司为样本，分析企业经营管理人才与企业创新绩效的匹配度；第五，基于山东省制造业人才与制造业协调适配的基础上，提出山东省制造业人才开发的战略对策。

技术路线如图 1-1 所示。

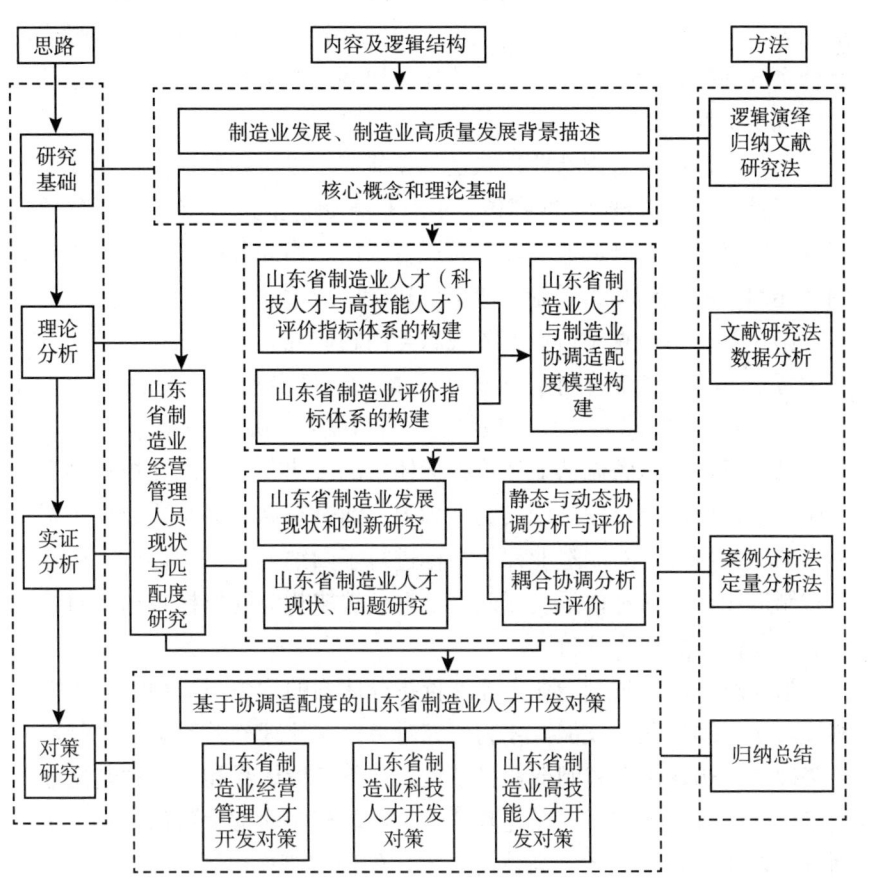

图 1-1　技术路线

1.3 研究的主要内容和创新点

1.3.1 研究的主要内容

本书共分为9章。

第1章，绪论。介绍研究背景和研究意义、研究方法和研究思路、研究的主要内容和创新点。

第2章，相关概念和理论基础。梳理描述了人才、制造业人才、制造业等概念，介绍了人力资本理论、协同分析理论和系统耦合与耦合的复合系统理论，论述了人才与产业发展协调适配的作用机制，为本研究提供理论支撑。

第3章，山东省制造业现状及创新研究。以中国制造业的高质量发展为背景，回顾梳理2018~2023年山东省制造业的发展，主要从单一评价指标对山东省制造业发展现状进行纵向和横向分析，总结了山东省制造业的创新驱动和先进制造集群建设的成效。

第4章，山东省制造业人才现状与问题研究。以山东省制造业的发展为背景，从制造业人才评价的单一指标角度分析山东省制造业人才（科技人才、高技能人才）的现状、问题并提出相应的对策。

第5章，山东省制造业评价指标体系的构建与应用。在梳理制造业发展、制造业高质量发展涵义的基础上，通过总结有关制造业评价指标体系的相关研究，对制造业评价指标进行了归纳、总结与选取，构建山东省制造业评价指标体系。在此基础上，选取相应的指标数据，对山东省制造业的发展作出评价。

第6章，山东省制造业人才评价指标体系的构建与应用。以制造业科技人才、制造业高技能人才为研究对象，在梳理相关政策和文献研究的基础上，构建山东省制造业科技人才评价指标体系和山东省制造业高技能人才评价指标体系。在此基础上，选取相应的指标数据，对山东省制造业人才（科技人才、高技能人才）的现状等作出评价。

第7章，山东省制造业人才与制造业协调适配度模型的构建与应用。在回顾梳理区域制造业人才与产业发展协调适配的不同模型的基础上,构建本研究的协调适配度模型。将山东省制造业人才与制造业看作经济子系统内的两个简单系统,在建立评价指标体系、计算功效函数、确定评价指标权重等的基础上,采用静态适配度、动态适配度和耦合协调适配度方法等,分析山东省制造业人才与产业发展协调适配度,为人才战略对策的提出提供依据。

第8章,山东省制造业经营管理人员的现状与匹配度研究。选取山东省制造业上市公司为样本,分析了样本企业的现状、样本企业经营管理人员的现状,进而分析山东省制造业上市公司经营管理人才与企业创新绩效的匹配度。

第9章,基于协调适配的制造业人才开发战略对策。本章以山东省制造业高质量发展为背景,论述山东省制造业人才(经营管理人才、科技人才、高技能人才)开发战略对策,以促进山东省制造业的发展。

1.3.2 创新点

研究视角新颖。本书运用协同分析理论等,从区域制造业人才和区域制造业发展协调适配度的视角,构建了区域制造业评价指标体系和区域制造业人才评价指标体系,并且将两个子系统作为一体进行协调匹配分析,以此为基础,提出了山东省制造业人才开发的战略对策。

研究方法的新颖。本书在总结协调适配度的静态、动态和综合模型的基础上,根据研究对象的特点,重点选取了耦合分析这一协调适配度的综合评价方法,以对山东省制造业人才和制造业发展的协调适配情况作出更准确的评价。

第 2 章 相关概念和理论基础

本章重点梳理和总结了人才、制造业人才（科技人才、技能人才、经营管理人才）、制造业及其分类等概念，介绍了人力资本理论、协同分析理论和系统耦合与耦合的复合系统理论，论述了人才与产业发展协调适配的作用机制，为本书提供理论支撑。

2.1 相关概念

2.1.1 制造业

2.1.1.1 制造业的涵义

一般认为，制造业是指根据市场的要求，对制造资源（物料、能源、设备、工具、资金、技术、信息和人力等），在制造过程中，转变成人们可以使用和利用的大型工具、工业品与生活消费产品的行业。不同行业、不同学者的观点有所不同。国家统计局《国民经济行业分类》（GB/T 4754—2017）认为制造业是指"经物理变化或化学变化后成为新的产品，不论是动力机械制造或手工制作，也不论产品是批发销售或零售，均视为制造业；建筑物中的各种制成品、零部件的生产应视为制造，但在建筑预制品工地，把主要部件组装成桥梁、仓库设备、铁路与高架公路、升降机与电梯、管道设备、喷水设备、暖气设备、通风设备与空调设备，照明与安装电线等组装活动，以及建筑物的装置，均列为建筑活动；本门类包括机电产品的再制造，指将废旧汽车零部件、工程机械、机床等进行专业化修复的批量化生产过程,再制造的产品达到与原有新产品相同的质量和性能。孔春蕾(2019)认为,制造业指的是开展原材料加工,零件组装、装配活动的不同行业总称[①]。张文昌(2019)认为,制造业是指在机械工业时代,按照市场的要求,对物料、能源、设备、工具、资金、技术、信息和人力等制造资源进行制造,以转化为供人们使用和利用的大型工具、工业品与生活消费产品的行业"[②]。

根据国家统计局2018年修订的《三次产业划分规定》,三次产业分为第一产业、第二产业和第三产业。第一产业是指农、林、牧、渔业(不含农、林、牧、渔专业及辅助性活动);第二产业是指采矿业(不含开采专业及辅助性活动),制造业(不含金属制品、机械和设备修理业),电力、热力、燃气及水生产和供应业,建筑业;第三产业即服务业,是指除第一产业、第二产业以外的其他行业(剔除国际组织)。制造业属于第二产业。

2.1.1.2 制造业的分类

1. 制造业的行业分类

制造业行业分类有国际标准产业分类法、中国国民经济行业分类法和中国证监会上市公司行业分类法三种分类模式。

(1)国际标准产业分类。国际标准产业分类是最具权威的产业分类标准之一,联合国统计委员会于1948年开始设计国际标准产业分类方案并编制完成,目前国际上广泛采用的是ISIC Rev.4版本,该标准主要以产业活动单位和法人单位作为划分单位,其统计单位为活动类型,采用四级行业结构,一级行业以一位字母A-Q编码,其中,制造业属于一级行业,编码为C或D。世界上很多国家和地区直接采用国际标准产业分类,但欧盟、美国、日本和中国等在国际标准产业分类的基础上,考虑到自然资源条件、要素禀赋结构和经济发展水平差异化特征导致的产业结构差异,对分类标准进行了相应的修正。

(2)中国国民经济行业分类。国家统计局《国民经济行业分类》(GB/T 4754—2017)认为制造业包含31大类,属于行业分类中的13~

[①] 孔春蕾. 我国制造业转型升级的税收政策优化研究[D]. 上海:上海海关学院,2019.

[②] 张文昌. 中国制造业全要素生产率测算与分解[D]. 武汉:中共湖北省委党校,2019.

43大类。包括：农副食品加工业，食品制造业，酒、饮料和精制茶制造业，烟草制品业，纺织业，纺织服装、服饰业，皮革、毛皮、羽毛及其制品和制鞋业，木材加工和木、竹、藤、棕、草制品业，家具制造业，造纸和纸制品业，印刷和记录媒介复制业，文教、工美、体育和娱乐用品制造业，石油、煤炭及其他燃料加工业，化学原料和化学制品制造业，医药制造业，化学纤维制造业，橡胶和塑料制品业，非金属矿物制品业，黑色金属冶炼和压延加工业，有色金属冶炼和压延加工业，金属制品业，通用设备制造业，专用设备制造业，汽车制造业，铁路、船舶、航空航天和其他运输设备制造业，电气机械和器材制造业，计算机、通信和其他电子设备制造业，仪器仪表制造业，其他制造业，废弃资源综合利用业，金属制品、机械和设备修理业。

同时，我们以《国民经济行业分类》（GB/T 4754—2017）为基础，对国民经济行业分类中符合高技术产业（制造业）特征有关活动的企业进行了再分类，制定了《高技术产业（制造业）分类（2017）》，指出"高技术产业（制造业）是指国民经济行业中R&D投入强度①相对高的制造业行业，包括：医药制造，航空、航天器及设备制造，电子及通信设备制造，计算机及办公设备制造，医疗仪器设备及仪器仪表制造，信息化学品制造等6大类"。

（3）中国证监会上市公司行业分类。中国证监会《上市公司行业分类指引（2012年修订）》指出，为规范上市公司行业分类工作，根据《中华人民共和国统计法》《证券期货市场统计管理办法》《国民经济行业分类》等法律法规和相关规定，制定《上市公司行业分类指引》。《上市公司行业分类指引（2012年修订)》和《国民经济行业分类》（GB/T 4754—2017）一样，也包括13～43大类。

2. 资源密集度（生产要素集约度）分类法

根据制造业中要素密集度或者相对密集度，即不同行业在生产过程中对要素依赖程度的差异，可分为资本密集型、劳动密集型、技术密集型。劳动密集型产业是指主要依赖大量劳动力进行产品生产活动，而对资本和技术依赖程度较低的行业；资本密集型产业的典型特征是人均固

---

① R&D投入强度是指R&D经费支出与企业主营业务收入之比。R&D（即研究与试验发展）是指为增加知识存量（也包括有关人类、文化和社会的知识）以及设计已有知识的新应用而进行的创造性、系统性工作。

定资本和流动资本比较高，即资本劳动比很高；技术密集型产业是指在生产过程中技术贡献程度最高的行业，如高新技术制造业等。相应的，制造业分为资本密集型、劳动密集型、技术密集型制造业。

3. 生产流程分类法

根据技术生产流程，按生产的先后顺序划分类别。以制造业为例，可划分为上游、中游、下游产业。处于生产流程初始端、制造业产业链首端位置的称为上游产业，包括与原材料相关的部分制造业；处于生产流程中间环节、制造业产业链中间位置的称为中游产业，包括金属冶炼、化工原料；处于生产流程末端、制造业产业链末端位置的为下游产业，如纺织、服装等。

4. 发展趋势分类法

根据产业的发展趋势，可以将其分为朝阳产业、夕阳产业。需要注意的是，朝阳产业与夕阳产业的划分不是一成不变的，就现阶段而言，朝阳产业一般指的是新兴制造业，是技术创新的主要部门，市场前景广阔，具有强大生命力且代表未来发展趋势，如高效节能通用设备制造业、新型建筑材料制造业和高端计算机制造；夕阳产业则指的是逐渐衰落的传统制造业部门，该类产业的典型特征是：市场需求不断萎缩，需求增长速度很低甚至停滞，产业收益率远远低于制造业各产业或国民经济各产业的均值，代表性的产业如胶卷制造业等。

2.1.1.3 重点制造业的分析

1. （高端）装备制造业

（1）（高端）装备制造业的涵义。山东省人民政府办公厅发布的《"十强产业"行动计划（2024—2025年）》指出，"十强产业"是山东省重点发展的十大产业集群之一。具体包括：新一代信息技术产业、高端装备产业、新能源产业、新材料产业、现代海洋产业、医养健康产业、高端化工产业、现代高效农业、文化创意产业、精品旅游产业。其中，高端装备产业，也就是高端装备制造业，包括智能家电、核医学影像设备、医用机器人等，青岛、威海等市聚焦现代海洋装备和医疗器械高端化。高端装备制造是山东重点发展的"十强"产业之一。

1998年中央经济工作会议提出"增强技术开发和创新能力，加大装备工业的开发力度，积极培育新的经济增长点，扶植一批有自主知识产权和市场前景的高新技术产品",这里的"装备工业"就是我们今天描述的"装备制造业"。对于装备制造业,人们的认识不尽相同,尚无公认的定义和范围界定。刘会政、朱光(2018)认为装备制造业是指为了满足国民经济各部门发展和国家安全需要,制造各种技术装备产业的总称①。全国政协委员、原机械工业部副部长李守仁在"十五"计划上的讲话中对装备制造业所下的定义比较清晰,概括得较为全面,按装备的功能和重要性,装备制造业主要包含了三个方面内容:一是重大的先进的基础机械,即制造装备的装备——工作"母机",主要包括数控机床、柔性制造单元、柔性制造系统、计算机集成制造系统、工业机器人、大规模集成电路及电子制造设备等。二是重要的机械、电子基础件,主要是先进的液压、气动、轴承、密封、模具、刀具、低压电器、微电子和电力电子器件、仪器仪表及自动化控制系统等。三是国民经济各部门包括农业、能源、交通、原材料、医疗卫生、环保等科学技术、军工生产所需的重大成套技术装备,如矿产资源的井采及露天开采设备、大型火电、水电、核电成套设备,超高压交、直流输变电成套设备,石油化工、煤化工、盐化工成套设备,黑色和有色金属冶炼轧制成套设备,民用飞机、高速铁路、地铁及城市轨道车、汽车、船舶等先进交通运输设备,污水、垃圾及大型烟道气净化处理等大型环保设备,大江大河治理、隧道挖掘和盾构、大型输水输气等大型工程所需重要成套设备,先进适用的农业机械及现代设施农业成套设备,大型科学仪器和医疗设备,先进的军事装备,通信、航管及航空航天装备,先进的印刷设备等。

按照国民经济行业分类,装备制造业统计范围为金属制品业、通用设备制造业,专用设备制造业,汽车制造业,铁路船舶航空航天和其他运输设备制造业,电气机械和器材制造业,计算机、通信和其他电子设备制造业,仪器仪表制造业。

(2)(高端)装备制造业发展趋势及特征。许秀静(2025)② 认为装备制造业有以下发展趋势和特征:

---

① 刘会政,朱光. 中国装备制造业国际分工地位及提升路径研究 [J]. 国际商务(对外经济贸易大学学报),2018 (5):13 – 24.

② 许秀静. 鲁粤苏浙4省装备制造业创新力评价 [J]. 科技经济导刊,2025,33 (1):59 – 67.

①虚拟产业集群的发展态势已经显现。虚拟产业集群是通过虚拟化和网络虚拟平台的搭建,推动跨区域、跨行业的企业和机构,按照产业链的逻辑向虚拟空间集聚,形成"虚拟"与现实有机结合的产业集群。目前国内已经出现了不同类型产业集群的虚拟产业园,例如乌镇虚拟产业园、阿里淘工厂、重庆文化创意虚拟产业园、海尔"海立方"等。虚拟产业园、虚拟产业集群日益呈现出了跨区域性、跨产业性、生态开放的特征。

②产品结构注重向高端环节攀升。在新一代信息技术的推动下,装备制造业向高端化、智能化、绿色化方向迈进。智能装备领域,信息装备、智能制造装备、工业机器人、智能农业装备等都是装备制造的发展方向;绿色装备领域,以新能源为代表的绿色装备市场迅速崛起。如近几年,我国新能源汽车产销量快速上升,连续多年位居全球第一。

③生产方式正在加速向智能化转型。以信息化、数字化、网络化为核心的智能化转型已经成为装备制造企业的必经之路。借助工业互联网、5G、人工智能等数字化技术,实现生产计划、设备管理、物流配送、运营管理等系列功能,全面提升企业生产效率、提高协同水平以及促进资源配置优化。

④经营模式由单一生产转向系统集成。随着装备制造业分工的不断深化,越来越多的企业开始将注意力从实物制造转移到为用户提供全面解决方案上来,生产利润向研发设计、工程配套、维修服务甚至回收利用等环节转移。具有市场集合能力、综合服务能力的总承包企业,逐渐成为产业链的控制者。

⑤大型国际化企业的主导效应突出。装备制造业具有明显的规模经济效应,大型装备制造企业优势明显。近年来,我国在装备制造领域也涌现出一批具有较强国际竞争力的大型企业和专业化配套企业。如上汽集团2022年营收达1106.12亿美元,山东潍柴动力2022年出口收入占比51.2%,海外市场已占据公司业务半壁江山。

2. 先进制造业

党的十八大明确指出:要推动战略性新兴产业、先进制造业健康发展。2025年3月5日,李强在政府工作报告中介绍2025年工作任务时提出,推进科技创新与产业创新融合发展,大力推进新型工业化,做大做强先进制造业。

(1) 先进制造业的概念。韩莹莹（2024）[①]认为先进制造技术是先进制造产业的前提。美国最早在20世纪80年代末提出了先进制造技术的概念。随着信息技术的发展，先进制造的概念不断更新、内涵不断扩大。日本丰田公司提出了"精益生产"的概念，将先进制造模式融入先进制造产业中。

1992年，美国首次提出"先进制造业"概念，认为先进制造业是拥有先进制造技术的行业。美国先进制造业协会将先进制造业定义为：计算机技术、高精密技术以及信息技术的广泛使用与高绩效劳动力的结合使得生产系统能够在保持大规模制造效率与客户定制柔性的敏捷反应。

英国政府于2008年推出"高价值制造"战略，将先进制造业定义为应用先进的技术和专业知识、以创造能为英国带来持续增长和高经济价值潜力的产品、生产过程和相关服务，具体包括生物医药、航空航天装备、计算机、电子及光学产品制造等产业。英国政府科技办公室认为先进制造业是信息通讯技术、新材料等科技与产品和生产网络的融合，将极大改变产品的设计、制造，甚至使用方式，具有快速满足消费者需求、把握市场机遇、可持续发展、依赖高技术工人等四大特点。

日本经济产业省认为先进制造业是IT、物联网、大数据等作为应用手段与制造业相结合，将产品、产业的工业技术发挥到极致的一种产业形态，突出强调电子信息产业的作用，将逐步建立基于大数据的新技术研发基地，改造升级传统优势产业，转型为"下一代"先进制造业，大力发展机器人、新能源汽车、3D打印、信息技术等新兴产业。

德国联邦政府将先进制造业概括为新能源、新材料等高端技术在制造领域的深入应用，强调万物的智能互联，即突出尖端制造技术在传统领域的运用与带动，引领德国产业结构的高科技化趋势。

瑞士在《未来的瑞士制造业》报告中将知识密集型制造业定义为先进制造业。哈桑·巴劳·辛格里等（Hassan Barau Singhry et al., 2016）[②]、迪

---

① 韩莹莹. 中国先进制造业的概念界定、现状及发展趋势 [J]. 商展经济，2024 (3)：144–147.

② Hassan Barau Singhry, Azmawani Abd Rahman, Ng Siew Imm. Effect of advanced manufacturing technology, concurrent engineering of product design, and supply chain performance of manufacturing companies [J]. The International Journal of Advanced Manufacturing Technology, 2016, 86 (1–4)：663–669.

米特里斯·莫尔齐斯等（Dimitris Mourtzis et al.，2018）[①]、吉恩等（Jin et al.，2017）[②] 等认为先进制造业主要是使用先进制造技术、新兴技术手段的产业。

  国内学者也从多角度定义先进制造业，大致有"单因素""双因素""多因素"等不同观点。曹永峰、葛俊龙（2004）[③]，陈宝森（2004）[④]，杨若凡、夏建国（2005）[⑤] 认为先进制造业是一个拥有先进制造技术的产业。这种认为先进制造技术是决定先进制造业的唯一因素的观点，可以概括为"单因素"论。随着先进制造技术在企业生产中的重要性越来越大，先进制造技术向先进生产力的转化需要先进的管理配合。因此，有另一种观点认为，先进制造业的内涵包括先进制造技术和先进制造管理，或发现先进的生产技术需要与先进的生产模式相匹配才能发挥出先进生产技术的应有作用。学界将它概括为"双因素"理论，国内持"双因素理论"的代表性学者有：邹群彩、凌祥和涂善东（2001）[⑥]，朱海就（2006）[⑦]，杨大庆、谭风其（2006）[⑧]，李红、苏昌贵（2009）[⑨] 等。随着通信技术的发展，制造业价值链的不断延伸发展和新材料、新能源、新技术的不断应用，先进制造业的定义与内涵发生了巨大变化。先进制造业的概念发展为包括先进制造技术、先进制造流程、新品规划、先进化和柔性化生产过程等许多因素决定的制造企业。

[①] Dimitris Mourtzis, Ekaterini Vlachou, Vasilios Zogopoulos et al. Customer feedback gathering and management tools for product-service system design [J]. *Procedia CIRP*, 2018, 67.

[②] Mingzhou Jin, Renzhong Tang, Yangjian Ji et al. Impact of advanced manufacturing on sustainability: An overview of the special volume on advanced manufacturing for sustainability and low fossil carbon emissions [J]. *Journal of Cleaner Production*, 2017: 161.

[③] 曹永峰，葛俊龙. 先进制造业基地的成长与跨国公司研发国际化 [J]. 国际贸易问题，2004（12）：66-69.

[④] 陈宝森. 变革中的美国制造业 [J]. 世界经济与政治论坛，2004（2）.

[⑤] 杨若凡，夏建国. 先进制造业的发展与职业技术教育 [J]. 教育发展研究，2005（3）：66-69.

[⑥] 邹群彩，凌祥，涂善东. 先进制造模式——分散网络化制造的研究进展 [J]. 南京化工大学学报（自然科学版），2001（4）：106-110.

[⑦] 朱海就. 知识创新：论先进制造业基地建设 [J]. 科技进步与对策，2006（10）：108-111.

[⑧] 杨大庆，谭风其. 世界先进制造业的发展经验及其借鉴 [J]. 北方经济，2006（2）.

[⑨] 李红，苏昌贵. 新形势下长沙先进制造业基地建设与布局 [J]. 经济地理，2009，29（7）：1148-1153.

自此，先进制造业的定义进入"多因素"理论视野。持"多因素"理论的代表性学者有：伊斯梅尔等（Ismail et al.，2013）[①]、布雷特等（Brett et al.，2010）[②]、郑吉昌、朱开明（2004）[③]、李廉水、杜占元（2005）[④]、黄锦明（2008）[⑤]、李慧、崔茜茜和孙克强（2008）[⑥]、龚唯平、查伟伟和薛白（2008）[⑦]等。因此，向子威（2023）[⑧]按照"多因素"论界定先进制造业，即先进制造业是指应用创新技术、工艺、材料等生产要素，并能充分体现先进生产力发展方向的制造业总称。

（2）先进制造业的特征。目前，关于先进制造业的概念定义并没有统一的说法，但其特征总体较为相似，概括起来，主要包括"两个层次，三个特征，五个形态"。两个层次是指先进制造业不仅包括新一代科学技术，如信息技术、生物技术等创新发展出来的新产业形态，还包括传统制造业的转型升级；三个特征是指产业、技术和管理先进；五个形态是指先进制造业平台呈现系统化、信息化、智能化、绿色化、多样化。

2.1.2 制造业人才

2.1.2.1 人才

"人才"一词有着广泛的含义。国内早期的研究通常使用国家人事部1982年提供的"人才"的统计定义，即政府组织、企业和机构中具有职

[①] Ismail K，Abdullah M，et al. The Use of Business Strategy in Advanced Manufacturing Environment [J]. *International Journal of Asian Social Science*，2013，3（10）：2134－2146.

[②] Brett J，Reopel M. Advanced Manufacturing in New England：Strategies for Tapping the potential [J]. *Federal Reserve Bank of Boston*，2010（3）：5－8.

[③] 郑吉昌，朱开明. 先进制造业基地竞争优势的内在动因和服务支撑研究 [J]. 中国软科学，2005（4）：120－126.

[④] 李廉水，杜占元."新型制造业"的概念、内涵和意义 [J]. 科学学研究，2005（2）：184－187.

[⑤] 黄锦明. 我国发展先进制造业的对策研究 [J]. 未来与发展，2008，29（8）：5－8.

[⑥] 李慧，崔茜茜，孙克强. 对长三角先进制造业发展问题的研究 [J]. 上海经济研究，2008（4）：52－60.

[⑦] 龚唯平，查伟伟，薛白. 先进制造业的三维理论模型及其特征 [J]. 学术研究，2008（6）：74－79.

[⑧] 向子威. 路径依赖视角下先进制造业数字化转型实现路径研究 [D]. 上海：上海应用技术大学，2023.

业学校以上学历和初级以上专业技术职称的员工。《现代劳动关系辞典》界定人才是指在某些方面具有特定才能的人并且他们能够运用这些才能为社会、经济、文化等领域的发展做出较大贡献①。客观上讲,人才应该具有优良的品德、渊博的学识和丰富的才智,并且能够为社会做出较大贡献。2003 年 12 月 26 日《中共中央 国务院关于进一步加强人才工作的决定》中,在描述科学人才观时指出:"只要具有一定的知识或技能,能够进行创造性劳动,为推进社会主义物质文明、政治文明、精神文明建设,在建设中国特色社会主义伟大事业中作出积极贡献,都是党和国家需要的人才。"② 这是对传统人才概念的重大突破。《国家中长期人才发展规划纲要(2010—2020 年)》中指出:"人才是指具有一定的专业知识或专门技能,进行创造性劳动并对社会作出贡献的人,是人力资源中能力和素质较高的劳动者。人才是我国经济社会发展的第一资源。"③

2.1.2.2　制造业人才

本书研究的制造业人才主要包括科技人才、技能人才和高技能人才和经营管理人才。

1. 科技人才

科技人才是创新的核心动力。1987 年出版的《人才学辞典》上曾对"科技人才"做出如下界定:"科学人才和技术人才的略语。是在社会科学技术劳动中,以自己较高的创造力、科学的探索精神,为科学技术发展和人类进步做出较大贡献的人。"《"十三五"国家科技人才发展规划》指出,科技人才是指具备较高的专业知识或技术能力,在科学领域主动进行创造性、开拓性的工作,通过发挥专业知识技能推动国家科技发展和社会进步的人,这主要包括世界水平的科学家、科技领军人才、工程师、高水平创新团队、从事科研辅助工作的科技人员。科技人才是以知识为基础的人才,是具有自我驱动能力和独创性的个体,具有探索性、创造性、准确性、个性、协作性等特点。本研究将科技人才定义为具有较高道德修养、较高学历、较高创造力,并运用一定的专业知

---

① 苑茜,周冰,沈士仓,等. 现代劳动关系辞典 [M]. 北京:中国劳动社会保障出版社.
② https://www.gov.cn/test/2005-07/01/content_11547.htm.
③ 中共中央 国务院. 国家中长期人才发展规划纲要(2010—2020 年)[EB/OL]. 2021-06-07. http://www.moe.gov.cn/jyb_xwfb/s6052/moe_838/201006/t20100607_88754.html.

识和技能，在制造业中从事科技活动的人员。

科技人才的特点：（1）有深厚的科技理论基础知识和技能，从事科技工作，不仅要精通自己的研究方向，还要对多学科交叉的知识有足够的认识和了解；（2）有较强的创造力和对创新性事物的洞察力，能够透过现象看出问题的本质，发现和创造出前人未取得的科技成果；（3）有严谨的科学思维逻辑，能及时对研究对象进行判断和综合分析；（4）所取得的科技成果可以促进社会发展，为社会创造新价值。

《"十三五"国家科技人才发展规划》指出，科技人才是指具备科学思维和创新能力，从事科学技术创新活动的劳动者，主要包括以下几类人员：（1）科学研究人员：从事基础和应用研究，探索新的科学理论和现象。（2）工程设计人员：负责设计各种技术方案和系统，解决实际问题。（3）技术开发人员：将研究成果转化为实际应用的技术和产品。（4）科技创业人员：将科技成果转化为商业产品或服务，推动技术创新和经济发展。（5）科技服务人员：提供科技咨询、技术支持等服务，促进科技成果的应用和推广。（6）科技管理人员：负责科技项目的组织和管理，确保科研活动的顺利进行。（7）科学普及人员：通过教育和传播，提高公众对科学技术的理解和认识。

2. 技能人才和高技能人才

（1）技能人才。技能人才是指在生产和服务等领域岗位一线，掌握专门知识和技术，具备一定的操作技能，并在工作实践中能够运用自己的技术和能力进行实际操作的人员。《广东省技能人才发展条例》是全国首部关于技能人才发展的地方性法规，于2024年5月正式实施。该条例规定，技能人才是指依法取得技能类职业资格证书、职业技能等级证书、专项职业能力考核证书以及其他具有相应技能水平的人员。

技能人才的国家职业资格等级分为初级技工（五级）、中级技工（四级）、高级技工（三级）、技师（二级）和高级技师（一级）。

（2）高技能人才。2011年7月6日，中央组织部、人力资源社会保障部发布了《高技能人才队伍建设中长期规划（2010—2020年)》，这是中国第一个高技能人才队伍建设中长期规划。该规划指出："高技能人才是指具有高超技艺和精湛技能，能够进行创造性劳动，并对社会作出贡献的人，……高技能人才是我国人才队伍的重要组成部分，是各行各业产业大军的优秀代表，是技术工人队伍的核心骨干，在加快转变经济发展方式、促进产业结构优化升级、提高企业竞争力、推动技术创新和科技成果转化等方面具有重要作用。"[1]

2022年，中共中央办公厅、国务院办公厅印发了《关于加强新时代高技能人才队伍建设的意见》，指出："技能人才是支撑中国制造、中国创造的重要力量。加强高级工以上的高技能人才队伍建设，对巩固和发展工人阶级先进性，增强国家核心竞争力和科技创新能力，缓解就业结构性矛盾，推动高质量发展具有重要意义。"[2]

高技能人才的内涵随着经济社会的发展不断调整，学者们也提出了不同的观点。刘春生、马振华（2006）指出，高技能人才不可能有绝对的标准，而是在相对比较中产生的，高技能人才具有相对性、广义性、复合性等特征[3]。郎群秀（2006）指出，高技能人才是在生产和服务一线从业者中，掌握精深专门知识和具备精湛操作技能，能手脑并用的高级应用型人才，包括高级工、技师、高级技师，可分为技术技能型、复合技能型和知识技能型三类[4]。谌新民、潘彬（2009）定义的高技能人才是指在生产服务领域一线岗位的从业者中，具备精湛专业技能，能够在关键环节发挥作用，解决生产操作难题的人员，主要包括两类：一是取得国家职业资格一级（高级技师）、国家职业资格二级（技师）、国家职业资格三级（高级技工）等级证书的人员；二是虽然没有取得国家职业资格等级证书，但企业参照国家高技能人才标准由企业内部聘用的人才[5]。李小娟（2012）根据时代需求和特点，认为"高技能人才"是指具有一定的理论知识、精湛的技艺技能及较高的综合素质，能进行创造性劳动并对社会进步和经济发展作出贡献的人，主要包括技能劳动者中取得高级技工、技师和高级技师职业资格及相应职级的人员[6]。管平、胡家秀（2013）基于高端岗位对人才的要求提出，高端技能型

---

[1] 中组部、人力资源和社会保障部：《高技能人才队伍建设中长期规划（2010—2020年）》，2011.

[2] 中共中央办公厅、国务院办公厅. 关于加强新时代高技能人才队伍建设的意见，2022.

[3] 刘春生，马振华. 高技能人才界说[J]. 职教通讯，2006（3）：16-18.

[4] 郎群秀. 高技能人才内涵解析[J]. 职业技术教育（教科版），2006（22）：18-20.

[5] 谌新民，潘彬. 产业升级与高技能人才供给结构性失衡的影响因素研究——以广东省珠江三角洲地区为例[J]. 华南师范大学学报（社会科学版），2009（6）：84-91.

[6] 李小娟. 高职院校高技能人才培养的理性思考[J]. 中国高教研究，2012（6）：94-97.

人才必然是创新型人才，即创新型高技能人才。创新型高技能人才是指在传统高技能人才基础上，具有更强的学习能力、创新能力和实践能力，同时又具有较强的好奇心和求知欲望，能提出问题又能分析、解决问题，守规矩但敢于革新，富有个性又有团队精神，能较好地解决企业一线技术难题的专门人才[①]。

综上所述，本书认为高技能人才，是指具有高超技艺和精湛技能，能够进行创造性劳动，具有较强的好奇心和求知欲望并对社会作出贡献的人。

3. 经营管理人才

经营管理人才，亦称经营管理人员。《制造业人才发展规划指南》等规划体系政策中多次强调经营管理人员对制造业发展的重要作用，但均未对制造业经营管理人员的具体内涵作出明确界定。《国家中长期人才发展规划纲要（2010—2020）》对经营管理人员进行了界定，经营管理人员主要指企业家和职业经理人，这类人才具备较强的管理创新能力，能够提高企业的经营管理水平，满足产业结构转型升级的需要，他们具有长远的全球战略眼光和市场开拓精神有助于带领企业"走出去"，提高企业的国际竞争力。由此可见，经营管理人员的内涵与学术研究中"高管"的内涵较为一致，孙凯和刘祥等（2019）认为他们是企业的主要决策者和经营者，影响企业的发展方向及创新行为决策，进而影响到企业在市场上的盈利能力及竞争地位。在企业经营过程中，经营管理人员担负着综合分析把握复杂多变的内外部经营环境、及时跟踪察觉产品创新研发的最新态势、完善企业内部管理体系、带领企业找准市场定位适时开辟新市场等重要使命。

基于此，可以将制造业经营管理人员界定为能够参与制定公司战略决策并能对战略实施过程产生影响的战略制定人员与经营决策人员，包括企业家和职业经理人。本研究中的经营管理人员主要侧重职业经理人，因此经营管理人员主要包括总经理、副总经理及财务总监等，直接向总经理汇报工作的部门经理及董秘，其中包括兼任董事的高管人员，但不包括其他董事会成员、监事等。

经营管理人员有三个特点：职业化、专业化、市场化。

职业化是指经营管理人员以管理企业为职业。随着现代企业制度的

---

① 管平，胡家秀. 高职院校创新型高技能人才培养体系的构建与实施[J]. 高等教育研究，2013（2）：57-59.

成熟和完善，企业经营权与所有权分离促生了经理人这一职业的产生。

专业化是指经营管理人员具备专业业务知识和管理能力，体现在经营管理企业过程中的决策力、战略规划力、洞察力、沟通协调力等。

市场化是指经营管理人员能在职业经理人市场上自由流动并且薪酬市场化。

2.2 理论基础与协调适配的作用机制

2.2.1 人力资本理论

由于社会发展进程不断加快，人力资本逐渐变得稀缺，并渐渐成为经济发展的关键，传统资本理论已不适应当前社会经济进步的需要，人力资本理论也随之产生。亚当·斯密是人力资本思想的先驱者，他认为人的知识、经验和才能对社会生产有重要的作用，是一种生产性的资本[①]。此后，马歇尔、李斯特、费雪等经济学家相继对人力资本思想进行了研究，其中值得一提的是，人力资本的概念首次被费雪提出，但是在当时复杂的社会大背景下，人力资本概念并未得到使用。在20世纪60年代，人力资本理论诞生的标志是舒尔茨的《人力资本投资》演说，人力资本概念被正式使用[②]。舒尔茨作为人力资本理论的主要创立者，对人力资本的论证是基于宏观角度的分析。贝尔克弥补了舒尔茨的不足，对人力资本的微观角度进行系统阐释。

人力资本理论的主要观点有以下四点内容：第一，人力资本与经济增长和发展之间存在正向关系。经济发展是由各种因素共同发挥作用的结果，其中最核心的因素是人的因素，也就是说人的质量高与低决定着经济发展的结果，人的能力、学识水平的提高对经济增长的贡献比物质资本和劳动人口数量的增加更重要。第二，经济增长主要来源于人力资本投资。贝尔克是人力资本投资的主要贡献者，在经济增长的过程中，对人力资本的投资更加有效，投资效益远高于物质资本。他认为："人

---

① 王建明. 人力资本生产制度研究 [M]. 北京：经济科学出版社，2001：17.
② 冯子标. 人力资本运营论 [M]. 北京：经济科学出版社，2000：38.

力资本投资的唯一决定和最重要因素可能是这种投资的有利性或收益率①"。第三，人力资本对教育投资的影响。教育不再是仅存在消费层面，而是被看作是投资可获得回报的更有说服力的概念，人力资本对教育的投资收益远大于物质投资。第四，不同人力资本之间的产出存在差别。人力资本可进一步分为技术水平、学识高和技术水平、学识低的人力，高技术水平人力的知识和技能产出会高于低技术水平人力的产出。

2.2.2 协同理论[2][3]

协同理论亦称"协同学"或"协和学"，是20世纪70年代以来在多学科研究基础上逐渐形成和发展起来的一门新兴学科，是系统科学的重要分支理论。其创立者是联邦德国斯图加特大学教授、著名物理学家哈肯（Hermann Haken）。协同学理论是一种系统理论，它把一切研究对象看成是由组元、部分或子系统构成的系统，这些子系统彼此之间会通过物质、能量或者信息交换等方式相互作用。通过子系统之间的这种相互作用，整个系统将形成一种整体效应或者一种新型的宏观结构。

序参量是协同论的核心概念，是指在系统演化过程中从无到有的变化，影响着系统各要素由一种相变状态转化为另一种相变状态的集体协同行为，并能指示出新结构形成的参量。因此，在现代管理中，尽管影响管理系统的因素很多，但只要能够区分本质因素与非本质因素、必然因素与偶然因素、关键因素与次要因素，找出从中起决定作用的序参量，就能把握整个管理系统的发展方向。因为序参量不仅决定着系统演化的结果，而且主宰着系统演化的整个过程。

2.2.3 系统耦合与耦合的复合系统

耦合一词来源于物理学，最早多用于形容电路与电网中元件的紧密

---

① 加里·贝克尔. 人力资本理论——关于教育的理论和实证分析 [M]. 北京：中信出版社，2007：XVII.

② H Haken. Advanced Synergetics: Instability Hierarchies of Self - Organizing Systems and Devices [M]. New York: Springer - Verlag, 1993: 86 - 89.

③ 傅晓华. 协同学与我国可持续发展系统自组织研究 [J]. 系统辩证学学报，2004 (1)：98 - 100.

联系，后引申为由两个及以上的系统相互作用而形成的复合系统产生的效应大于其中任一子系统的两个系统间的联系。如今，随着学科的进步，耦合理论也逐渐在别的学科中渗透。

系统间相互作用的程度可以由耦合系统来评价，判断依据是这两系统间交互性、促进性以及接近性的程度，以此来达到评价融合的最终目的。

两个具有相近相通，又相差相异的系统，不仅有静态的相似性，也有动态的互动性。两者之间具有耦合关系。人们应该采取措施对具有耦合关系的系统进行引导、强化，促进两者良性的、正向的相互作用和相互影响，激发两者内在潜能，从而实现两者优势互补和共同提升。

根据以上理论，属于经济母系统下的两个子系统可以耦合为一个整体，视为一个复合系统。区域人才与区域制造业发展的协调适配的本质含义即为二者的协同实施及协同发展。因此，可以基于协同学的理论思想对区域人才与区域制造业发展的协调适配进行具体分析和研究。区域人才优化与区域制造业发展之间具有很强的关联性，两者相互作用和影响，可耦合成为一个有机的整体，形成区域人才优化与区域制造业高质量发展耦合的复合系统，具体关系见图 2-1。该复合系统与外界进行信息流、能量流及物质流的交换，可持续地实现相变——区域制造业可持续升级和区域经济的可持续发展。

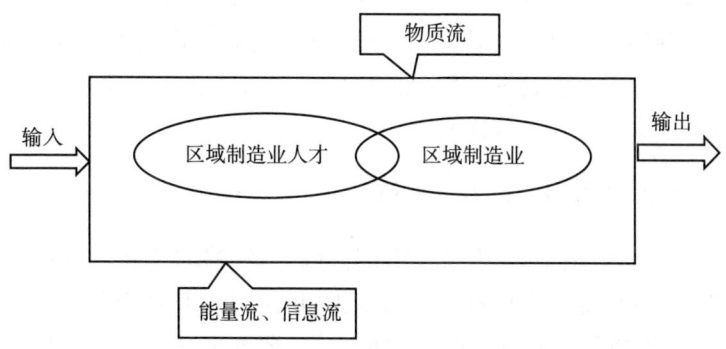

图 2-1　区域制造业人才与制造业发展耦合复合系统

耦合的复合系统下的区域人才优化与区域制造业发展是两个互为输入输出的子系统。复合系统的可持续发展是两个子系统之间协调发展的结果。协调发展是指在各自对外开放的条件下，两个子系统之间的协同与竞争推动着复合系统从无序到有序的演化。

2.3 人才与产业发展协调适配的作用机制

2.3.1 理论基础

目前对于产业与人才互动机制的研究，多是在以下两个定理的基础上开展的，大多数学者认为这两个定理说明了人才与产业相互作用的基本规律。

2.3.1.1 配第－克拉克定理

威廉·配第早在17世纪末就在其著作《政治算术》中提到，相较于农业、制造业与商业，从事商业能够比制造业得到更多的收入，而从事制造业又能够比农业得到更多的收入。克拉克继承威廉·配第的思想提出了配第－克拉克定理：即劳动力会随着经济的发展在三次产业之间转移，其转移路径为从第一产业转向第二产业与第三产业[①]。该定理指出，随着人们收入增加，第一产业的收入弹性会下降，而第二、第三产业的收入弹性会上升。此外，第一产业的投资报酬也低于技术进步快的第二、第三产业。在这两个机制的影响下，人才首先在第一产业集聚，然后向第二、第三产业梯次转移。

2.3.1.2 "推力—拉力"规律

经济学家唐纳德·博格提出的人力资源转移的"推力—拉力"规律，即人力资源流动是两种不同力量作用的结果：吸引其进入流入地的"拉力"和促使其离开流出地的"推力"。研究者认为这一规律同样适用于产业发展与人才之间的关系，即产业结构拉动人力资源就业结构，人才资源推动产业发展。

---

① 王发明. 产业经济学教程[M]. 杭州：浙江大学出版社，2015：98.

2.3.2 产业发展对人才的影响

2.3.2.1 产业结构决定了人才的就业结构

不同特征的产业结构对人才规模、类型和质量有不同的市场需求，进而决定了人才的就业结构，并影响人力资源的发展方向和水平[①]。从某个地区内部来看，现有的产业格局和规模决定了所需人才的质量、类型和数量，而不同的人才对于产业发展的支撑作用也不同，由此形成了地区内部对于人才相对稳定的吸收度和配置结构。如果某个地区以劳动密集型或资本密集型为主，如纺织业、金属制品业，那么该地区所需人才就以高技能人才为主；若某地区主要发展高端制造业，则该地区高技术人才的就业比重就会相对较大。从地区之间来看，产业优势的差异性导致不同地区的产业结构对各类人才的吸引力也存在差别。比如，高新技术产业集聚、收入水平高、创新文化盛行的地区更容易吸引高层次的知识技术型人才，而以传统行业为主要发展方式的地区更容易吸引技能型人才和低层次人才，如此便形成了地区之间人才配置的差异化和梯度化。

2.3.2.2 产业发展影响人才开发

1. 产业发展是人才开发的动力

从整体上来看，产业结构的高级化和合理化是产业发展的必然趋势[②]，而这个趋势会持续成为人才开发的动力。产业的转型升级一般从两个方面进行，一是原有产业的升级换代，这需要从原有产业的管理水平与技能、设备的更新开始，也就对人才的素质水平提出了新的要求，促使人才培训和教育的进行；二是新兴主导产业和产业集群的出现，这些产业多是以科学技术为基础的高新产业，需要具有高层次知识技术水平的人才来完成，因此将人才培育和开发的目标推到了更

---

① 吕宏芬，王君. 高技能人才与产业结构关联性研究：浙江案例 [J]. 高等工程教育研究，2011 (1)：67-72.

② 赵光辉. 人才结构与产业结构互动的一般规律研究 [J]. 商业研究，2008 (2)：34-39.

高的水平上。

除了通过需求机制对人才水平提出更高的要求，倒逼人才开发的进步，产业升级还可以直接带来人才开发的动力。伴随着产业发展和优化的是社会财富积累，政府有了更多可支配的财政收入，企业的净利润增加。同时产业优化升级的过程会让政府和企业进一步认识到人才在其中的重要作用，因此会有更多的财政支出和企业投资来推动人才培育和开发。

2. 产业发展影响人才开发的方式与内容

产业向前发展的过程中会不断出现许多新技术、新理念、新模式，这些都会更新和丰富人才开发的方式，使人才开发的途径更加多样化、更有效率。例如，信息技术的发展，电子通讯设备制造业的兴起，造就了线上教育和新型培训手段的发展，在许多情境下远程教育可以取代现场教育。培训手段打破了时空和地域的限制，有利于技术和理论知识的普及，为许多只能在"干中学"的高技能人才提供了弥补理论知识不足的机会，而依赖技术手段的提升，学校和培训机构得以打造出高度仿真的模拟实验室，使得培育高技术人才和管理人才有了更多实践机会。

产业进步带来新的商品和服务，这些新的商品和服务通过优化人们的消费、便捷人们的生活，深刻地影响到人们的消费理念和生活方式，进而影响到企业的营销手段和商业模式，商业模式创新、营销理念变革、制造业的服务化、设备智能化等等一系列新业态将会诞生，这些都将成为人才开发的新内容。

3. 产业发展会影响人才开发的成本和价值

产业发展的过程中知识和技术的密集度会不断增加，这就有利于人才在实践中发挥"干中学"效应，在实践中提升知识和技术的水平。而且产业升级的过程中新的产业集群会导致要素的空间再集聚和新的价值链分工。[1] 产业内和产业之间研发、生产、营销和服务的专业化使得人才分工合理化，而专业化程度的上升有利于新知识和新技能的产生。这两个方面降低了人才开发的成本。

新的产业集群带来的人才集聚，使得同类型人才之间出现"信息共

---

[1] 扶涛. 人力资源开发与产业转型升级的交互影响机理与适配效应研究——基于中国2010－2015年数据 [J]. 湖北社会科学，2016（6）：62－70.

享效应""知识溢出效应""集体学习效应""创新效应"[1]，实现信息的高效流动和共享、隐性知识的挖掘、知识的再创造以及提高人才的知识吸收能力和问题处理能力，大大提高了人才开发的价值。同时，根据卢卡斯的人力资本"内在效应"和"外在效应"理论，人才集聚不仅能提高自身的效率，还可以带动整体劳动生产率的提高。

2.3.2.3 产业发展导致人才流动

人力资本的配置其实就是在产业、地区之间的配置，实际上就是人才在产业、地区之间流动的过程。总体看来，如"配第－克拉克"定理的阐述，由于收入弹性和投资报酬的差异，人力资本会在第一、第二、第三产业之间渐次进行梯次转移，实际情况符合这个规律，而动因和表现要更加复杂一些。

人力资本具有"置换效应"[2]，当人力资本积累到一定程度时，低层次劳动者就会相对贬值。随着产业发展，人才的知识、经验、技术将会越来越多地转移到生产过程中，从而减少对低层次人才的需求，使低层次人才处于不利的地位。而人力资本还具有时效性，技能的再培养需要时间，为了获得工作机会，被置换出的低层次人才就很有可能流动到较为落后的产业和地区。

产业发展还具有梯度性转移的特点，发达地区的产业结构升级、主导产业更替以后会将较低层次的产业转移，由其他地区承接。以山东省制造业为例，产业总是优先在东部较为发达的地市集聚，继而向中西部发展程度较低的地市扩散，当东部地区的制造业开始升级，较为低端的制造业便会转移到中西部[3]。在这个过程当中，不同地区同时发生了对劳动力需求类型的变化，但是许多行业的技能专用性阻碍着其他人才的流入，而由于人力资本的时效性和不可替代性，一些人才不能完成跟随产业的升级，一些工作也不能由其他类型人才替代。因此，要完成人才与产业的再次匹配，使低层次和不可替代的人才获得就业机会、使技能

---

[1] 裴玲玲. 科技人才集聚与高技术产业发展的互动关系 [J]. 科学学研究, 2018, 36 (5)：813 - 824.

[2] 张少红. 区域人力资本与产业结构调整 [J]. 东岳论丛, 2004 (2)：23 - 25.

[3] 刘清春, 张莹莹, 李传美. 基于空间杜宾模型的山东省制造业时空分异研究 [J]. 地理科学, 2017 (5)：692 - 700.

专用性强的行业满足人才需求，必然要通过人才在产业、地区之间的流动来实现。

2.3.2.4 产业发展对人才的负面效应

人力资本具有不可替代性和时效性，即低层次人才不能取代高层次人才的工作，不同类型的人才之间也不能互相替代，技能的培训和养成也需要时间[①]。并且，许多高技能人才和技术人才的技能具有专用性，长期的行业经验积累并不一定适用于其他行业。因此，一旦某地区的主导产业发生变动，或者产业结构与人才结构长期失调而没有得到正确的引导，导致现有人力资源与新的产业格局不相匹配，那么萧条行业中的人才将贬值。由于经济发展程度的差异和政策的不同，人才的跨地区流动并不像资金、原材料等其他要素的流动那样便捷，这些人才将面临失业，失去经济来源后，其再培训和再教育也变得困难，最终不利于发展。

2.3.3 人才对于产业发展的作用

2.3.3.1 人才推动产业结构的形成

人才在产业形成中的基础性作用不言而喻。一切生产要素都要经过人的利用才能体现价值，从生产力低下时主要依靠人才的数量、利用更多的物质资源到人才的知识、技术越来越多地转化成生产能力，提高资源利用效率，整个过程中人才都处于主导地位，因此一定时期内产业结构的形成必定以人才为基础。

在产业形成的初期，市场需求机制下的人才供给难免出现滞后，相对于产业需求存在结构和数量上的偏差，这时需要产业结构做出一定的调整，与人才状况相匹配。人才会带来"集聚效应"，当人才在产业中发挥作用，相对于人力资源的积累，物质资源会相对缺乏，为了充分发挥人才的作用，会实现生产要素的集聚，这时产业内的人才和要素流转日渐旺盛，产业向前发展。人才本身的需求也会对产业结构的形成产生

---

① 赵光辉.人才结构与产业结构互动的一般规律研究[J].商业研究，2008（2）：34-39.

作用。而且对于物质投资者来说，其追求利润最大化，人力资本的外溢效应会吸引投资者将资本投向人才储量充足的行业。由此，人才不但对于产业形成直接发挥作用，而且影响了其他要素和资源的流入与配置，推动了一定时期内相对稳定的产业结构的形成。而后随着产业与人才适配程度的不断提高，二者的相互促进会实现产业结构的优化升级，形成另一个更高水平的相对稳定的产业结构，这是一个动态的过程。

2.3.3.2 人才决定产业发展的技术状况

对于产业发展，特别是制造业的发展，技术进步的重要程度不言而喻，可以说技术的创新程度决定了产业发展的速度，而人才状况又决定了技术状况。

1. 人才状况决定了可选择的适宜技术

生产过程就是人们利用技术将投入转化为产出的过程，在这个过程中，无论何种技术都需要由人去创造和掌握，都需要由人将其投入到实际的生产、服务过程从而转化为生产力。要真正地创造、掌握、吸收技术，并在实践中充分发挥其效用，需要具备相应的能力和素质。

技术知识可以分为显性知识和隐性知识。显性知识是对客观世界系统、全面和深入的规律性总结，需要人具有一定的知识水平和学习过程才能掌握和了解；而隐性知识具有隐蔽性和专门性，更是需要经过专门、系统的培训和锻炼以及长期的摸索过程才能掌握。因此，需要人才素质达到一定水平，才能实现对技术的理解、掌握、应用乃至创新。

在验证这一事实的过程中，众多学者发现了人力资本的"门槛效应"，简而言之，这一效应说明技术转移过程有赖于技术接收国的技术接受水平，而技术接受水平取决于人才资源的素质。也就是说，只有当产业当中人才的水平到达了一种最低临界水平，才能实现对某种技术的掌握。

2. 人才素质决定了技术吸收和创新的水平

对于一种新技术，劳动者们都是在"实践—学习—实践"的过程中不断实现对新技术的吸收和消化，并且尝试提高对技术的应用效率，从而建立对技术的特定知识和经验。在生产过程中，技术和技能的掌握者会将建立的知识和经验加以验证，并获得反馈，从而对生产过程的局部甚至全部流程进行重新思考、设计和变革，这一过程的结果便是新技术、新知识的产生过程，也被称为知识的溢出效应。由此可见，无论是知识技术的初次创新，还是在实践中的再次创新，都受到人力资源本身的能力、经验、知识水平以及涉猎范围的影响。因此，人才的素质越高，其对于新技术的吸收和转化程度就越高，就更有可能产生知识技术的再次创新。

2.3.3.3 人才促进产业发展的合理化和高级化

所谓产业结构的合理化，是指产业之间的比例和相互关系达到整体效果大于各产业效果之和的状态，使得要素合理配置、资源有效利用、国民经济协调可持续地发展；产业的高级化是指知识的经济化和经济的服务化，产业具有更高的附加价值，资源利用水平不断突破上限，持续创新能力强。

1. 人才为产业结构调整和优化提供动力

产业调整和优化的主要影响因素是社会需求结构、要素供给结构、科学技术、经济体系和产业政策。[①] 我们可以发现，人才状况对于以上五个影响因素都有着直接或间接的影响。人才在推动社会生产的同时自身也有着对商品和劳务的需求，随着财富的积累，人才的需求结构和水平会不断提高，成为产业优化和更新的导向；人才素质的提升，人才集聚导致的要素和投资的流入，直接使得产业发展站在更高的基础之上；人才对于科学技术的进步是决定性的，高素质人才带来的新知识和技术，分工专业化让人才能够进行知识和技术的再创新，为产业升级带来了活力；人才流动加强了经济体系之间的联系，带动了国际范围内要素的流入，提高产业在价值链分工中的地位和获得的利益，反过来为转型升级注入动力；人才素质的提升能够提高人们对知识和政策的认知水平，从而反思现有制度的不足，开发有利于产业转型升级的新制度。

2. 人才为产业结构升级提供支撑

人才对于产业转型升级的支撑作用表现在两个方面，一是提高产业结构调整和优化的弹性，二是保证产业转型的承载力。

产业调整和优化的实质是各种资源的转移和重新组合，生产要素离

---

① 赵光辉. 人才结构与产业结构互动的一般规律研究 [J]. 商业研究，2008 (2)：34 - 39.

开原来的部门，在新的部门重新组合形成新的生产能力。这种转移在理论上分为两类：增量转移和存量转移①，即新的产业的出现和老的产业、企业设备和技术的更新换代。这是一个巨大的结构性变化，由于人才的培养和流动都具有一定的迟滞性，很容易在此过程中出现显性或隐性的结构失调，在这种情境下产业弹性就会凸显出来。产业的弹性即适应性，产业中人才的素质高，就能更好地适应技术设备、生产环境和市场环境的变化，因此产业弹性保证了企业具有顺利实现产业结构优化调整的能力。

产业转型的过程中会出现程度不一的震荡。这是因为转型初期行业间技术和投资水平的变化不是并驾齐驱的，从而导致行业间发展差距拉大，这又会进一步带来收入水平的差距；某些要素在转型过程中不能完全转移和变现，某些产业内部就会出现青黄不接的现象；原有行业间的经济技术联系、供求渠道会因为转型过程中某些行业的消长而出现断裂。因此，产业转型过程的初期会处在一个动荡无序的状态，这时人才储量充足、结构合理的产业拥有更高的承受力，人才的主观能动性和能力素养能够帮助产业走出无序状态，成功实现过渡。

3. 人才决定产业优化的速度和效果

整体上的产业优化具体说来既是资源从即将衰退的夕阳产业流出，流入朝阳产业的过程，也是发达地区的产业转移扩散、由较落后地区承接的过程。在这个过程当中，资源转移和利用的速度决定了产业升级和扩散的速度，而人才的素质决定了资源转移的速度。高素质的人才本身的知识技术基础和专业能力强，再学习的能力也更强，所以能够在产业间更快地流动，从而减小经济资源转移和配置的摩擦，使产业优化和转移扩散的阻力更小，速度更快，效果也更好。

2.3.3.4　人才对于产业发展的阻碍作用

第一种情况是，由于经济形势的变化或者宏观环境中某些要素的要求，我们不得不主动推进产业的优化发展和转型升级，有时人才状况也会对这一过程产生阻碍。由于某些高技能人才和技术人才的技能和技术具有专门性，某些管理人才的行业经验也具有较强的独特性，人才的能

---

① 张少红．论区域人力资本与产业结构调整［J］．东岳论丛，2004（2）：23-25．

力特征就会存在一定程度的固化,其素质的提升、水平的更新便会与行业优化的要求不相匹配。并且无论是人才培育还是再培训,都需要一定的时间成本,在这种情况下,现有的人才资源就有可能阻碍行业的优化发展。

第二种情况如今更为普遍。根据学者的研究,越来越多社会培育出的高素质人才有着这样一种倾向——利用自身的知识和技能进入非生产性垄断部门寻租获利。以金融业为代表的虚拟产业比以制造业为代表的实体产业有着更高的收入弹性,高素质人才进入该类产业可以迅速变现自己的知识,积累财富,这就会造成人才错配的现象,使得实体产业满足不了发展所需的人才需求,大幅度降低全要素生产力,最终不利于产业优化发展。①

2.3.4 人才与产业发展的协调适配

2.3.4.1 人才与产业发展的相互作用

如前文论证,在产业发展与人才发展的互动当中,其中一方的现状及其变动,都会对另一方造成或正面或负面或推动或阻碍的效应,这是因为,在二者的互动当中,存在着"适配"这一关系。

关于人才与产业发展的相互关系、相互作用以及对彼此造成的影响,可以概括为图2-2所示的互动机制模型。

从图2-2可以看出,二者之间的互动是从产业对人才的需求和人才对产业的匹配开始的。由于任何的生产资料和要素,都需要经过人的利用才能最大限度地发挥其效率,任何产业的发展都要以人才作为基础,否则便难以为继,因此产业发展存在着对人才的需求。在产业发展需求人才的同时,人才也在选择相匹配的产业。在现实情况中,由于培训的专业性、技术和技能的专用性、行业经验的特性等一系列因素,人才具有明显的特性和异质性。培养不同类型和素质的人才,每个人都有适合其发展的行业,而只有匹配到适合的行业,人才的价值才得以体现。

---

① 王启超,王兵,彭睿. 人才配置与全要素生产率——兼论中国实体经济高质量增长[J]. 财经研究,2020,46(1):64-78.

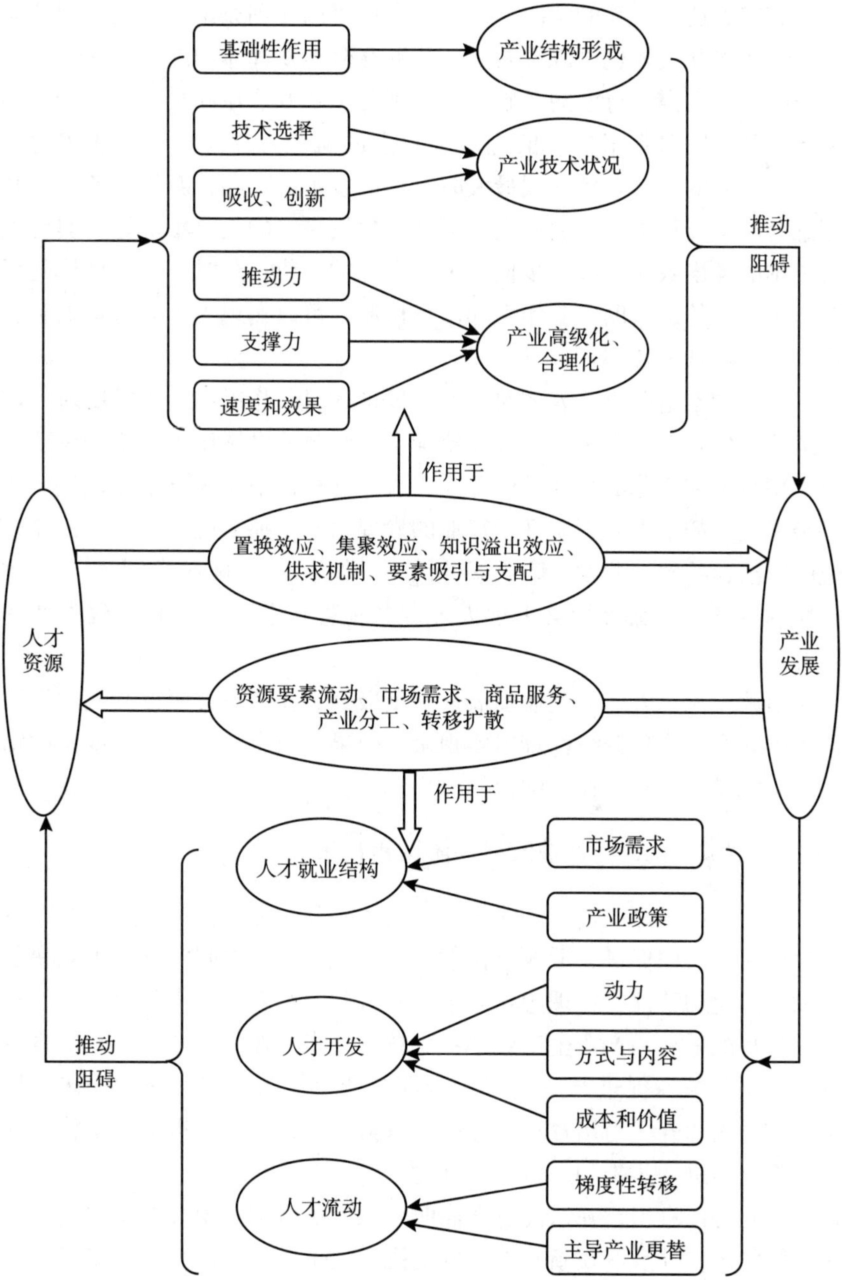

图 2-2　人才与产业发展的相互作用

在二者适配度高的情况下，行业发展可以得到充足而层次合理的人才，绝大多数人才也可以尽其才，能够充分地发挥作用。一定的人才资源禀赋可以支撑起行业的基础，并实现分工的专业化和全要素生产效率的最大化，同时带来技术的进步和要素的流入，进而推动产业优化发展。当行业的生产效率达到最大时，新的技术和产品、新的生活方式和理念会进一步促进人才的开发，而产业集聚带来的人才集聚能够实现人力资本的溢出效应，进一步提升人才资源的价值；同时，这一良性的提升是过程性的，借助培养体系和市场机制，可以实现人才的再培训和合理流动，降低失业率。

当二者不适配时，人才对于产业发展的阻碍作用和产业发展对人才的负面效应就会凸显出来。人才错配会导致产业发展比例失衡，全要素生产率得不到充分的发挥，产业缺乏人才支撑，限制其调整和优化。进一步来说，如果人才素质高于行业的发展水平，那么可能会出现人才外流的情况，导致产业发展陷入恶性循环；如果产业升级的要求快于人才素质的提升，那么可能会出现人才现状拖慢产业发展，并导致失业率上升。

由此可见，人才与产业发展适配度极为重要，单方面提升人才素质或者推动产业优化升级都难以实现最佳效果，只有在二者适配度高的情况下才能发挥其相互作用的协同效果。

2.3.4.2 人才与产业发展的协调相互作用

在前面已经论证过，产业发展与人才的良好适配，会产生一系列的良性效应，协同促进，形成良性循环。因此，二者之间的适配关系呈现出动态演化的特征。在理想状态下，二者的关系路径应该是：产业发展与人才状况适配→产业生产效率最大化、分工专业化、技术进步涌现→产业优化升级→促进产业集聚、新理念产生、新业态形成、提出新要求→推动人才开发与培育、人才的合理流动→人才素质提升，结构进一步合理化→进一步推动产业结构优化升级。

由此可以看出，在适配程度高时，双方都可以实现升级和提高，进入新的状态，并且实现新状态下的适配。这也体现出提高产业发展与人才发展的适配性和关注二者动态适配关系的重要性。二者之间的相互作用机理已在图2-2中得到体现，二者的动态适配机理如图2-3所示。

第 2 章 相关概念和理论基础

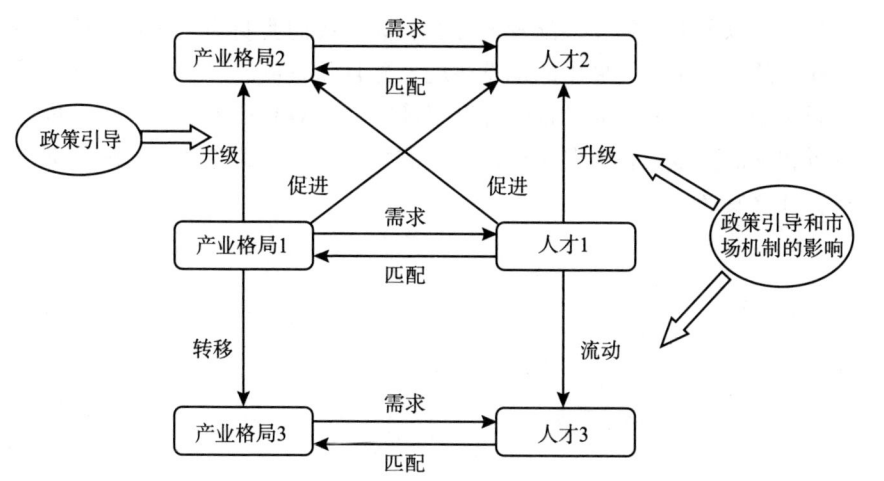

图 2-3 人才与产业发展与协调适配模型

如图 2-3，人才与产业发展协调适配机制为：在初始状态下，产业格局 1 和人才状况 1 形成适配，其协同促进的作用推动了产业的优化升级，当然在这个过程中，可能存在着国家政策或战略等因素对产业升级的人为推动，产业发展为产业格局 2。产业格局 2 的升级对人才提出了新的要求，也帮助了人才的培训开发，人才状况总体上升为人才 2。在这个过程中，原本的产业格局 1 并不会消失，而是会转移到其他相对落后的地区，在当地形成产业格局 3，而一些无法适应或不愿适应新产业的人才，便流动到相应的产业格局，成为人才 3 在人才升级或流动的过程中，需要发挥市场机制的作用，并且往往依赖于国家的政策引导。

需要指出的是，这一协调适配模型揭示了总体演化规律以及理想状态下的最高效动态匹配过程。在实践当中，产业变迁和人才发展也有其各自的发展规律和成长周期，过程中虽有重合，但这两者并不总是完全同步和协调的。简言之，上述模型所展示的协调适配过程的产生，需要人为的努力和引导方能促成。

在阐述过产业发展与人才之间相互作用的机理与动态适配机制之后，有一点值得我们特别注意，即二者之间虽然可以通过各种作用机制来达到相互之间的推动作用，但是这些良性互动只有在二者关系基本协调时才会产生，否则便不会发挥作用甚至产生反向的效果。也就是说，只有两者适配之后，才能在相互作用中顺利实现上述模型中的产业升级与转移，以及人才的合理配置与开发。同时我们要明确，两者的适配并非静态的，而是在发展中的动态适配，并且随时可能产生摩擦，这要求我们时刻关注二者之间的适配程度以及趋势，对其适配的合理程度进行辨析和论证，以便在需要时进行有效的引导，使二者在动态适配中促进经济社会发展。

第3章 山东省制造业现状及创新研究

本章以中国制造业的高质量发展为背景，回顾梳理 2018~2023 年山东省制造业的发展，主要从单一评价指标对山东省制造业发展现状进行纵向和横向分析，总结山东省制造业的创新驱动和先进制造业集群建设的成效。

3.1 中国制造业发展大背景

3.1.1 中国制造业的数量质量不断提升

据全国组织机构统一社会信用代码数据服务中心统计，我国制造业企业总量突破 600 万家。数据显示，2024 年 1 月~8 月，我国制造业企业数量呈现稳健增长态势。据统计，截至 2024 年 8 月 31 日，我国制造业企业总量达到 603 万家，与 2023 年底相比增长 5.53%，其中与战略性新兴产业有关的企业 51.53 万家，占制造业企业总量的 8.55%，与 2023 年底相比增长 6.35%[①]。

其中，东部地区制造业企业总量 387.2 万家，占我国制造业企业总量的 64.21%。广东、浙江、江苏、山东、河北五省份制造业企业合计 339.05 万家，占我国制造业企业总量的 56.22%。中部地区制造业企业总量 113.39 万家，占我国制造业企业总量的 18.8%。2024 年 1 月~8

---

① 我国制造业企业总量突破 600 万家 [EB/OL]. 2024-09-23. https://www.gov.cn/lianbo/bumen/202409/content_6976001.htm.

月，中部地区新增制造业企业6.97万家，与2023年底相比增长6.55%，增幅最大。西部地区制造业企业总量达到75.59万家，占我国制造业企业总量的12.54%。西部地区新增制造业企业3.76万家，与2023年底相比增长5.23%。东北地区制造业企业总量达到26.83万家，占我国制造业企业总量的4.45%。东北地区新增制造业企业0.99万家，与2023年底相比增长3.87%①。

东部地区具有明显的产业集中度和产业链成熟度优势，制造业企业总量占比最高。中部地区承东启西、沟通南北的区位优势独特，制造业企业数量增幅最大。

中华人民共和国国务院新闻办公室2025年1月21日举行的"中国经济高质量发展成效"系列新闻发布会上，2024年中国制造"成绩单"新鲜出炉：2024年，规模以上工业增加值同比增长5.8%，较2023年提升1.2个百分点，全部工业增加值完成40.5万亿元，制造业总体规模连续15年保持全球第一②。

2025年2月28日，国家统计局发布《中华人民共和国2024年国民经济和社会发展统计公报》显示：2024年全年规模以上工业中，装备制造业增加值比上年增长7.7%，占规模以上工业增加值比重为34.6%；高技术制造业增加值比上年增长8.9%，占规模以上工业增加值的比重达到了16.3%。高技术产业投资比上年增长8.0%，制造业技术改造投资增长8.0%③。

我国制造业企业的规模和质量逐步提升，国家政策促进经济结构优化升级的效果开始显现。

3.1.2 原因分析

2025年的政府工作报告明确提出，2025年要"推动科技创新和产业创新融合发展，大力推进新型工业化，做大做强先进制造业，积极发

---

① 我国制造业企业总量突破600万家［EB/OL］. 2024-09-23. https：//www.gov.cn/lianbo/bumen/202409/content_6976001.htm.

② 国务院新闻办."中国经济高质量发展成效"系列发布会［EB/OL］. 2025-01-22. https：//www.gov.cn/lianbo/fabu/202501/content_7000482.htm.

③ 国家统计局.中华人民共和国2024年国民经济与社会发展统计公报［EB/OL］. 2025-02-28. https：//www.gov.cn/lianbo/bumen/202502/content_7008605.htm.

展现代服务业，促进新动能积厚成势、传统动能焕新升级"。具体而言：

一是大力推进新型工业化、做大做强先进制造业、促进传统产业焕新升级等政策，推动我国装备制造和高技术制造业增加值较快增长，工业新动能培育壮大，企业预期改善。

二是在资金支持方面，2025年中央财政制造业领域专项资金安排118.78亿元、增长14.5%，推动制造业重点领域高质量发展，提升产业链供应链韧性和安全水平。此外，各种资金配套措施也落实到位。如国家税务总局2025年2月12日发布的数据显示，2024年，现行支持科技创新和制造业发展的主要政策减税降费及退税达26293亿元，助力我国新质生产力加速培育、制造业高质量发展。

在政策支持引导下，新动能相对集中的装备制造业利润改善尤为突出。2025年1~2月，装备制造业利润由上年全年同比下降0.2%转为增长5.4%，拉动全部规模以上工业利润增长1.4个百分点，为规模以上工业利润恢复提供重要支撑。从细分行业来看，"开年前两月，装备制造业的8个行业中有6个行业利润实现增长。其中，铁路船舶、航空航天等行业利润增长较快，同比分别增长88.8%、26.7%"。此外，"两新"政策对制造业的拉动效果继续显现。

四是布局规划引领，政策保驾护航。如工业和信息化部、国家发展改革委等八部门联合印发的《关于加快传统制造业转型升级的指导意见》，提出到2027年，我国传统制造业高端化、智能化、绿色化、融合化发展水平明显提升，工业企业数字化研发设计工具普及率、关键工序数控化率分别超过90%、70%，工业能耗强度和二氧化碳排放强度持续下降，万元工业增加值用水量较2023年下降13%左右，大宗工业固体废物综合利用率超过57%。

3.2 山东省制造业发展的现状

制造业是山东经济的根基所在，也是构建现代产业体系、培育发展新质生产力、赢得未来竞争优势的重中之重。山东产业基础厚实，一二三产业发展比较均衡。经过新旧动能转换、绿色低碳转型，产业结构和层次不断优化提升。本节主要从单一评价指标对山东省制造业发展、创新情况进行纵向和横向分析。

3.2.1 山东省制造业发展历程

中华人民共和国成立后，山东省制造业开始蓬勃发展，1952年，青岛四方机车厂制造出全国第一台蒸汽机车；1959年，济南第二机床厂试制成功了第一套中国自行设计的闭式双点压力机；1960年，济南汽车制造厂成功研制出全国第一辆载重8吨的黄河牌汽车，成为第一批领先全国的制造工业产品，山东省制造业水平居于全国前列。

改革开放以后，山东工业尤其是东部沿海地区的制造业有较大发展。2004年，山东工业产值和利润首次超过广东成为中国第一工业大省。近年来，山东现代工业体系不断完善，轻工、纺织、食品等工业从小到大，电子信息、装备制造、汽车、造船、冶金、石化等工业从无到有，形成了一大批规模大、实力强的优势产业，建立起了比较完整的现代工业体系，以新能源、新材料、新医药、新信息等为代表的高新技术产业规模跃居全国前列，山东制造业成为经济发展最大的增长点。

近年来，山东省制造业规模总量稳居全国前列，为现代化强省建设奠定了坚实基础。2023年，山东省规模以上工业（以下简称规上）企业39472家，资产总计130627.9亿元，实现营业收入115672亿元，利润总额5874.4亿元；而山东规上制造业企业达37092家，资产总计100440.4亿元，实现营业收入102254.1亿元，利润总额4742.4亿元[①]，分别占全省规上工业的93.97%、76.89%、88.4%、80.73%，分别占全国规上制造业的8.06%、7.76%、8.69%、7.51%，营业收入居全国第3位，企业个数、资产总量和利润总额均居全国第4位（见表3-1）。

表3-1　2023年山东省规上工业企业、规上制造业主要经济指标　单位：亿元

指标	企业单位数（个）	资产总量	营业收入	利润总额
山东省规模以上制造业	37092	100440.4	102254.1	4742.4
山东省规模以上工业企业	39472	130627.9	115672	5874.4
制造业/工业企业（%）	93.97	76.89	88.4	80.73

资料来源：2024年《山东省统计年鉴》。

---

① 山东省统计局. 山东省统计年鉴2024[EB/OL]. http://tjj.shandong.gov.cn/col/col6279/.

为了进一步分析制造业的发展情况，我们分析了山东省各市的规上制造业的发展情况（见图 3-1）。

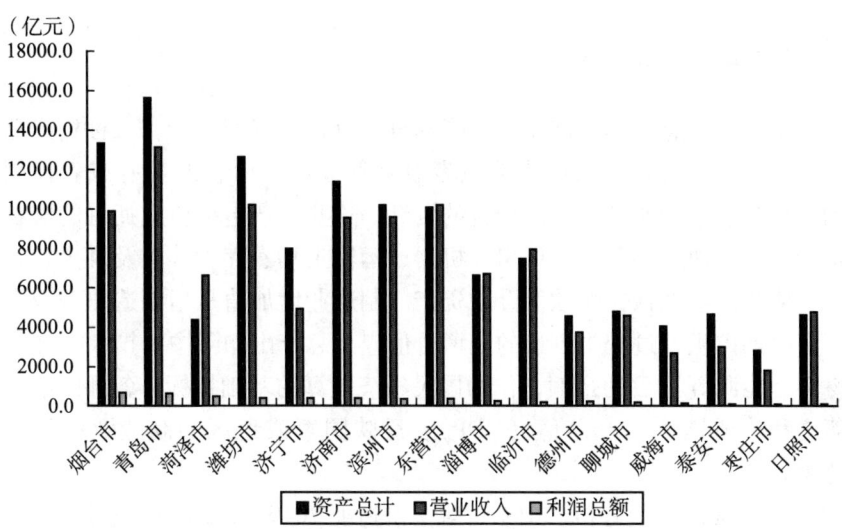

图 3-1 山东省规模以上工业企业主要经济指标

资料来源：2024 年《山东省统计年鉴》。

根据图 3-1 可以看出，在全省各市中资产总计位于前三位的是青岛市、烟台市、潍坊市；利润总额位于前三位的是烟台市、青岛市和菏泽市；营业收入位于前三位的是青岛市、东营市和潍坊市。

3.2.2 山东省制造业发展现状——纵向比较分析

本章从总量、市场、效益、成长和结构五个方面来对山东省制造业发展情况进行分析，选取制造业总资产和增加值来分析规模、选取制造业营业收入来分析市场、选取制造业利润总额来分析效益、选取制造业增加值的增速来分析成长、选取制造业增加值占规模以上工业比重来分析结构，并结合以往的文献，对山东省制造业 2018~2023 年发展情况进行多方位的分析评价。

本章的数据选取主要来自《山东省统计年鉴》，对于分析对象，将重点分析山东省规模以上制造业企业的现状，规模以上制造业企业是指年主营业务收入在 2000 万元以上的制造业企业（以下简称规上制造业），规上制造业企业的产值总量占据制造业企业总体产值的 90% 以上，分析规上制造业企业的现状更具有代表性。

3.2.2.1 总量分析

采用资产总量和增加值两个指标进行分析。资产总计，又称资产总量，是指企业通过过去的交易或者事项形成的、由企业拥有或者控制的、预期会给企业带来经济利益的资源。这些资产包括企业拥有的实物资产，如土地、办公楼、厂房、机器、运输工具、存货等以及现金、存款、应收账款和预付账款等金融资产。制造业增加值是指制造业企业在一定时期内生产过程中创造的新增价值，是总产出扣除中间投入（如原材料、能源等）后的余额，作为国民经济核算的基础指标，各部门增加值之和构成国内生产总值（GDP），反映国家或地区的制造业的经济总量。

（1）资产总量分析。山东省规上制造业 2019~2023 资产总计变化，如表 3-2 所示。

表 3-2　　　　　　山东省规上制造业主要经济指标　　　　　单位：亿元

项目	2019 年	2020 年	2021 年	2022 年	2023 年
资产总计	75167.14	78839.91	86612.8	93931	100440.4
营业收入	74567.92	78582.69	93421.6	96116.3	102254.1
利润总额	3005.51	4027.14	5003.16	3929.9	4742.4

资料来源：历年《山东省统计年鉴》。

由表 3-2 可以看到，山东省规上制造业的资产总额（资产总计）2019~2023 年连续增长，直接反映了山东省制造业的经济实力和经营规模，意味着山东省制造业发展越来越好，且具有更强的抗风险能力和更大的发展潜力。

（2）增加值分析。2009~2023 年山东省规上工业企业增加值如图 3-2 所示。

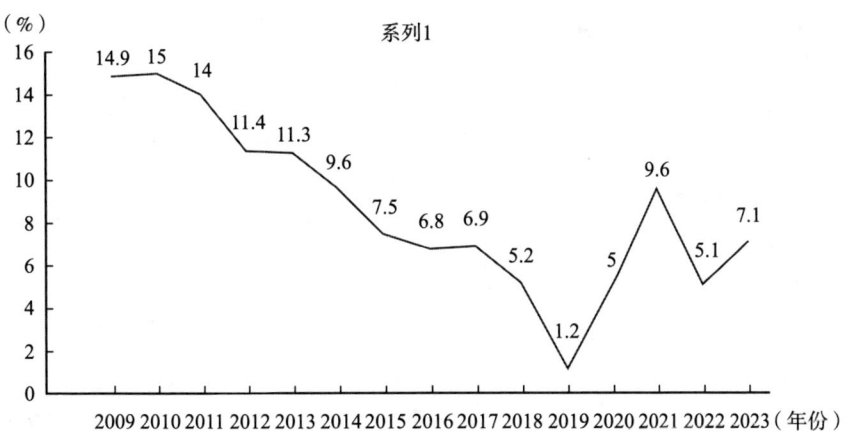

图 3-2　2009~2023 年山东省规上工业增加值

资料来源：历年《山东省统计年鉴》。

由图 3-2 可见，2009~2023 年山东省规模以上工业企业增加值中，2019 年工业增加值比上年增长百分比只有 1.2%，是连续多年来增速最低的。2020~2023 年山东省规模以上工业企业增加值比上年增长百分比提升到 5%、9.6%、5.1%、7.1%，说明山东省制造业发展有波动，但近年来总体走势良好。

3.2.2.2　市场分析

营业收入指企业从事销售商品、提供劳务和让渡资产使用权等生产经营活动形成的经济利益流入，包括"主营业务收入"和"其他业务收入"，主营业务收入指企业从事某种主要生产、经营活动所取得的营业收入。

如表 3-2 所示，2019~2023 年山东省制造业的营业收入连续增长，说明山东省制造业的市场竞争力越来越强。

3.2.2.3　效益分析

利润总额是指企业在一定会计期间的经营成果，是生产经营过程中各种收入扣除各种耗费后的盈余，反映制造业在报告期内实现的盈亏总额。2019~2021 年山东省制造业的利润总额是逐年上升的，受疫情影响，2022 年山东省制造业利润总额下降了，2023 年的利润总额有所提升（见图 3-3）。

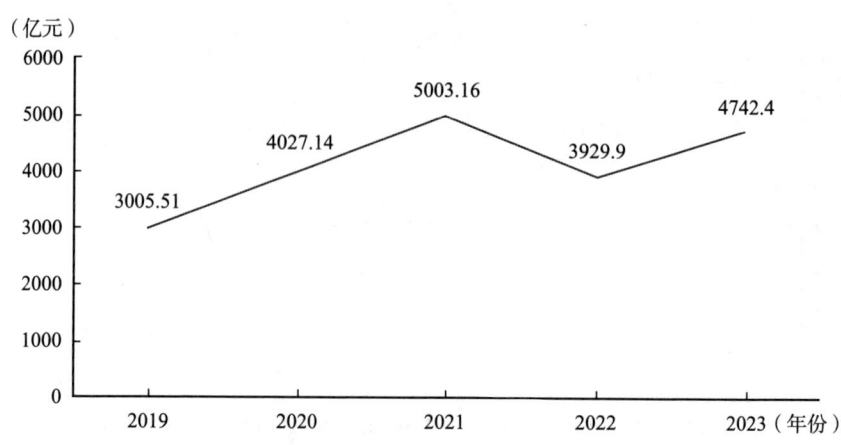

图3-3　山东省规模以上制造业2019~2023年利润总额

资料来源：历年《山东省统计年鉴》。

3.2.2.4　成长分析

增加值增速是指企业在一定时期内增加值的增长速度，反映了企业生产经营活动中新增价值的增长情况。增加值增速是衡量企业经济效益和生产效率的重要指标，反映了制造业在生产经营活动中的增长情况。如图3-4所示，山东省规模以上制造业的增加值都是提速的，只是提速的比率2018~2019年是下降的，2019~2021年是提高的，2022年的增长比率又下降到2.9%，2023年增长比率提到了7.8%。

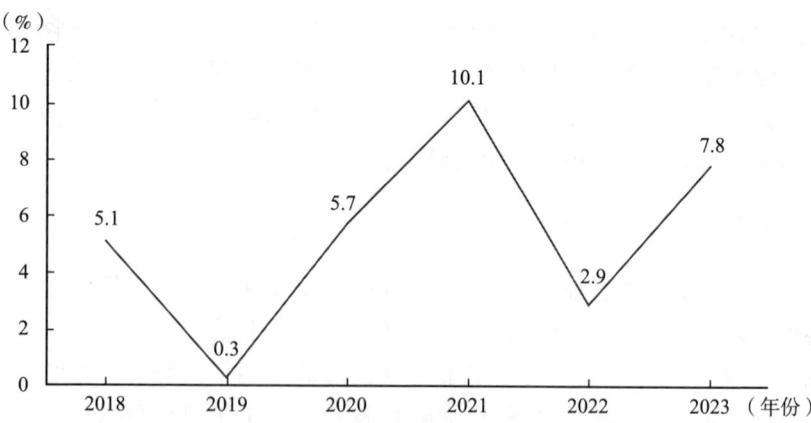

图3-4　山东省规模以上制造业增加值比上年增长（增加值增速）

资料来源：历年《山东省统计年鉴》。

3.2.2.5 结构分析

制造业增加值占规模以上工业比重用于衡量山东省制造业的发展水平和其在山东省经济中的贡献程度。制造业增加值占规模以上工业比重反映了制造业在整体工业中的相对重要性,这一指标的变化趋势可以反映制造业的结构优化和质效提升的趋势。如图3-5所示,2018~2023年山东省规模以上制造业增加值占规模以上工业的比重从83.1%~87.3%之间上下波动,同时,山东省制造业在山东省工业发展中的地位还有待继续提升。

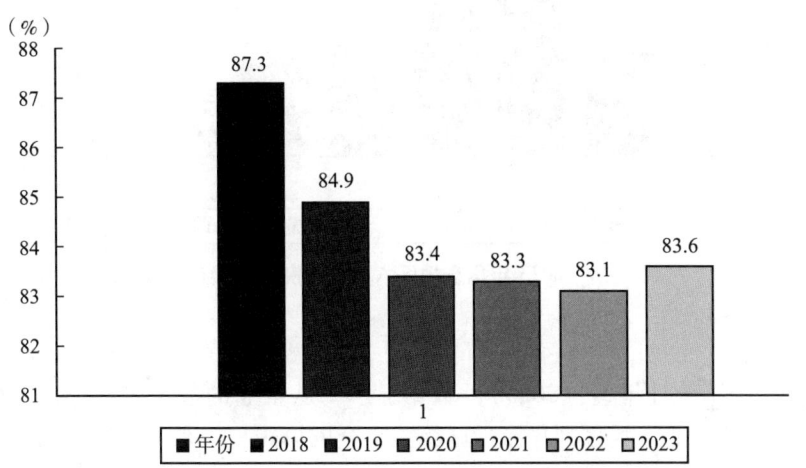

图3-5 山东省规模以上制造业2018~2023年增加值占规模以工业比重
资料来源:历年《山东省统计年鉴》。

3.2.3 山东省制造业发展现状——横向比较分析

根据中国地理分区,将上海、江苏、浙江、安徽、江西、福建、山东六省一市进行横向比较,该六省一市同属华东地区,华东地区自然环境条件优越,物产资源丰富,商品生产发达,工业门类齐全,是中国综合技术水平最高的经济区。铁路、水运、公路、航运四通八达,是中国经济文化最发达的地区。数据获取主要来自《中国统计年鉴》,考虑到数据的可得性,本章主要比较分析2023年六省一市规上工业企业主要经济指标。

3.2.3.1 资产总量的比较

2023 年华东地区六省一市制造业资产总量如图 3-6 所示。

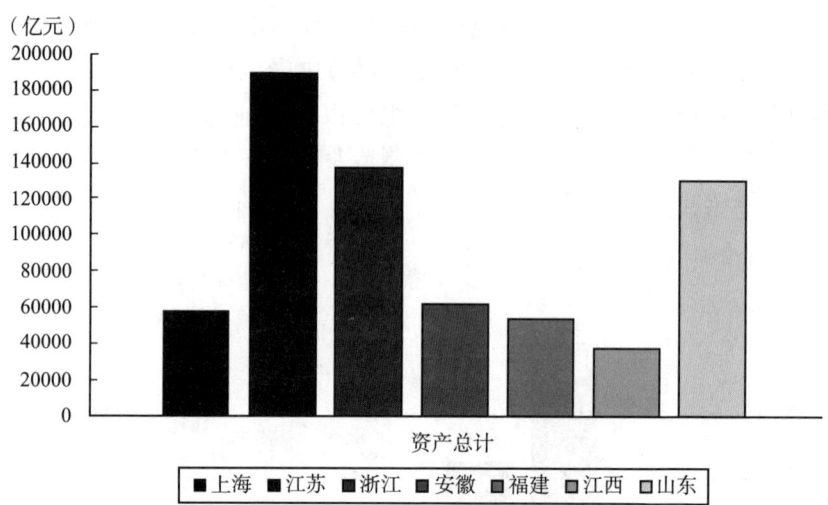

图 3-6 2023 年华东地区六省一市制造业资产总量

资料来源：历年《中国统计年鉴》。

《中国统计年鉴（2024）》数据显示，从企业的数量来看，山东省制造业的企业个数位列华东地区第三，全国第四。广东、江苏、浙江分别居第一位、第二位、第三位。

图 3-6 可见，从资产总量来看，在华东地区，山东省制造业 2023 年，其资产总额与浙江相差不大，与第一名江苏有较大差距。山东省制造业资产总量在全国排名第四，广东省排名第一。说明山东省的制造业有比较雄厚的实力。

3.2.3.2 营业收入的比较

《中国统计年鉴（2024）》指出，"2017 年以前为主营业务收入和主营业务成本，2018 年及以后为营业收入和营业成本（以下相关表同）"，因此，在此将营业收入代替主营业务收入进行分析。华东地区六省一市制造业营业收入的比较如图 3-7 所示。

第3章 山东省制造业现状及创新研究

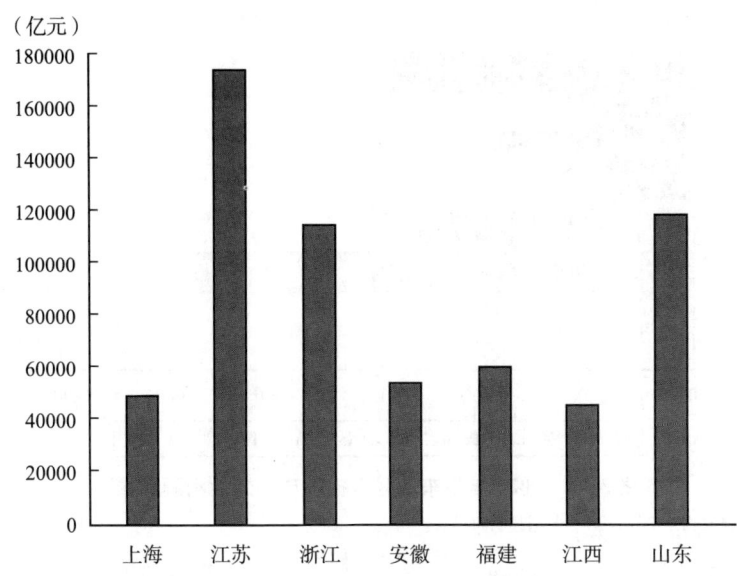

图3-7 2023年华东地区六省一市制造业营业收入

资料来源：2024年《中国统计年鉴》。

图3-7可见，华东地区六省一市营业收入的排名是江苏第一位、山东第二位、浙江第三位、福建第四位，山东省制造业2023年，其营业收入比浙江省略有优势。山东省制造业营业收入在全国排名第三位，广东省排名第一位。说明山东省的制造业还是有比较强的市场竞争力。

3.2.3.3 利润总额的比较

如前所述，山东省制造业利润总额逐年上升。如图3-8所示，从全国范围看，2023年山东省制造业利润总额位列第四，在华东地区位列第三，和江苏省制造业的利润总额相差不大，总体来看，即山东省的效益竞争力高于全国平均水平，山东制造业发展比较成功，产业的收益较好，创造利润的能力也比较强。

总体来看（见图3-9），华东地区六省一市制造业具有较强的实力和竞争能力，山东省制造业在这个区域内也处于前列，但从总量、市场到盈利能力都要向江苏、广东等制造业大省、强省借鉴经验，继续做大做强。

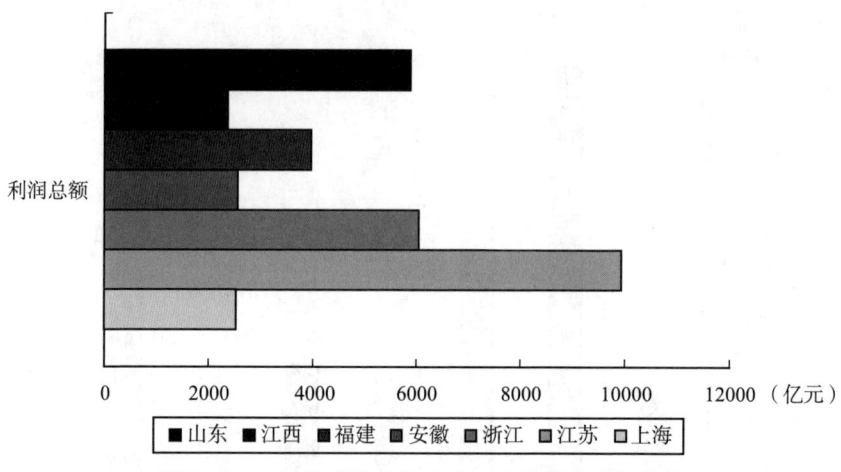

图 3-8 2023 年华东地区六省一市制造业利润总额

资料来源：2024 年《中国统计年鉴》。

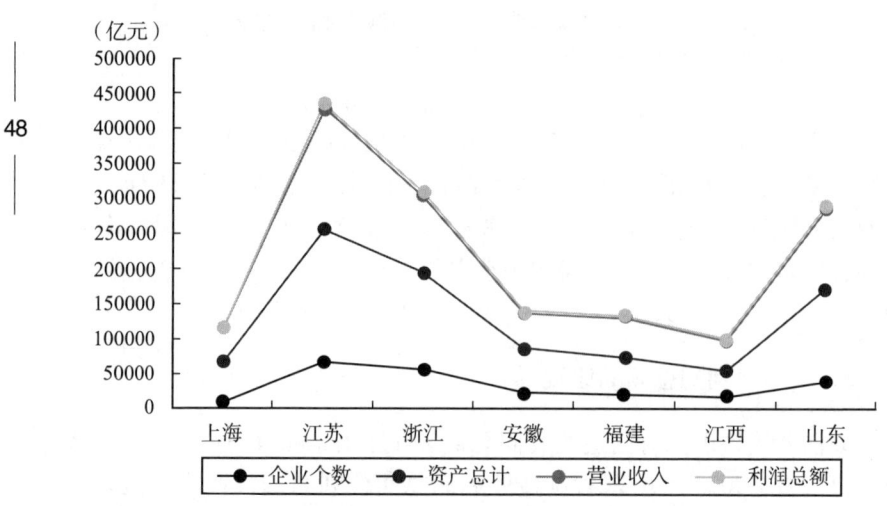

图 3-9 2023 年华东地区六省一市制造业主要财务指标

资料来源：2024 年《中国统计年鉴》。

3.3　山东省制造业发展的创新

创新引领是现代化产业体系的重要特征。2024 年 9 月 26 日山东省第十四届人民代表大会常务委员会第十一次会议通过的《山东省先进制造业促进条例》①提到山东省支持和引导制造业以高端化、智能化、绿色化为方向，采用先进制造模式，应用新型生产要素，加速形成以新质生产力为核心动能的工业生产系统和新型产业形态。"省人民政府应当组织有关部门根据全省先进制造业发展规划，改造提升冶金、石化、轻工、建材、纺织服装、机械等传统产业，培育壮大新一代信息技术、高端装备、新能源新材料、现代医药、新能源汽车、商业航天、低空经济等新兴产业，超前布局人工智能、元宇宙、人形机器人、氢能、生物制造、生命科学、量子科技等未来产业"。

山东省制造业的创新能力、创新投入、创新绩效效果显著。

3.3.1 提升区域创新能力，企业创新活力进一步增强

截至2023年，全省累计创建国家制造业创新中心3家、国家工业设计中心54家、国家企业技术中心210家，培育国家技术创新示范企业69家、全国质量标杆61项，数量均居全国前列。2023年，全省实施省级企业技术创新项目3202项，带动产生新技术1929项、新产品2113项、新工艺1730项，突破一批"卡脖子"问题②。超算互联、画质芯片等领域取得一批标志性成果；工业母机、碳纤维、合成橡胶、植物基因编辑等国产替代技术实现突破；高热效率柴油机、大型冲压机床、己二腈制备、高速磁浮交通系统等一批打破国外垄断、填补国内空白的重大技术实现突破。

3.3.2 做好产业数字化和数字产业化，数实融合加速崛起

全省数字经济规模达4.3万亿元，其中核心产业增加值占比8.5%，数字经济总量占GDP比重突破47%。截至2023年，国家级互联网骨干直联点数量达到2个，成为全国唯一拥有两个直联点的省份；累计创建国家级"双跨"工业互联网平台7个、国家级特色专业型平台40个、国家"数字领航"企业6个，数量均居全国前列；大力实施核心产业

---

① 山东省第十四届人民代表大会常务委员会第十一次会议通过. 山东省先进制造业促进条例［EB/OL］. http：//gxt.shandong.gov.cn/art/2024/9/27/art_103863_10346024.html.

② 张海波. 山东加快以数实融合推动经济高质量发展的实践探索［J］. 新型工业化，2023，13（11）：66-72.

倍增工程，培育 2332 个技术引领、集成协同、绿色低碳的"晨星工厂"，建设 32 个以数据要素流通应用为核心的"产业大脑"，规上工业企业数字化转型覆盖率达 87.3%[①]。

3.3.3 深化工业领域碳达峰行动，绿色低碳发展水平迈上新台阶

2023 年，山东纳入统计监测的 65 项产品中，39 种产品单耗指标比上年下降，下降面比上年扩大 10 个百分点以上。其中，炼焦工序单位能耗下降了 4.3%、炼铁工序单位能耗下降 3.0%、造纸工序单位能耗下降了 2.8%、吨水泥熟料综合能耗下降了 2.2%、单位电解铝综合能耗下降了 1.3%。截至 2023 年，全省已认定国家级绿色工业园区 28 个、国家级绿色工厂 379 个、国家绿色供应链管理企业 51 个、国家工业产品绿色设计示范企业 53 个、国家能效"领跑者"企业 24 个、国家水效"领跑者"企业 17 个、国家再生资源综合利用行业规范企业 113 个，数量均居全国前列[②]。

3.3.4 R&G 经费投入不断攀升

2023 年，山东省规上制造业 R&G 经费内部支出总计达 1826.09 亿元，与 2019 年相比增长了 56.9%。其中基础研究支出为 104246 万元，比 2019 年增长了 124.7%；应用研究支出为 442944 万元；试验发展支出为 17713681 万元，比 2019 年增长了 71.5%；企业资金支出为 17846831 万元，比 2019 年增长了 47.5%。2019~2023 年山东省规模以上制造业内部支出合计如图 3-10 所示。

R&G 经费内部支出中具体有：基础研究支出、应用研究支出、试验发展支出、政府资金、企业资金、境外资金、其他资金，各项支出 2019~2023 年变化比较大，规上制造业 R&G 经费内部支出的具体变化如图 3-11 所示。

---

① 付玉婷. 山东工业大盘持续筑牢夯实 [N]. 大众日报，2024-01-10 (01).
② 潘劲松，范玉明，李晓峰. 山东省推进制造业高质量发展路径研究 [J]. 山东宏观经济，2024 (4).

第3章 山东省制造业现状及创新研究

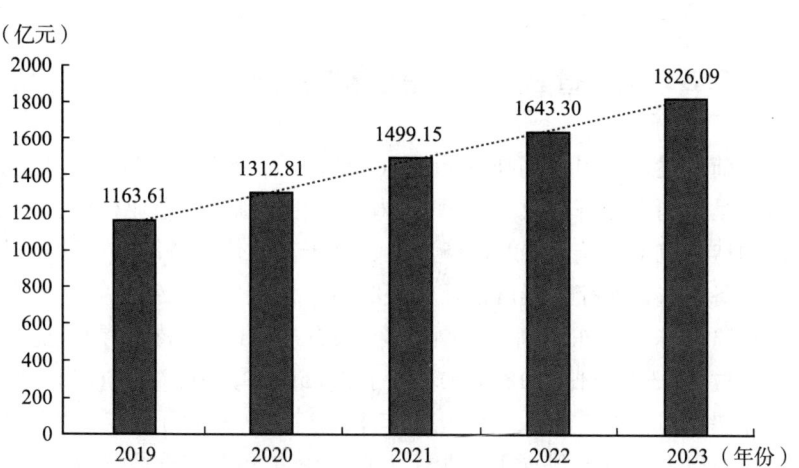

图3–10 山东省2019~2023年规上制造业R&G经费内部支出

资料来源：根据历年《山东省统计年鉴》计算整理。

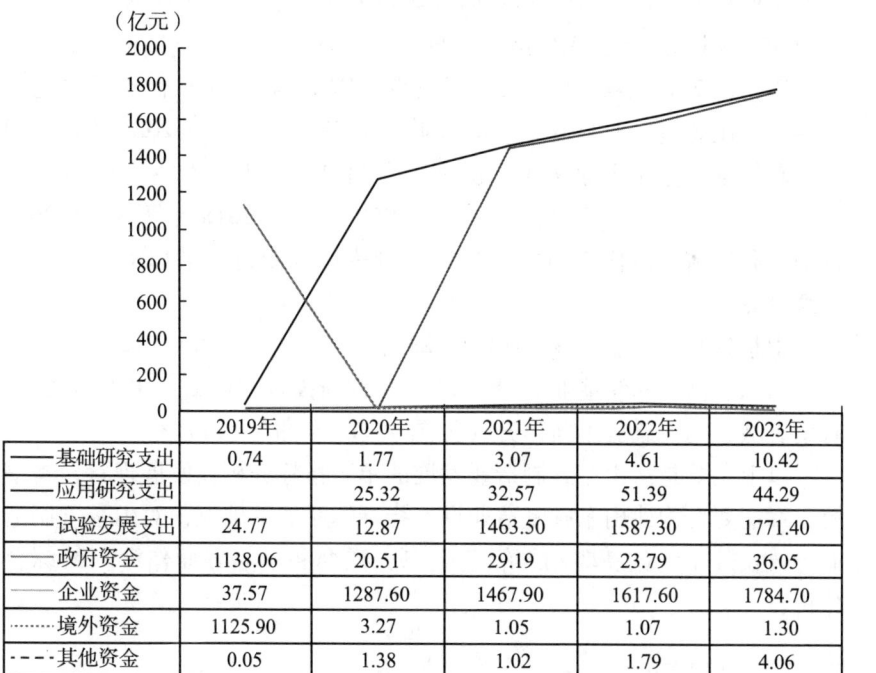

	2019年	2020年	2021年	2022年	2023年
基础研究支出	0.74	1.77	3.07	4.61	10.42
应用研究支出		25.32	32.57	51.39	44.29
试验发展支出	24.77	12.87	1463.50	1587.30	1771.40
政府资金	1138.06	20.51	29.19	23.79	36.05
企业资金	37.57	1287.60	1467.90	1617.60	1784.70
境外资金	1125.90	3.27	1.05	1.07	1.30
其他资金	0.05	1.38	1.02	1.79	4.06

图3–11 2019~2023年山东省规上制造业R&G经费内部支出分类图

资料来源：根据历年《山东省统计年鉴》计算整理。

3.3.5 山东省高技术制造业发展迅速

如前所述，按照《高技术产业（制造业）分类（2017）》，高技术制造业是指国民经济行业中 R&D 投入强度相对高的制造业行业，包括：医药制造，航空、航天器及设备制造，电子及通信设备制造，计算机及办公设备制造，医疗仪器设备及仪表制造，信息化学品制造等 6 大类。

2023 年末，山东省高技术制造业[①]共有规模以上高技术制造业企业法人单位 2603 个，比 2018 年末增长了 31.5%。其中，占规模以上制造业企业法人单位的 7.0%，比 2018 年末提高了 1.3 个百分点。2023 年，全省规模以上高技术制造业企业法人单位全年实现营业收入 9999.1 亿元，比 2018 年增长 43.1%；占规模以上制造业企业法人单位营业收入的 9.8%，比 2018 年提高 1.3 个百分点。2023 年，规模以上高技术制造业企业法人单位 R&D（全称研究与试验发展，以下简称 R&D）经费支出 353.8 亿元，比 2018 年增长 56.2%；占规模以上制造业的比重为 19.8%，比 2018 年提高 2.8 个百分点；R&D 经费与营业收入之比为 3.54%，比规模以上制造业平均水平高 1.79 个百分点。2023 年，规模以上高技术制造业企业法人单位全年专利申请量 19543 件，比 2018 年增长 10.3%。其中，发明专利申请 8950 件，比 2018 年下降 25.2%；发明专利申请所占比重为 45.8%，比规模以上制造业平均水平高 12.7 个百分点。

山东省高技术制造业 2018~2023 年财务指标[②]如图 3-12 所示。

山东省高技术制造业 2018~2023 年创新投入和创新产出不断变化，有增有减，总体趋势不断攀升（见图 3-13 和图 3-14）。[③④]

以上主要是从山东省制造业发展的单一指标分析其发展现状，本书第 5 章还要在构建山东省制造业评价指标体系的基础上，对山东省制造业的效益效率、创新驱动、绿色生态、社会共享等方面作深入的综合分析。

---

① 山东省统计局. 山东省第五次全国经济普查公报（第六号）[EB/OL]. 2025-04-10. http://tjj.shandong.gov.cn/art/2025/4/10/art_321172_10317358.html.

②③④ 山东省统计局. 山东省统计年鉴 2024 [EB/OL]. http://tjj.shandong.gov.cn/col/col6279/.

第3章 山东省制造业现状及创新研究

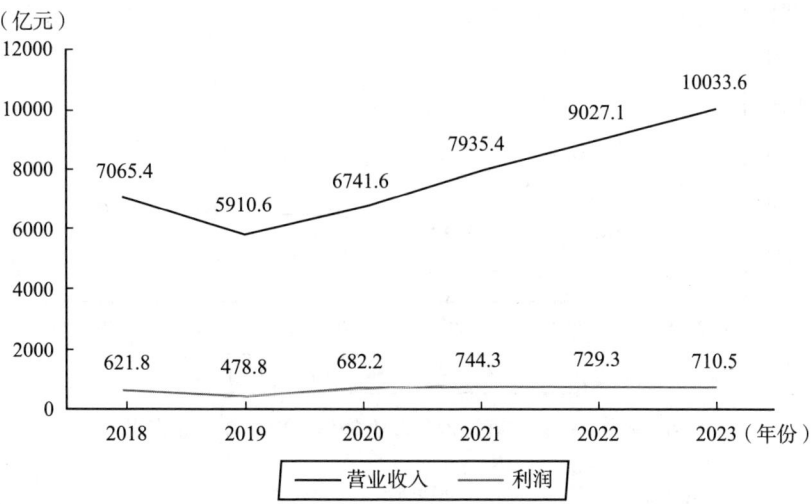

图 3-12 山东省高技术制造业 2018~2023 年财务指标

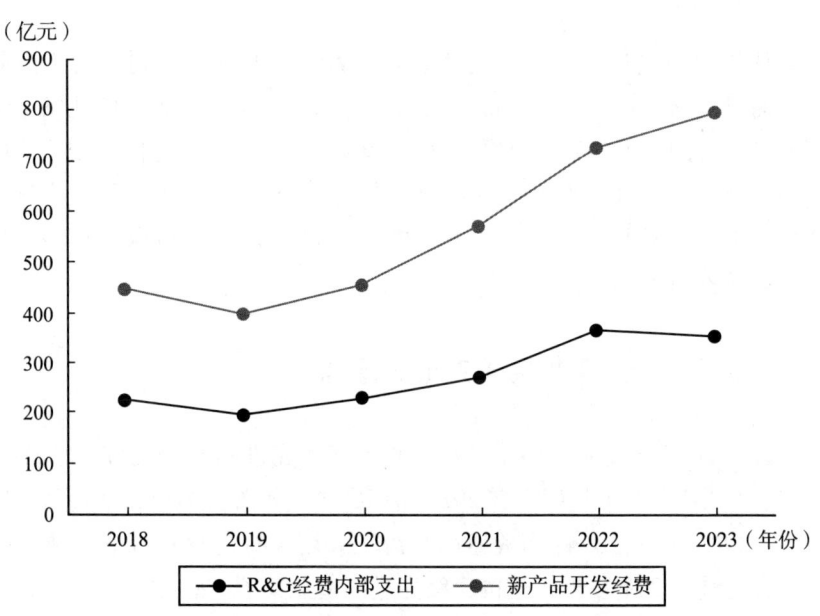

图 3-13 山东省高技术制造业 2018~2023 年创新投入

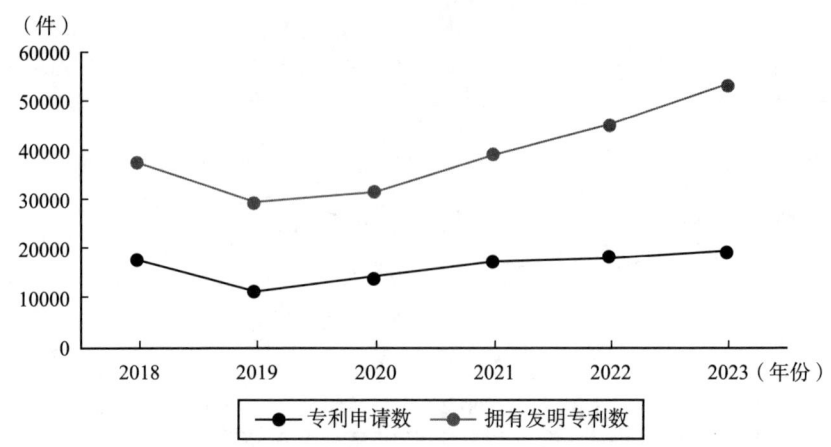

图 3-14 山东省高技术制造业 2018~2023 年创新产出

3.4 山东省打造先进制造业集群成效显著

从"山东制造"到"山东智造",从传统工业大省到现代工业强省,面对全球产业变革的浪潮,山东没有选择守成,而是勇敢地踏上了新型工业化的发展道路。这是一场深刻的技术变革,是对传统制造业的全面升级,更是对未来产业格局的主动塑造。近年来,为塑强先进制造能力,山东以集群为试验田,加快推动"智改数转"与绿色转型,传统产业焕发新生。

3.4.1 产业集群竞争力显著增强

截至 2025 年 5 月,山东已培育 6 个国家先进制造业集群、20 个省级集群①。其中 3 个集群入选 2024 年国家级竞赛胜出名单,数量居全国前列。2024 年,山东青烟威船舶与海工装备、青岛仪器仪表、潍临日智能农机装备 3 个集群入选国家级先进制造业集群,总数达到 6 个,实现争先进位。

---

① 新华财经. 山东推动先进制造业集群能级跃升 [EB/OL]. 2025-05-01. http://gxt.shandong.gov.cn/art/2025/5/1/art_15171_10349807.html.

2025年山东省先进制造业集群认定工作已经正式启动。重点围绕国家先进制造业集群竞赛领域和我省"6997"现代化工业体系，将采取"赛马"方式遴选确定新一批省级先进制造业集群，优化集群区域和行业布局，构建高水平的先进制造业集群梯次发展格局。申报省级先进制造业集群须同时满足产业定位高端、集聚度高、带动力强、协同创新面广、促进组织规范、开放合作高效以及集群内企业近三年未发生特别重大、重大生产安全事故，特别重大、重大突发环境事件等基本条件；鼓励地理相邻、协作紧密、跨行政区的市整合资源、联合申报。《山东省先进制造业集群奖励资金管理及实施细则》明确，对世界级、国家级、省级先进制造业集群实施分档奖励，支持构建梯次培育体系。

3.4.2 企业梯度培育体系逐步形成

突出实施"领航型"企业培育计划。累计培育276家集群领军企业，并将更多资金和项目向集群领军企业倾斜。2022年全省276家领军企业营收规模达3.1万亿元，营业收入超过千亿元的企业达到18家，超500亿元企业达到58家。通过领军企业带动，全力助推潜在企业发展，鼓励企业通过兼并重组等多种方式做强做大、快速成长。截至2022年，累计培育国家级制造业单项冠军186家，数量居全国第二位；其中单项冠军示范企业达到135家，继续保持全国第一。持续培育壮大专精特新企业，推动中小企业走深走实"专精特新"发展之路。截至2023年6月，累计培育创新型中小企业13530家、省级专精特新企业16075家、国家级"小巨人"企业1065家，数量均居全国前列[①]。

如作为国家农机装备产业链"链主"企业，潍柴雷沃积极发挥龙头带动能力，"链"起了潍坊、临沂、日照等地的农机产业板块，形成国内产业规模最大、创新能力最强、产品体系最全、产业链最完整的智能农机集群。2023年，该集群预计实现产值1650亿元，占全国农机行业的1/4，产业规模连续多年居全国首位。连珠成链，以链成群，潍柴雷沃推动了产业集群的快速壮大。目前，该产业集群拥有国家制造业单项冠军12家、专精特新"小巨人"23家，数量居行业内全国第一。集

---

① 鹿晔，等．山东打造世界级先进制造业集群路径研究［J］．山东宏观经济，2023（5）．

群内拥有行业内唯一全系列动力总成、传动、液压、电控等核心零部件产业链，以及耕、种、管、收、运、烘等全程机械化整机装备产品体系。此外，集群还建有全国唯一的智能农机国家新型工业化产业示范基地、全国唯一大马力农机装备传动系统首台（套）重大技术装备试验验证平台。集群内配套率已达63%，探索打造出了"龙头企业+园区化配套"的产业链协作新模式。

3.4.3 政策"组合拳"凝聚集群发展合力

青烟威三市地域相邻、产业相融，拥有全球少有的全年不冻深水港湾和优良航道，是国家建设环渤海船舶与海洋工程装备综合产业集群的重要载体。

2024年，青岛、烟台、威海三市签订了《青烟威共同培育国家级先进制造业集群战略合作协议》。据集群发展促进组织负责人介绍，集群拥有北海造船、中海油青岛海工、中集来福士等总装建造及配套规模以上企业235家，培育国家级单项冠军、专精特新"小巨人"企业80家，汇集了山东海运、中国船级社青岛分社、青岛海检集团等上下游企业超600家，形成了集研发设计、原材料、建造、配套、服务等为一体，船厂、船东协同共赢的产业集群。

聚焦提升产业集群的综合竞争力和发展支撑力，山东着力扩总量、增效能、提质量、强保障，设立省长担任组长的制造强省建设领导小组，统筹能耗、土地等稀缺资源向集群倾斜；配套出台《加快发展先进制造业集群的实施意见》，构建"3+8+30"梯次发展格局，对世界级、国家级集群分别给予最高1000万元、500万元奖励。围绕促进先进制造业高端、绿色、集群化发展，全省已形成"1+N"政策体系，30余项配套措施覆盖创新、人才、金融等全要素。

3.4.4 技术创新攻坚战激活内生动力

全球首列用于商业化运营的碳纤维地铁下线、全国首列氢能源智能城际动车问世、全球最快高铁列车CR450AF动车组样车发布……2024年，青岛轨道交通产业颠覆性、前沿性技术持续涌现。

作为北岸城区重要的工业聚集区，青岛轨道交通产业示范区依托科技创新，构筑起产业的主动权与话语权。围绕集群技术重大共性需求，示范区不断提升国家高速列车技术创新中心建设能级，搭建由国创中心牵头、中国中车集团和青岛市政府共建的高速列车"政产学研金服用"创新创业共同体，加速创新成果转化应用。

目前，由国创中心主持的国家重点研发计划、工信部高质量行动发展计划、国资委启航行动未来产业等科研任务共计 30 余项，已申请国际、国家发明专利 1323 项。近年来，山东将创新作为集群跃升的核心引擎。全省在先进集群内设立了 21 个省级制造业创新中心，实施"百项重大攻关"工程。统筹设立省级科技创新发展资金，每年开展 100 项左右重大科技攻关，明确集群企业研发强度需高于行业 1.5 个百分点，集群产业创新能力不断得到提升。

3.4.5 智能绿色"双驱动"重塑制造范式

"在采集田间数据的基础上，我们通过灌溉、养分、病虫害、作物生长四个 AI 模型输出田间管理方案。作业指令下达给智能农机后，开展田间作业。同时，智能农机也变成了一个可移动的智能终端，它搭载各种传感器，作业过程中会采集各种作业信息，数据到模型去做一个融合，从而让农机作业更精准，实现双向赋能。"潍柴雷沃智慧农业研究院院长李德芳介绍①。

作为全国农机装备产业领军企业，潍柴雷沃智慧农业 5G 智能工厂致力于打造国内农机行业数字化标杆。2024 年，集群内企业智能化改造投资同比增长 27%，高端农机国内市场占有率提升至 35%，成为全国智能农机装备"隐形冠军"的摇篮，为绿色低碳高质量发展先行区建设提供了"智能制造"样板。

在"双碳"目标引领下，钢铁行业正快速迈向绿色低碳的转型之路。山钢集团日照公司积极创建"无废工厂"，通过全流程减废提效、资源循环再利用、产业协同创新，走出了一条经济效益和环境效益"双丰收"的可持续发展之路。

---

① 全国主流媒体走进潍柴雷沃，解码中国智慧农业发展新篇章 [EB/OL]. 2025-04-20. https://www.cnr.cn/sd/gd/20250420/t20250420_527142069.shtml.

3.5 山东省制造业发展存在的问题

如上所述,近年来,山东省制造业转型升级步伐加快,制造业在规模、技术、效益等方面均取得了显著成就。从规模、市场、效益、成长和结构分析,山东省制造业整体来看居于全国前列,山东省制造业基础较好、核心竞争力不断增强、增长速度也比较快。尽管与江苏、广东省等先进区域相比,山东省还存在赶超的空间,但"大而不强"的特征依然明显。具体讲,存在以下问题:

3.5.1 区域结构不平衡、产业结构单一、产业同构现象突出,协同发展不够紧密

在山东省制造业的区域结构分析中,我们可以看出,山东制造业区域存在区域不平衡的趋势,呈现"东强西弱"的局面,既不能促使各地区制造业均衡发展,也不能带来协同优势,并且这种趋势并没有得到缓解。

山东省的制造业以重化工业为主,产业结构偏"重",如钢铁、化工、机械等产业占比较大。这些产业虽然对经济增长有重要贡献,但也带来了高能耗、高污染等问题。其次是山东高端制造业发展滞后,尤其在高端装备、新材料、生物医药等领域的产业规模和技术水平相对较低。因此,这也限制了山东制造业的转型升级和可持续发展[①]。

从历史渊源看,山东一些传统支柱产业布局并不是依靠资源、技术、市场等优势选择的。部分产业园区功能定位还不够明确,在招商中容易造成园区同质化竞争。部分区域主导产业在构成、数量比例与空间分布等方面的差异还不够明显,存在部分产业同构现象,主导优势产业在互动链接方面需要进一步提升,从而扩大集群规模优势。同时,在省级层面已经搭建起区域协调发展的顶层设计框架,但仍缺少一些利益协调、项目协调等精准化政策,在市县落实层面面临一些难点堵点。

---

① 时彦超,刘晓容. 数据要素赋能山东省制造业高质量发展研究[J]. 商业经济,2025(2):37-40+178.

3.5.2 营收增长不够强劲，发展质效仍需提升

2023年，山东省规上制造业企业的营业收入利润率为4.53%，比2022年增加0.73个百分点，但比全国平均水平低0.47个百分点。31个制造业大类中，虽有14个行业的利润率超过全国同行业平均水平，但这些行业的合计利润率仅为4.85%，低于全国制造业平均水平0.15个百分点。年营收超过2000亿元的16个骨干行业中，仅有9个行业的利润率高于全国平均水平；16个行业的平均利润率为4.32%，比2022年增加0.16个百分点，低于全国同行业平均水平0.27个百分点。全省营收排名前10行业中，有5个行业利润率低于全国同行业平均水平[①]。

3.5.3 区位优势发挥不够，使用外资水平不高，国际市场竞争力有待加强

山东地处京津冀、长三角、东北振兴三大国家区域战略的交汇点，既是黄河流域最便捷的出海通道，也是"一带一路"重要枢纽和东北亚地区活跃的增长极。但区位优势还有待进一步发挥，吸引和利用外资能力仍需提升。2023年山东制造业实际使用外资66.5亿美元（同比下降31.9%），比江苏、浙江分别低27.3亿美元、24.5亿美元；在2023年12月商务部公布的国家级经开区2022年度综合发展水平情况考核评价结果中，山东仅有2家进入综合排名前30名、1家进入实际使用外资前10名、2家进入进出口总额前10名[②]。

山东的出口产品主要以劳动密集型产品为主，附加值较低，这使得制造业企业在国际市场上难以获得较高的利润。随着国际贸易保护主义的抬头和贸易摩擦的加剧，山东的出口企业面临着更大的市场不确定性和风险。因此，山东的制造业企业亟须提高产品质量、自主创新能力、

---

① 潘劲松，范玉明，李晓峰．山东省推进制造业高质量发展路径研究［J］．山东宏观经济，2024（4）：68－72．

② 商务部新闻办公室．商务部公布2022年国家级经济技术开发区综合发展水平考核评价结果［EB/OL］．2024－07－30．http：//file.mofcom.gov.cn/article/syxwfb/202301/20230103379178.shtml．

产品附加值以增强国际市场竞争力。

3.5.4 "两高"行业占比较高,"双碳"目标任务紧迫

作为全国重要的工业基地和北方地区经济发展的战略支点,山东"两高"行业体量大、企业数量多,在资源利用和环境保护方面面临一定压力。营收占全省制造业营收超过45%的五大高耗能行业[①],能源消费总量占全省制造业能源消费总量75%以上。同时,全省制造业能源结构偏煤特征较为突出,新能源和可再生能源开发规模不够大。据测算,全省制造业碳排放量约8.0亿吨,占全省工业领域碳排放量约92%,经过多次技术改造的传统产业节能减排空间收窄,深度减排难度进一步增大。

3.5.5 资源承载能力有限,要素保障,特别是人才要素支撑不足

近年来,生态环境硬性约束不断强化,生产要素大规模、高强度投入对于经济增长的支撑带动作用已较为明显,但山东人才、数据等高端要素的保障体系还不够成熟,制约了制造业的转型升级。首先,山东属于极度缺水地区,以占全国1%的水资源,灌溉约占全国5%的土地、生产全国8%的粮食,在确保粮食生产安全和生态生活用水的前提下,水资源已成为制约发展的瓶颈之一。其次,由于山东互联网经济起步较晚,工业智能、工业网络、工业软件、大数据等数字技术与传统产业融合发展还不够快,生产运营中的互联感知、协同优化、智能决策等方面仍需加强[②]。最后,山东在薪酬待遇、工作环境等方面的竞争力不足,人才引进政策和激励机制不够完善,对优秀人才的吸引力不足。

不论是技术问题还是观念问题,总的来说是人才问题,山东省制造

---

① 五大高耗能行业:石油煤炭及其他燃料加工、化学原料和化学制品制造业、非金属矿物制品、黑色金属冶炼和压延加工业、有色金属冶炼和压延加工业。
② 潘劲松,范玉明,李晓峰.山东省推进制造业高质量发展路径研究[J].山东宏观经济,2024(4):68-72.

业工业基础好，工业体系完善，而人才的问题才是导致山东省制造业底子优厚却发展乏力的关键。山东省制造业的发展缺乏相应的人才梯队建设，不仅缺少科技人才，使得山东省制造业的研发能力、技术能力偏低，而且缺乏相应的经营管理人才，使得山东省制造业的发展观念落后，企业缺少转变发展方式的创造性和探索精神。人才问题导致的技术与观念问题已经严重制约了山东省制造业的发展。

第4章 山东省制造业人才现状与问题研究

制造业的优化与升级要求制造业从要素投入式发展战略转变为创新驱动发展战略，在这个过程中，传统中低端制造业必然实现升级改造。高端制造业的发展，产品生产的数字化和智能化，以及未来消费市场对个性化、定制化产品的快速增长，必然推动创新型、复合型和技能型高端人才需求。本章以山东省制造业的发展为背景，从制造业人才评价的单一指标角度分析山东省制造业人才（科技人才、高技能人才）的现状、问题并提出相应的对策。

4.1 山东省制造业发展的回顾和制造业人才概况

2024年12月1日起实施的《山东省先进制造业促进条例》第四条提出，山东省制造业要改造提升冶金、石化、轻工、建材、纺织服装、机械等传统产业，培育壮大新一代信息技术、高端装备、新能源新材料、现代医药、新能源汽车、商业航天、低空经济等新兴产业，超前布局人工智能、元宇宙、人形机器人、氢能、生物制造、生命科学、量子科技等未来产业。第七条提出："省人民政府及其有关部门应当重点围绕高端化工、汽车、智能家电、工业母机、轨道交通、海工装备、农机装备、高端铝材、现代食品等优势产业，培育具有国际国内竞争力和影响力的产业集群，加快形成区域布局合理、主导产业明晰、资源要素集聚、特色错位发展的集群发展格局。"[①] 如前所述，近年来，山东省制

[①] 山东省第十四届人民代表大会常务委员会第十一次会议. 山东省先进制造业促进条例[EB/OL]. 2024－09－1－26. http：//gxt.shandong.gov.cn/art/2024/9/27/art_103863_10346024.html.

造业一直处于稳步发展的状态,制造业的规模、市场、利润、增速和结构等发展状态良好。2023年,山东规上制造业企业达37092家,资产总计100440.4亿元,实现营业收入102254.1亿元,利润总额4742.4亿元①,分别占全国规上制造业的8.06%、7.76%、8.69%、7.51%,营业收入居全国第三位,企业个数、资产总量和利润总额均位居全国第四位。

制造业作为吸纳新增劳动力的重要产业,人才需求高、流动性强。在人社部门统计信息中,制造业长期被列入全国"最缺工"职业,缺工程度高。山东省发布2024年重点人才需求岗位,从产业领域分布看,山东作为制造业大省,高端装备制造需求占比最高,达到16%,其次是绿色化工、新能源新材料、新一代信息技术领域,占比均超过10%,超70%的人才需求集中在全省重点发展的11条标志性产业链领域,硕博人才需求占比超过12%②。

在国民经济行业分类中,制造业在第二产业中覆盖面最广,因此,在山东省制造业就业人数分析中对山东省总数、第二产业、制造业进行了对比分析。2018~2023年山东省制造业年底就业人数、第二产业年底就业人数和山东省年底就业总人数的情况如图4-1所示。

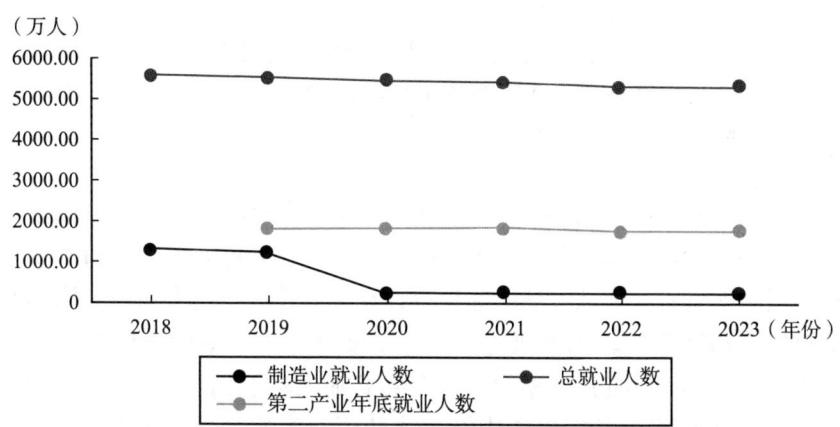

图4-1 2018~2023年山东省制造业、第二产业和全省年底就业总人数

资料来源:历年《山东省统计年鉴》。

---

① 山东省统计局. 山东省统计年鉴2024 [EB/OL]. http://tjj.shandong.gov.cn/col/col6279/.

② 山东省人民政府. 我省发布2024年重点人才需求岗位 [EB/OL]. 2024-04-26. http://fgw.shandong.gov.cn/art/2024/4/26/art_91502_10435171.html.

如图4-1所示，山东省2018年底就业总人数和第二产业年底就业人数在2019～2023年的变化并不是很大。相比之下，山东省制造业年底就业人数在2019～2020年出现了较大幅度的下降，从1264.3万人降至273.3万人（见图4-2）。这一人数的大幅下降，与山东省制造业的总规模、营收和利润总额的变化都不相符，与增加值的变化规律有一定的一致性，出现了人员的缺口。山东省制造业的发展与就业人员出现了结构性失调。

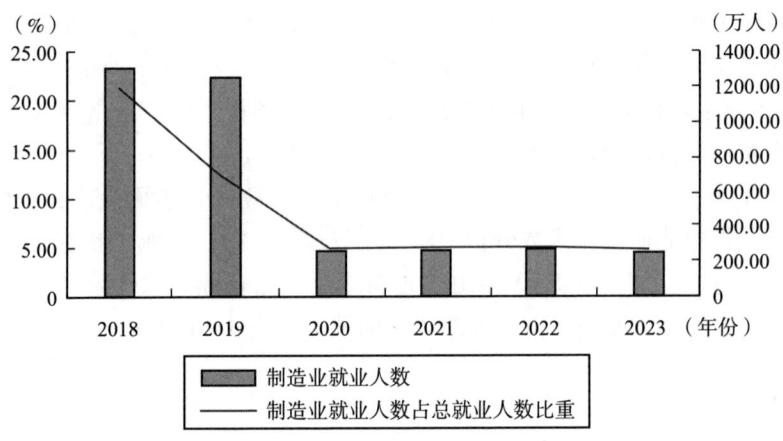

图4-2　2018～2023年山东省制造业就业人数

资料来源：历年《山东省统计年鉴》。

"十四五"期间，山东省要着力储备优秀青年科技人才。实施青年英才储备行动和大学生创业齐鲁行动，在泰山、齐鲁人才工程和省级科技计划中实施青年人才专项，建立符合青年人才成长规律的培养使用评价机制，2025年新增国家级青年人才300名以上，新增来鲁留鲁大学生350万名。"十四五"期间，山东省要加大产业创新人才培养力度；努力造就高水平工程师和高技能人才队伍。实施"技能兴鲁"行动，推进高技能人才和专业技术人才职业发展贯通，2025年新增高技能人才50万人。[①]

---

① 山东省人民政府．山东省"十四五"人才发展规划［EB/OL］．2021-08-25．http：//gb．shandong．gov．cn/art/2021/8/25/art_206002_427377．html．

4.2 山东省制造业科技人才的现状

在全球科技竞争白热化的当下,科技人才的分布与流动深刻影响着各国的创新实力与发展潜力,对于各国抢占科技制高点至关重要。2025年1月发布的《全球高层次科技人才态势报告》全面揭示高层次科技人才在全球范围内的分布状况和动态变化,指出:过去五年,全球高层次科技人才格局历经深刻变革,中美两国始终占据主导地位,但人才占比走势截然相反。美国高层次科技人才数量从2020年的36599人逐年下滑至2024年的31781人,占比相应从32.8%降至27.3%。而中国人才数量从18805人飙升至32511人,占比从16.9%跃升至27.9%,跃居全球首位[①]。

4.2.1 科技人才与山东省制造业创新关系分析

制造业是科技创新的主战场,技术创新是山东省工业提质增效的必然选择。通过研究发现[②]:

(1)科技人才能够有效提升区域制造业专利创新产出和新产品销售收入。制造业是开展技术创新的主战场,是国民经济中创新驱动的主力军和高端要素的承载体。科技创新人才作为制造企业的骨干力量,能够通过自身效应和聚集效应影响制造业技术创新。①自身效应。科技人才是知识和技术的创造者和发明者,通过静态整合与动态重构,促进知识技术的转化和应用,从而对制造业技术创新产生正向影响。而且科技人才自身具有信息敏感性以及较快的新事物接受能力,能够接触到更加先进的技术和创新理念。②聚集效应。科技人才的有序流动能够使人才在一定区域范围内集聚,形成人才聚集效应。由于创新的复杂性及不确定性,单个科技人才往往难以提高创新的成功率,而人才聚集有助

---

① 全球科技人才分布版图重塑:美国高层次科技人才居首,中国快速崛起[EB/OL]. 2025-01-13. https://baijiahao.baidu.com/s?id=1821116417115554245&wfr=spider&for=pc.
② 王蒙,孙恺艺. 科技人才对河南省制造业技术创新的影响研究[J]. 河南科技,2024,51(10):139-143. DOI:10.19968/j.cnki.hnkj.1003-5168.2024.10.027.

于带动知识溢出、信息共享、集体学习。

（2）科技人才能够显著促进区域制造业技术创新，政府政策支持力度和研发资本投入强度越大，其促进作用越强。环境是提高区域竞争力、决定个人成就的重要因素，良好的政策环境和创新环境能够深化科技管理体制改革，促进科技人才流动，加速制造业技术创新能力提升。①政府的研发资助可以为科技人才提供更加先进的科研设施，从而激发他们开展技术创新的积极性。而且政府的引导性策略有助于科技人才的有效集聚，形成人才竞争和激励的合理组合，最大限度地发挥科技人才的创新效应。②创新环境是培养凝聚优秀科技创新人才的基础，良好的创新环境不仅能够提高人才创新主动性、激发人才创新潜能，而且能够规范创新成果转化，降低创新红利被窃取的风险。

4.2.2 山东省制造业科技人才的供给现状

4.2.2.1 山东省制造业科技人才现状

通过分析图4-3，我们可以很明显地发现，山东省制造业企业R&D从业人员从2019年的288253人递增到2023年的540687人，涨幅达87.5%。其中全时人员从215608人增加到387188人，增幅高达79.6%（见图4-4）。

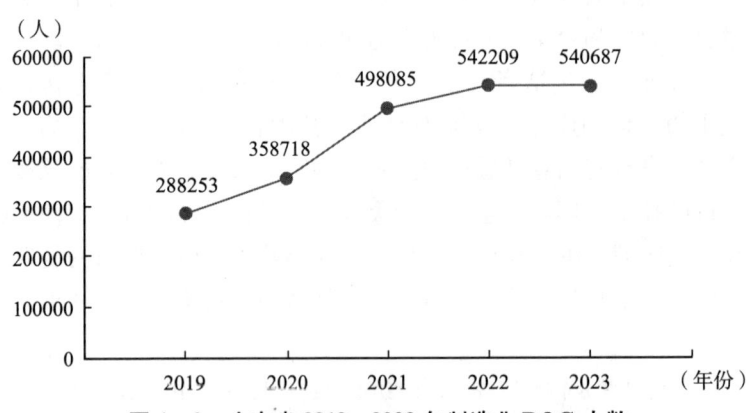

图4-3　山东省2019~2023年制造业R&G人数

资料来源：历年《山东省统计年鉴》。

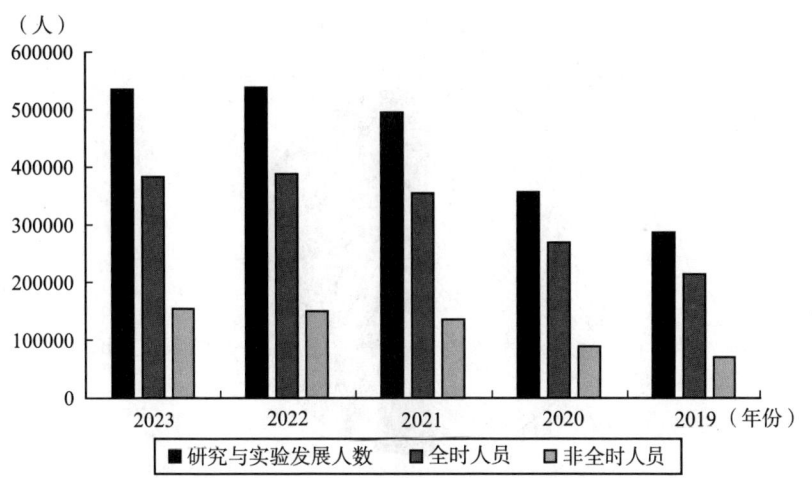

图4-4 山东省制造业 R&G 人数

资料来源：历年《山东省统计年鉴》。

4.2.2.2 科技人才的投入与产出

如图4-5、图4-6所示，山东省规模以上制造业 R&G 经费内部支出从1163.61亿元增加到1826.09亿元，其中基础研究支出、应用研究支出、试验发展支出、企业资金均是逐年增长趋势，政府资金2023年和2019年相比下降比较大。到2023年山东省规模以上制造业 R&G 经费内支出中包括基础研究支出10.42亿元、应用研究支出44.29亿元、试验发展支出1771.4亿元、企业资金1784.7亿元和政府资金36.05亿元。

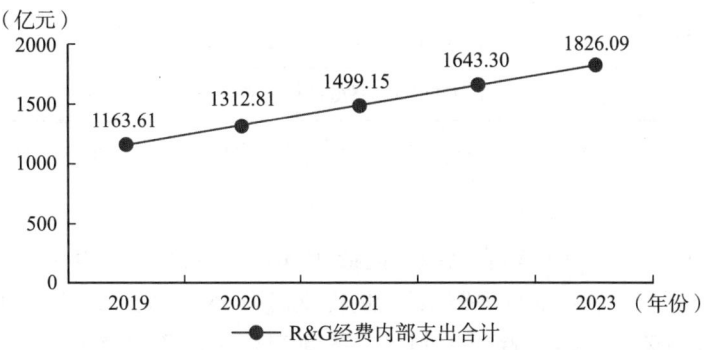

图4-5 山东省规上制造业2019~2023年 R&G 经费内部支出情况

资料来源：历年《山东省统计年鉴》。

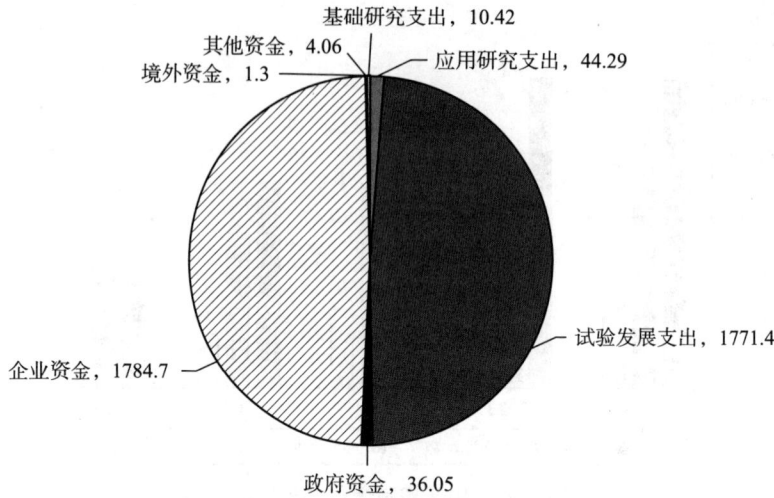

图 4-6　山东省规模以上制造业 2023 年 R&G 经费内部支出构成（亿元）
资料来源：2024 年《山东省统计年鉴》。

4.2.2.3　山东省高技术制造业人才现状

2018～2023 年，山东省高技术制造业从业人员年平均人数从 63.1 万人增加到 66.4 万人，增加了 3.3 万人，增幅为 5.2%。具体如表 4-1 所示。

表 4-1　山东省高技术制造业从业人员

项目	2018 年	2019 年	2020 年	2021 年	2022 年	2023 年
从业人员年平均人数（万人）	63.1	54.2	55.8	58.9	64.3	66.4
R&G 人员全时当量（人年）	49617	35706	44598	62205.4	72667.4	77621.9

资料来源：山东省统计局. 山东省统计年鉴 2024 [EB/OL]. http：//tjj.shandong.gov.cn/col/col6279/.

2018～2023 年山东省高技术制造业 R&G 投入情况如表 4-2 所示。2023 年高技术制造业的 R&G 经费内部支出为 353.8 亿元，比 2018 年增加了 56.1%；2023 年高技术制造业的新产品开发经费为 445 亿元，比 2018 年增加了 103.8%。

表 4-2　　　山东省高技术制造业 R&G 投入　　　单位：亿元

项目	2018年	2019年	2020年	2021年	2022年	2023年
R&G经费内部支出	226.6	195.9	230.7	271.9	363.6	353.8
新产品开发经费	218.3	202.5	224.6	298.2	364.6	445.0

资料来源：山东省统计局. 山东省统计年鉴2024 [EB/OL]. http://tjj.shandong.gov.cn/col/col6279/.

2018~2023年山东省高技术制造业R&G产出情况如表4-3所示。2023年山东省高技术制造业申请专利数为19543件，拥有发明专利数为33915件。

表 4-3　　　山东省高技术制造业 R&G 产出　　　单位：件

项目	2018年	2019年	2020年	2021年	2022年	2023年
专利申请数	17712	11074	14146	17170	18149	19543
拥有发明专利数	19986	18387	17307	22209	27157	33915

资料来源：山东省统计局. 山东省统计年鉴2024 [EB/OL]. http://tjj.shandong.gov.cn/col/col6279/.

4.3　山东省制造业高技能人才的现状

山东是经济大省、制造业大省，拥有全部41个工业大类和31个制造业大类，需要一支规模宏大、素质优良的技能人才队伍作为支撑。

4.3.1　技能人才定位的演变

自21世纪以来，我国高职教育人才培养目标随着经济社会的发展和要求不断更新变化。从早期的"高素质""高技能"人才到后来的"高端技能型"人才，人才的要求、规格和层次不断提高。

2000年1月，教育部印发了《关于加强高职高专教育人才培养工作的意见》，提出高职教育要培养"适应生产、建设、管理、服务第一线需要的，德、智、体、美等方面全面发展的高等技术应用型专门人才"。2002年《国务院关于大力推进职业教育改革与发展的决定》提出，高职教育"要培养生产、服务第一线的高素质劳动者和实用人才"。2006年《教育部关于全面提高高等职业教育教学质量的若干意见》提出，高职教育要"为社会主义现代化建设培养千百万高素质技能型专门人才"。2010年，《教育部财政部关于进一步推进"国家示范性高等职业院校建设计划"实施工作的通知》提出，高职院校"要培养高素质高级技能型专门人才"。

2010年，教育部颁布实施的《教育规划纲要》，首次从建立现代职业教育体系的角度明确提出，要"发挥高等职业学校的引领作用，重点培养高端技能型人才""高端技能型人才"的概念首次出现在相关文件中。2011年，教育部在《关于推进高等职业教育改革创新引领职业教育科学发展的若干意见》中，指出高职教育"必须准确把握定位和发展方向，自觉承担起服务经济发展方式转变和现代产业体系建设的时代责任，主动适应区域经济社会发展需要，培养数量充足、结构合理的高端技能型专门人才"。2012年6月，教育部发布《国家教育事业发展第十二个五年规划》，在承袭"高端技能型专门人才"的提法下，又对高职教育的人才培养目标进行了诠释，即"高等职业教育重点培养产业转型升级和企业技术创新需要的发展型、复合型和创新型的技术技能人才"。2014年，《国务院办公厅关于做好2014年全国普通高等学校毕业生就业创业工作的通知》指出，"加快发展现代职业教育，深化校企合作、工学结合，培养生产、建设、服务、管理一线的应用型和技能型人才"。2016年，《中华人民共和国国民经济和社会发展第十三个五年规划纲要》中指出实施"国家高技能人才振兴计划"，"在全国建成一批技能大师工作室，1200个高技能人才培训基地，培养1000万名高技能人才"。

2021年，《"技能中国行动"实施方案》提到："十四五"时期，大力实施"技能中国行动"，以培养高技能人才、能工巧匠、大国工匠为先导，带动技能人才队伍梯次发展，形成一支规模宏大、结构合理、技能精湛、素质优良，基本满足我国经济社会高质量发展需要的技能人才队伍。2022年，《关于加强新时代高技能人才队伍建设的意见》指出，技能人才是支撑中国制造、中国创造的重要力量。加强高级工以上的高技能人才队伍建设，对巩固和发展工人阶级先进性，增强国家核心竞争力和科技创新能力，缓解就业结构性矛盾，推动高质量发展具有重要意义。2023年，《关于加强新时代全省高技能人才队伍建设的实施意见》指出：以习近平新时代中国特色社会主义思想为指导，深入贯彻落实党的二十大精神，紧紧围绕"走在前、开新局"战略指引和实践要求，坚持党管人才，构建党委领导、政府主导、政策支持、企业主体、社会参与的高技能人才工作体系，全面建设"技能山东"，构筑技能人才培育聚集的"新高地"。技能人才的内涵越来越清晰，技能人才和高技能人才的定位也越来越明确。本研究重点分析的是高技能人才。

4.3.2 山东省制造业高技能人才的供给现状

2018~2023年山东省技能人才和高技能人才的数量如图4-7所示。

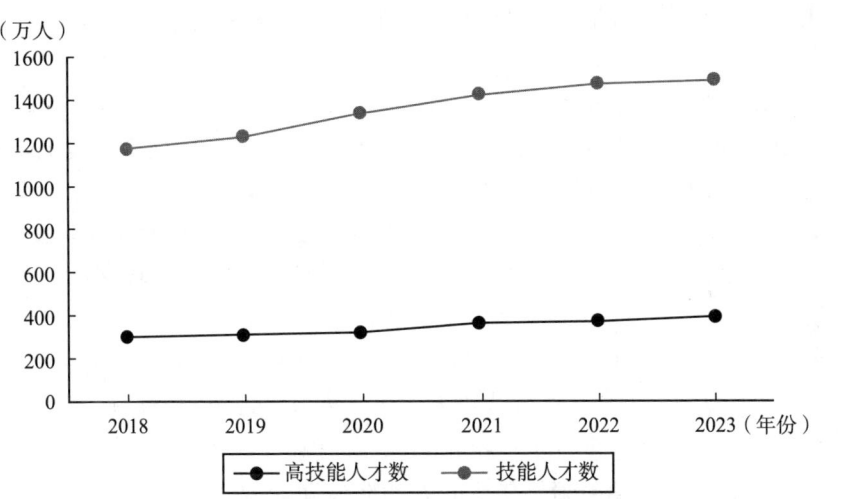

图4-7　2018~2023年山东省技能人才与高技能人才的数量

资料来源：根据山东省人力资源和社会保障厅、山东省人民政府官网数据计算整理。

由图4-7可见，山东省技能人才和高技能人才的数量逐年增长，高技能人才占技能人才的比率分别为25.8%、25.6%、24.6%、24.6%、25.5%和26.8%，"十四五"期间平均增速25.6%。高技能人才占就业人员的比例分别为20.9%、22.2%、24.3%、26.1%、27.8%和27.8%，"十四五"期间平均增速为27.2%（见表4-4）。

表 4-4 2018~2023 年山东省高技能人才占技能人才、总就业人员比率

年份	高技能人才占技能人才的百分比（%）	技能人才占就业人员的百分比（%）
2018	25.8	20.9
2019	25.6	22.2
2020	24.6	24.3
2021	24.6	26.1
2022	25.5	27.8
2023	26.8	27.8

资料来源：根据山东省人力资源和社会保障厅、山东省人民政府官网数据计算整理。

近年来，山东深入学习贯彻习近平总书记关于技能人才工作的重要指示精神，紧贴工业经济、山东制造，深化技能人才培养、评价、使用、激励改革，锻造了大批符合新质生产力发展要求的高素质技能人才。

山东省高技能人才主要有三个特点：总量大、发展快、层次高。截至 2023 年底，全省技能人才总数达 1494 万人，居全国前列；技工院校 215 所、在校生 45 万人，分别居全国第一位、第二位。2023 年，全省新增高技能人才 31.8 万人，同比增长 45%。高技能人才总量突破 400 万人，现有中华技能大奖获得者 22 人，享受国务院政府特殊津贴技能人才 70 人，全国技术能手 695 人，齐鲁首席技师 2102 人，山东省技术能手 3599 人，高技能人才、高技能领军人才总量位居全国前列[①]。

"十四五"以来，全省技能人才量质齐升，取得了突破性进展，为经济社会高质量发展提供了坚实支撑。主要做了四方面工作[②]：

（1）坚持高端引领，高技能人才队伍建设取得了突破。聚焦国家重大战略、重大工程、重大项目、重点产业需求，大力实施"技能兴鲁"百万工匠培育行动，全面加强高技能人才培养。一方面，强化载体建设，塑造高技能领军人才队伍。实施万名技能领军人才培育工程，建成国家级技能大师工作室 54 个、齐鲁技能大师特色工作站 160 个，设立泰山产业技能领军人才、齐鲁首席技师和山东省技术技能大师项目，

[①②] 山东省人力资源和社会保障厅 [EB/OL]. 2025-03-25. http://hrss.shandong.gov.cn/articles/ch00702/202403/3cfbea4d-da86-461b-83df-d533746f068d.shtml.

充分发挥人才项目引领带动作用，遴选培育了一批高技能领军人才。另一方面，发挥企业主体作用，协同培育高技能人才。探索校企双制、校中厂、厂中校等培养方式，推行企业新型学徒制，面向企业新入职和转岗职工，打造"招工即招生、入企即入校"的技能人才培养新模式。致力于打造"金蓝领"高端培训品牌，并依托技工院校、大型企业集团开展因地制宜的培训，不断提升企业技能人才水平。目前，全省开展企业新型学徒制和"金蓝领"培训接近 30 万人。

（2）坚持夯基垒台，技工教育质效不断提升。充分发挥技工院校技能人才培养主阵地作用，建成以技师学院为主要层次、技工学校梯次发展的现代技工教育体系，为经济社会发展培养了一大批高素质技能人才。办学规模不断扩大，技工院校数量、招生数量、在校生数量均居全国前列，2023 年全省招生 18.4 万人，完成人社部任务指标的 126.9%。办学质量不断提高，依托技工院校建成国家级高技能人才培训基地 46 个、国家技能根基工程培训基地 4 个，88 所技工院校纳入全国技工院校工学一体化建设试点名单，数量居全国前列。所谓工学一体化，是指采取校企协同育人模式，实现"教、学、做"融会贯通，是提升技能人才培养质量的重要举措。办学精度不断提高，成立 7 家技工教育集团，创新开展"订单式培养"，积极推广新型学徒制，为企业"量身培养"高素质技能人才，有效提高企业职工技能水平，促进了企业转型升级。截至 2023 年底，全省技工院校已经开设 989 个"订单班""冠名班"，为比亚迪、奇瑞、齐鲁制药等企业定向培养技能人才，全省各类"订单班""冠名班"的在校生已经达到了 3.7 万人。

（3）坚持改革创新，为技能人才成长开辟新局面。评价激励是人才成长的不竭动力。我省坚持以实绩定待遇、评奖励，打破人才成长瓶颈和"天花板"，让技能人才能够受尊重、得实惠，实现"名利双收"。创新评价制度，在全国率先开展企业技能人才自主评价，完善"新八级工"职业技能等级制度，创新开展技能岗位"人人持证"工程，全省评聘首席技师 12 人，特级技师 280 人。创新使用制度，建设高技能领军人才信息库，组建"技师+工程师"团队，鼓励企业为高技能人才建立企业年金，让多劳者多得、技高者高薪。创新激励制度，为 759 位高技能人才发放"山东惠才卡"，享受住房保障、子女就学、职称评聘等 29 项服务。

（4）坚持竞赛引领，崇尚技能的社会氛围愈加浓厚。大赛是发现人才、培养人才、激励人才的重要途径。山东省完善职业技能竞赛体系，常态化开展各类技能竞赛，一大批优秀技能人才脱颖而出。广泛开展"技能兴鲁"职业技能大赛，并将169项赛事纳入省级"技能兴鲁"职业技能大赛。2023年6月，山东省成功举办了第一届职业技能大赛，共有1393名选手参赛，其中102名选手获得了金牌，展现了技能人才大省的形象。积极参加2023年9月在天津举行的全国第二届职业技能大赛，获得1金、13银、3铜和105个优胜奖，被人力资源社会保障部授予"突出贡献奖"。全力备战第47届世界技能大赛，在刚结束的第47届世界技能大赛集中选拔活动中，山东省有两名选手获得第一名，将代表国家出征9月在法国里昂举办的世界技能大赛。

4.4　山东省制造业对人才的需求预测

4.4.1　山东省制造业人才需求预测

对于制造业人才的需求预测主要是考虑了制造业就业人员与制造业增加值（因产值2018年后的统计年鉴没有相应的统计，故改为增加值，增加值是衡量制造业经济增长和发展的重要指标）之间的紧密关系，可以通过回归模型预测制造业从业人员的增长趋势。

表4-5中数据表明，山东省制造业增加值的平均增速为5.31%，而制造业就业增长率，由于受疫情影响，2020年及以后就业人员基本上是负增长，显然与制造业的发展背道而驰，无法正常预测。因此，由于山东省制造业的发展，制造业人才严重不足的局面就显得较为严重。

表4-5　山东省制造业人才需求预测主要因素

年份	制造业增加值增长率（%）	制造业就业人员增长率（%）
2018	5.10	—
2019	0.30	-4.17
2020	5.70	-78.3

续表

年份	制造业增加值增长率（%）	制造业就业人员增长率（%）
2021	10.10	1.1
2022	2.90	-0.98
2023	7.80	-4.6

资料来源：根据历年《山东省统计年鉴》计算整理。

4.4.2 山东省制造业对高技能人才的需求分析

"十四五"时期，大力实施"技能中国行动"，以培养高技能人才、能工巧匠、大国工匠为先导，带动技能人才队伍梯次发展，形成一支规模宏大、结构合理、技能精湛、素质优良，基本满足我国经济社会高质量发展需要的技能人才队伍。"十四五"期间，新增技能人才4000万人以上，技能人才占就业人员比例达到30%，东部省份高技能人才占技能人才比例达到35%，中西部省份高技能人才占技能人才比例在现有基础上提高2~3个百分点[1]。

《关于加强新时代高技能人才队伍建设的意见》提到，"十四五"末，全省技能人才占就业人员比例超过30%，高技能人才占技能人才比例超过35%；到2030年，全省新增高技能人才100万人；到2035年，全省新增高技能人才200万人以上[2]。

显然，2021年、2022年、2023年山东省高技能人才占就业人才的平均比率为25.6%，离35%的要求差距还比较大，2021年、2022年、2023年山东省高技能人才占技能人才的平均比率为27.2%，离30%的要求也有差距。

4.4.3 山东省制造业对科技人才的需求分析

高端、先进制造业往往是兼具技术与效率的制造产业，既包括生产

---

[1] 人力资源社会保障部."技能中国行动"实施方案（人社部发〔2021〕48号）[EB/OL]. https://www.mohrss.gov.cn/xxgk2020/fdzdgknr/qt/gztz/202107/t20210705_417746.html.

[2] 中共中央办公厅 国务院办公厅.关于加强新时代全省高技能人才队伍建设的实施意见（鲁政办字〔2023〕146号）[EB/OL]. https://www.gov.cn/gongbao/content/2022/content_5719981.htm.

高附加值的产品，又涵盖了生产该产品所需要的技术创新能力、先进的生产工艺水平、高精尖人才等等。从高端先进制造业的特性来看，技术创新、先进工艺必不可少，这些要素背后依赖的正是人才。换言之，产业的转型升级实则可看成人才战略的转变与优化，产业竞争回归人才竞争。为适应市场、技术需求的变化，高端制造企业的人才结构也发生了巨大的变化，企业对五类人才的需求正日益突出[①]。

（1）技术领军人才。他们不仅具备扎实的理论基础，还具备过硬的实践能力，能够对关键核心问题进行创新突破。并且展现出卓越的领导力，能够吸引并培育人才，构建起具有国际竞争力的技术团队。

（2）高端技术专家。他们在特定的领域具有极高的专业深度，能够解决所在领域复杂的技术问题，开拓创新的边界。高端技术专家的培育主要依托企业内部的跨领域和跨职能轮岗机制，旨在促进专业知识的广泛积累和提升团队协作效率。

（3）技术高潜人才。他们通常具备扎实的技术功底，并且对技术有高度的热忱。这些人才能够快速适应并推动跨学科、跨领域的技术发展。企业除了薪酬、激励机制等常规配套之外，还应善于利用制造业特有的价值链条和生产规模所创造出的丰富且复杂的技术创新场景，以发挥较互联网、AI 公司、新势力等差异化优势，从而吸引这类人才。

（4）质量管理人才。这类人才需要具备数据的获取、挖掘、分析和应用技能，能基于企业所掌握的数据，从跨职能、专业、产业链的视角进行深入分析，识别并改进关键的质量缺陷。同时，能够熟练运用先进技术进一步提高质量管理的效率和稳定性。质量人才的培养有赖于企业的质量意识和数据能力，而且企业需要不断加强数据治理、系统建设、技术组织架构建设等工作，为提升质量管理成效奠定坚实的基础。

（5）供应链人才。这类人才对全球供应链市场有深入的了解、具备跨文化沟通和领导能力，对整个制造价值链条有全面的认识。全球供应链人才通常是在企业打造全球运营体系的过程中逐渐吸纳并培养起来的。在引入相关人才之后，企业需要对这些人才就本单位制造链条中的每一个环节，进行全面的业务培训，帮助他们形成对整个供应体系的全局视角。

---

① 季生. 中国高端制造业亟需解决五类人才的短缺［J］. 经理人，2025（2）：13-15.

其中,技术领军人才、高端技术专家、技术高潜人才是山东省制造业发展所亟待需要的科技人才。

4.5 山东省制造业人才存在的问题与对策

4.5.1 山东省制造业人才供需存在的问题

随着山东省制造业的迅速发展,特别是先进制造业集群的打造,制造业对人才的需求不断增加。通过对山东省制造业发展的分析、山东省制造业人才供需的分析,发现山东省制造业人才供需还存在一些问题:

4.5.1.1 人才供给、储备不足

从制造业人才梯队的角度来看,高技能人才储备严重不足。第一,高技能人才年龄老化现象十分明显。据统计,我国高技能人才群体中,30~35岁的高技能人才占比为18.97%,20~29岁占比仅为13.79%,即年龄小于35岁的年轻一代高技能人才占比不到33%,而大部分的高技能人才的年龄处于40岁和50岁以上。第二,许多拥有高学历的大学生毕业后更多选择公务员、事业单位等体制内就业,或者进入金融证券等高收入行业,而不愿意进入制造业企业做普通技术工人。第三,很多制造业企业因为规模小、资金有限,或者是担心员工跳槽等,不愿意组织职工培训,也不鼓励职工参加职业技术资格考试,从而导致制造业高技能人才储备严重不足,对制造业长期发展带来负面影响[1]。第四,先进制造业对人才的要求较高,要求从业者具备丰富的理论知识、实践经验和创新能力,因此培养和选拔的难度较大。第五,受社会观念等因素的影响,有些人对从事制造业工作存在偏见和误解,导致制造业领域的人才流失现象严重,导致人才市场上创新型、高技能人才的数量和质量

---

[1] 张厚明,王顺利. 构建我国制造业高质量发展人才支撑体系的思路[J]. 中国国情国力,2024(7):8-11. DOI:10.13561/j.cnki.zggqgl.2024.07.003.

难以满足企业的实际需求①。

4.5.1.2 人才需求旺盛

随着山东省制造业的转型升级和市场竞争加剧，企业对于具备创新能力、实践经验和高技术水平的人才的需求不断增加。同时，随着新技术、新工艺的不断涌现和应用，对于创新型高技能、科技人才的需求也在不断变化和提升。这使得企业对于创新型科技人才、高技能人才的需求日益旺盛，而市场上供给不足，供需矛盾日益突出。

4.5.1.3 人才的供需不平衡，结构性矛盾突出

各职业院校所培养的人才与企业实际需求存在一定差距，如专业知识与实际应用脱节、技能水平与企业要求存在差距、职业素养与企业文化不匹配等。

国家统计局发布2024年12月分年龄组失业率数据，12月，全国城镇不包含在校生的16～24岁劳动力失业率为15.7%，不包含在校生的25～29岁劳动力失业率为6.6%，不包含在校生的30～59岁劳动力失业率为3.9%。而根据人社部2023年1月发布的《2022年第四季度全国招聘大于求职"最缺工"的100个职业》显示，我国制造业用工短缺现象持续存在，2022年第四季度国内与生产制造相关的行业中大约有41个行业面临招工难②。2023年山东省制造业高技能人才数量占制造业全体就业人员的比重为27.2%，离30%的需求预测要求还有差距。此外，根据人力资源社会保障部、工业和信息化部发布的《制造业人才发展规划指南》预测，到2025年，我国制造业十大重点领域将面临约3000万人的人才缺口，人才缺口率将达到48%。其中，新一代信息技术产业、电力装备人才缺口最大，均在900万人左右，高档数控机床和机器人、新材料产业2025年人才缺口也分别高达450万人和400万人。

---

① 彭志强，樊辰，张利好，等. 装备制造业创新型高技能人才群体特征和成功经验分析研究［J］. 科教文汇，2024（7）：28-32. DOI：10.16871/j.cnki.kjwh.2024.07.007.
② 中华人民共和国人力资源和社会保障部. 2021年第四季度全国招聘大于求职"最缺工"的100个职业排［EB/OL］. 2022-02-22. www.mohrss.gov.cn/SYrlzyhshbzb/dongtaixinwen/buneiyaowen/rsxw/202202/t20220222_436563.html.

4.5.1.4 人才素质不高，不能满足制造业的发展需求

相对而言，山东省制造业企业的人才，特别是技能人才普遍学历不高，以大专、本科学历为主，硕士研究生以上的学历不多。张世亮、高馨（2023）[①]对 104 家山东省制造业企业进行了调研，企业提出对员工的素质要求主要包括学习能力与专业水平、安全意识、创新意识、团结协作、职业道德等，其中排在前三位的分别是学习能力（73.79%）、责任心强（71.84%）和专业水平（69.9%）。企业非常看重学生的团队协作、吃苦耐劳、爱岗敬业以及安全意识。38.83%的企业对员工的创新能力也提出了要求。这些素质要求也恰恰是现有人才所缺少的。

山东省制造业人才供需中存在问题的原因很多，主要有：

一是社会观念落后。在我国制造业领域长期存在着"重科技人才、轻技术工人，重学历、轻技能"的片面人才观，社会上很多人认为"技术工人工作不体面"，并把职业身份和学历作为衡量人才的唯一标准。二是制造业工资水平明显偏低。2023 年我国规模以上企业就业人员年平均工资为 98096 元，其中制造业为 92538 元，不仅低于规模以上企业平均工资，也低于批发和零售业、采矿业、电力热力燃气及水的生产和供应业；仅为信息传输、软件和信息技术服务业的 41% 左右，并且工资差距有持续扩大的趋势[②]。三是培养模式脱节。企业内部培养存在主观性和局限性；职业院校和企业联合培养存在实际脱节；产学研合作培养机制不健全、资金共享不充分。四是职业教育发展缓慢。从对接制造业发展需求、构建专业群、人才培养模式、课程体系改革、实训基地建设到经费投入等都需加快发展。

4.5.2 支撑制造业高质量发展的山东省制造业人才优化对策

在定性分析制造业人才和制造业发展不协调的基础上，在此，我们简单提出山东省制造业人才开发的对策。详细内容见第 9 章。

---

① 张世亮，高馨. 新旧动能转换背景下山东省装备制造业技术技能人才需求调研与分析[J]. 中国教育技术装备，2023（2）：61-64.

② 张厚明，王顺利. 构建我国制造业高质量发展人才支撑体系的思路[J]. 中国国情国力，2024（7）：8-11. DOI：10.13561/j.cnki.zggqgl.2024.07.003.

（1）构建制造业人才培养体系，完善人才培养模式。近年来，我国、山东省已出台多项政策措施推动产教融合与校企合作，将其作为提升技能人才培养质量的重要抓手。尽管取得了一定进展，但目前校企合作和产教融合的深度和广度仍显不足，人才培养多元体系亟待完善。建立现代化的"政—企—产—学—研"合作机制，是促进各方资源整合利用、协调各方利益的关键。

（2）构建现代化制造业人才运行和管理体系，人才的"选取、培训、利用和留存"是关键，这些环节相互关联、相互促进，共同构成完整的人才培养生态系统。

当前我国制造业人才培养面临供需结构失衡问题的一个重要原因就是人才供给缺少对劳动力市场需求信息的及时、有效指导。因此，要搭建跨领域的沟通和需求预测平台，充分发挥政府部门、行业协会、科研机构的作用，利用大数据和人工智能技术分析不同地区、不同行业和不同领域的发展趋势和人才供需情况，并及时向社会公布技能人才需求信息。面对产业转型升级带来的技能迭代挑战，必须完善制造业人才培训体系。要建立可比较、可持续、信息化的长效绩效评估机制，将制造业人才综合评价标准与实际工作需求相结合，确保评价结果科学准确。并实时对制造业人才评价结果进行更新、监督、检查和维护，加强制造业人才评价结果应用。同时宣传和推广技能人才评价结果，建立与职业技能等级挂钩的绩效工资制度和荣誉称号制度，激发制造业人才的积极性和荣誉感。

（3）加强国际合作与交流，全面提升制造业人才国际竞争力。在经济全球化的背景下，国际人才流动变得更加频繁。为此，我们亟须构建国际性制造业人才培养与交流平台，以此作为推动技能人才国际化的引擎。第一，平台的建设应该聚焦于组织多元化的活动，例如定期举办国际技能人才培训、技能大赛等；第二，深化与国际知名大学、研究机构的合作是提升制造业人才国际竞争力的关键一环；第三，扩大国际制造业人才合作项目，聚焦新技术、新产品的联合开发，提高制造业人才的职业能力和创新能力；第四，开展技能人才国际化培训和认证是提升我国制造业人才的国际认可度的重要途径；第五，为吸引并留住更多优秀国际制造业人才，我国要制定符合国际标准和中国国情的制造业人才引进政策。

第5章 山东省制造业评价指标体系的构建与应用

本章在梳理制造业发展、制造业高质量发展涵义的基础上，通过总结有关制造业评价指标体系的相关研究，对制造业评价指标进行了归纳、总结与选取，构建山东省制造业评价指标体系。在此基础上，选取相应的指标数据，对山东省制造业的发展做出评价。

5.1 制造业评价指标体系构建的基础

5.1.1 从"制造业发展"到"制造业高质量发展"

经过几十年的快速发展，我国制造业规模跃居世界第一位，建立起门类齐全、独立完整的制造体系，成为支撑我国经济社会发展的重要基石和促进世界经济发展的重要力量。持续的技术创新，大大提高了我国制造业的综合竞争力。载人航天、载人深潜、大型飞机、北斗卫星导航、超级计算机、高铁装备、百万千瓦级发电装备、万米深海石油钻探设备等一批重大技术装备取得突破，形成了若干具有国际竞争力的优势产业和骨干企业，我国已具备了建设工业强国的基础和条件。

但目前我国仍处于工业化进程中，与先进国家相比还有较大差距。制造业大而不强，自主创新能力弱，关键核心技术与高端装备对外依存度高，以企业为主体的制造业创新体系不完善；产品档次不高，缺乏世界知名品牌；资源能源利用效率低，环境污染问题较为突出；产业结构不合理，高端装备制造业和生产性服务业发展滞后；信息化水平不高，与工业化融合深度不够；产业国际化程度不高，企业全球化经营能力不足。推进制造强国建设，必须着力解决以上问题。

建设制造强国，必须紧紧抓住当前难得的战略机遇，积极应对挑战，加强统筹规划，突出创新驱动，制定特殊政策，发挥制度优势，动员全社会力量奋力拼搏，更多依靠中国装备、依托中国品牌，实现中国制造向中国创造的转变、中国速度向中国质量的转变、中国产品向中国品牌的转变，完成中国制造由大变强的战略任务。

从"十四五"时期开始，我国进入全面建设社会主义现代化国家的新发展阶段。在中国新发展阶段，工业化阶段的演进使制造业进入了高质量发展的阶段。"十四五"规划和2035年远景目标纲要强调，坚持自主可控、安全高效，推进产业基础高级化、产业链现代化，保持制造业比重基本稳定，增强制造业竞争优势，推动制造业高质量发展。对此，既要着眼于大力提升创新能力、复杂制造能力和国际竞争力，实现产业链供应链自主可控，又要着眼于提高制造业发展质量，补短板、强弱项、优环境，促进制造业内部结构升级和先进制造业与现代服务业协同发展，在巩固制造能力的基础上加快提升制造业的发展质量。

关于制造业的发展，从"制造业发展""制造业转型升级""制造业结构调整""制造业竞争力提升"等多种描述，走向了"制造业的高质量发展"。

5.1.2 制造业高质量发展的涵义[①]

微观角度可以从"质"和"量"两个方面来展开。制造业增加值占比提高是制造业高质量发展中"量"的直接体现（郭克莎、宋杰，2021）[②]，而从"质"的角度来看，一是制造业高质量发展的核心动力是创新，而不再由传统要素驱动；二是其产出也从单纯的产品为中心转

---

① 谢港华，史言信. 制造业高质量发展：形成逻辑、测度评价与实现路径——一个文献综述 [J]. 山西财经大学学报，2025（4）.
② 郭克莎，宋杰. 关于制造业高质量发展与经济稳增长的理论分析 [J]. 社会科学战线，2021（8）：36-46.

向以用户体验为主导;三是企业间的关联模式从产业链上的相互依存进化为企业群落间的紧密合作,更多是强调一种互利共生、互利共赢的和谐状态(王小明等,2023)①。也就是说,以科技创新驱动生产力实现质的跃迁,进而实现质量变革、效率变革、动力变革,推动传统制造业进行数字化、绿色化和智能化改造升级。

从中观角度来看,制造业高质量发展内涵主要体现在产业布局和产业结构两个方面。从产业布局来看,制造业高质量发展多强调解决我国制造业发展区域不平衡不充分的问题(傅为忠、刘瑶,2021)②,通过科技创新加速制造业升级节奏,利用数字技术和数字平台降低制造业企业运营管理成本,实现东部沿海地区的制造业科学有序向中西部地区梯度转移。从产业结构来看,数字技术、绿色技术和人工智能技术等先进技术推动传统制造业升级和转型,催生制造业的新产业、新业态、新模式,促进制造业从劳动密集型向资本密集型转变、从低附加值制造业向高附加值制造业迭代,实现制造业高端化(高运胜、杨阳,2020)③。中观角度的制造业高质量发展内涵多是从制造业转型升级的客观工业发展规律的角度来诠释。

宏观角度的制造业高质量发展的内涵根源于经济高质量发展,而经济高质量发展又是高质量发展的重要组成部分(戚聿东,2023)④。高质量发展是符合新发展理念的发展模式,不仅要求社会发展观念的转变,也强调经济增长模式的转型,还要体现以人为本的发展理念(赵剑波等,2019)⑤。经济高质量发展的内涵多强调优质化、科技化、金融化、包容化、绿色化和全球化等(王永昌、尹江燕,2019)⑥。制造业

---

① 王小明,邵睿,朱莉芬. 数字经济赋能制造业高质量发展探究[J]. 改革,2023(3):148-155.
② 傅为忠,刘瑶. 产业数字化与制造业高质量发展耦合协调研究——基于长三角区域的实证分析[J]. 华东经济管理,2021,35(12):19-29.
③ 高运胜,杨阳. 全球价值链重构背景下我国制造业高质量发展目标与路径研究[J]. 经济学家,2020(10):65-74.
④ 戚聿东. 制造业智能化赋能中国经济高质量发展——《制造业智能化与中国经济高质量发展》书评[J]. 科研管理,2023,44(10):194.
⑤ 赵剑波,史丹,邓洲. 高质量发展的内涵研究[J]. 经济与管理研究,2019,40(11):15-31.
⑥ 王永昌,尹江燕. 论经济高质量发展的基本内涵及趋向[J]. 浙江学刊,2019(1):91-95.

高质量发展是对高质量发展和经济高质量发展内涵在制造业领域的进一步具象化，也是对创新、协调、绿色、开放、共享五大发展理念的重要诠释（李晓华，2021）①。

概括而言，制造业高质量发展至少包含四层含义（谢港华等，2025）：（1）在动力上，制造业高质量发展以科技创新为核心驱动力，推动低端制造业向高端制造业的迭代升级，逐步淘汰高污染、高耗能、低效率等类型的落后制造业；（2）在发展模式上，以新发展理念为指导，遵循数字化、绿色化、智能化发展之路，加快发展先进制造业、培育若干世界级先进制造业集群、重大战略区域制造业扶持转移等；（3）在产出上，通过融合发展，加快制造业与服务业融合、数字经济和实体经济融合，可以提高制造业的产出水平，促进制造业增加值的进一步增长；（4）在现实要求上，制造业高质量发展是符合新时代要求的制造业发展趋势，肩负着创造更多可持续财富的时代使命，能够惠及更多群体，为实现全体人民共同富裕提供保障。

5.1.3　制造业高质量发展的时代特征

党的二十届三中全会针对制造业的未来发展作出了进一步安排：要加快培育国家先进制造业集群，促进专精特新中小企业的蓬勃成长与壮大发展，推动制造业高端化、智能化、绿色化转型。同时，结合我国制造业高质量发展转型过程中面临的诸多突出障碍和承载的重大历史使命，对制造业高质量发展的时代特征进行描绘和勾勒，具体表现为核心技术自主化、制造产业数智化、产品制造绿色化、产业结构高端化、产业布局协同化、产业体系融合化等七个方面。

（1）核心技术自主化。在当前，美国等国家正加紧在科技领域对华"脱钩断链"的背景下，拥有自主知识产权和关键核心技术成为衡量我国制造业实力的一个重要标准。核心技术自主化是我国制造业实现高质量发展的必由之路（张德祥、王晓玲，2023）②。这需要以自主创新推动制造业高质量发展，把握科技发展规律，围绕创新驱动，形成具

---

① 李晓华．数字技术推动下的服务型制造创新发展［J］．改革，2021（10）：72-83．
② 张德祥，王晓玲．产学研深度融合与高等教育强国建设［J］．中国高教研究，2023（11）：1-8．

有突破性、颠覆性的新质生产力,着力于高端装备制造、新一代信息技术、新材料、新能源以及生物医药等战略性新兴产业,逐步摆脱对外部技术的过度依赖,通过自主研发和创新我们可以掌握核心技术和知识产权(陈始发、梁薇,2024)①。

(2) 产品制造绿色化。制造业绿色化发展是"两山"理论的重要实践,也是推进中国式现代化实现"双碳"目标的重要路径。一方面,绿色化是制造业发展的一个重要趋势,这与"两山"理论中强调的绿色发展理念高度契合,强调环境保护与经济发展的双重价值,不仅可以提高经济效益,而且有助于实现可持续发展目标(韩超、李旓宇,2024)②;另一方面,产品制造绿色化是实现"双碳"目标的关键路径之一,而实现碳达峰碳中和是推动高质量发展的内在要求。制造业高质量发展强调的是一种低耗、高效的现代化制造模式,通过产品制造绿色化转型,显著降低碳排放,推动制造业向低碳、环保、可持续的方向发展(惠宁、杨昕,2022)③。

(3) 制造产业数智化。在数字经济与实体经济深度融合的大背景下,传统制造产业数智化是实现经济高质量发展的重要引擎。2024 年 7 月,中共中央、国务院印发的《关于加快经济社会发展全面绿色转型的意见》指出,要支持企业利用数智技术改造提升传统产业。李史恒、屈小娥(2022)④ 认为,制造产业数智化不是制造业数字化和智能化的简单相加,而是指利用数字技术和数据要素,驱动制造业智能化、自动化的转型,是数字技术与智能技术交相叠加多维驱动的制造产业变革。制造产业数智化的形成将促进生产制造的重大变革,优化资源配置效率,实现个性化制造和柔性化生产,更智能、高效、精准地响应市场需求(朱兰,2023)⑤。

---

① 陈始发,梁薇. 新质生产力与国家安全主动权的塑造 [J]. 江西财经大学学报,2024 (4):3 – 12.

② 韩超,李翀宇. 中国制造业低碳化发展趋势及其政策导向分析 [J]. 齐鲁学刊,2024 (3):137 – 149.

③ 惠宁,杨昕. 数字经济驱动与中国制造业高质量发展 [J]. 陕西师范大学学报(哲学社会科学版),2022,51 (1):133 – 147.

④ 李史恒,屈小娥. 数字经济赋能制造业高质量发展:理论机制与实证检验 [J]. 经济问题探索,2022 (10):105 – 117.

⑤ 朱兰. 人工智能与制造业深度融合:内涵、机理与路径 [J]. 农村金融研究,2023 (8):60 – 69.

（4）产业结构高端化。2023年12月，国家发展改革委修订并发布了《产业结构调整指导目录（2024年本）》，旨在引导产业结构的调整升级，促进经济高质量发展。其中，推动制造业高端化是产业结构调整的重要环节，也是制造业高质量发展的首要任务和重要特征（徐建伟等，2023）[①]。制造业产业结构高端化是一个从低水平状态向高水平状态的动态发展过程，这不仅体现为技术水平的跃迁升级，而且是制造业价值链向中高端攀升的过程，通过推动制造业不断向高端领域发展，能更有效地促进经济增长。

（5）产业布局协同化。2021年12月，工业和信息化部等部门发布《关于促进制造业有序转移的指导意见》，要求推动制造业在不同区域之间的有序转移，同时促进制造业与其他产业之间的交叉融合和协同发展。党的二十届三中全会强调，要完善产业在国内梯度有序转移的协作机制。制造业产业布局协同化强调制造业区域协同和产业协同，通过加强区域间和产业链上下游的企业合作，有助于优化资源配置，能大大提高生产制造效率，是制造业高质量发展的有力支撑和重要实现路径（赵佳丽、吴榕，2024）[②]。

（6）产业体系融合化。党的二十届三中全会强调，要促进数字经济和实体经济深度融合，加快生产性服务业融合发展。促进区域内数字经济与实体经济深度融合是制造业高质量发展的趋势（颜平等，2024）[③]。同时，制造业服务化转型也是实现制造业高质量发展的重要方向，制造业服务化有利于提高国际分工地位（杜传忠、侯佳妮，2023；聂淑花、魏作磊，2023）[④][⑤]。制造业与服务业的产业边界逐渐模糊，二者融合发展是数字时代的大势所趋，产业间重新建立新型竞争合作关系，能更好地产生经济效应。

[①] 徐建伟，韩晓，赵阳华. 推动制造业高质量发展的时代要求、现实基础与策略选择[J]. 改革，2023（11）：55－66.

[②] 赵佳丽，吴榕. 数字产业与制造业协同集聚对区域创新效率的影响研究[J]. 管理学刊，2024，37（5）：113－127.

[③] 颜平，周闻宇，王瑞荣，等. 长三角城市群数字经济与制造业高质量发展耦合协调时空演化及影响因素[J]. 经济地理，2024，44（7）：87－95.

[④] 杜传忠，侯佳妮. 制造业服务化对我国制造业国际分工地位提升作用的实证分析——基于服务业开放调节效应的视角[J]. 江西财经大学学报，2023（5）：23－36.

[⑤] 聂淑花，魏作磊. 生产性服务业开放与制造业高质量发展[J]. 商业研究，2023（6）：20－29.

（7）制造业韧性和安全水平不断提高。制造业作为实体经济的关键核心领域，提升制造业韧性和安全水平对于我国经济的整体发展具有至关重要的作用。制造业韧性和安全水平的提高是为了更好地适应新发展格局，更好地应对各种潜在的风险，防范化解过早去工业化的经济风险。当受到外部冲击时，产业链、供应链具备抵抗风险冲击的能力，能够在短时间内恢复，并及时响应市场需求（龚广祥等，2024）①。

5.2 制造业发展不同评价指标体系的研究

5.2.1 制造业发展质量评价指标体系的研究

对于经济增长质量特别是制造业增长质量，早期的相关研究中更多地以工业作为研究重点，从效率、效益、结构、产品质量水平以及出口竞争力等多个角度去综合评价工业增长质量，克服了采用单一指标分析工业增长的局限性。余淼杰、张睿（2017）力图将出口额增加分解为价格提高和产品质量提升两大效应，以度量出口产品质量提升水平②。罗文、徐光瑞（2013）在准确理解和把握工业发展质量内涵的基础上，初步建立了由速度效益、结构调整、技术创新、资源环境、两化融合、人力资源6类一级指标评价体系③。李春梅（2019）认为中国制造业发展质量以经济期望为中心，紧密围绕制造业产业发展，同时包括社会期望和环境期望，从增长度、效率度、对外依存度、创新度、企业质量、产品质量、社会贡献度、环境度8个方面系统分析了中国制造业发展质量及其影响因素④。吕明元等（2018）丰富社会和生态方面的相关指标，构建了供给质量、经济效率、科技创新、绿色发展和社会效益五个

---

① 龚广祥，王展祥，孙勇. 中国去工业化经济风险的表现形式、形成机理及防控路径研究 [J]. 经济学家，2024（3）：98-107.
② 余淼杰，张睿. 中国制造业出口质量的准确衡量：挑战与解决方法 [J]. 经济学（季刊），2017，16（2）：463-484.
③ 罗文，徐光瑞. 中国工业发展质量研究 [J]. 中国软科学，2013（1）：50-60.
④ 李春梅. 中国制造业发展质量的评价及其影响因素分析——来自制造业行业面板数据的实证 [J]. 经济问题，2019（8）：44-53.

方面制造业发展质量综合评价体系[1]。

5.2.2 新型制造业评价指标体系的研究

李廉水等（2015）在客观评价和分析中国制造业的现实水平和发展潜力的基础上，提出未来中国制造业必须走"新型化"发展道路，从经济创造能力、科技创新能力、能源节约能力、环境保护能力和社会服务能力五个方面阐述制造业"新型化"内涵，构建了包含经济指标、科技指标、能源指标、环境指标和社会服务指标在内的制造业"新型化"五维评价指标体系[2]。唐德才等（2016）在其五维评价指标体系基础上，对中部6省制造业"新型化"水平和制造业的经济创造能力、科技创新能力、资源节约能力、环境保护能力、社会服务能力做全面的比较和评价，构建了新的多种均值评价指标体系[3]。张晓芹、王宇（2018）在此基础上，对"新型化"制造业评价指标体系进行了进一步优化，构建了佛山市经济效益、科技创新能力、能源节约能力、环境保护能力和社会服务能力五个方面的新型制造业综合评价指标体系[4]。孟晓波（2020）从经济创造能力、科技创新能力、节能环保能力、社会服务能力以及国际竞争能力等五维角度对制造业新型化内涵进行解释，并依托这五个方面建立了包含5个一级指标，34个二级指标的西部地区制造业新型化发展评价指标体系[5]。

5.2.3 制造业竞争力评价指标体系的研究

马玉洁等（2025）构建了包含"质量创新—质量供给—质量保

---

[1] 吕明元，苗效东，李晓华. 天津市制造业发展质量评价与影响因素分析——基于2003—2017年数据[J]. 天津商业大学学报，2019，39（5）：12-19.

[2] 李廉水，程中华，刘军. 中国制造业"新型化"及其评价研究[J]. 中国工业经济，2015（2）：63-75.

[3] 唐德才，汤杰新，刘昊. 中部6省制造业"新型化"比较与评价[J]. 工业技术经济，2016，35（6）：111-121.

[4] 张晓芹，王宇. 基于《中国制造2025》的新型制造业综合评价——以佛山市制造业为例[J]. 科技管理研究，2018，38（3）：100-106.

[5] 孟晓波. 西部地区制造业新型化发展评价研究[D]. 柳州：广西科技大学，2020.

障—质量基础建设—质量治理—品牌建设"6个维度的制造业质量竞争力评价指标体系[①]。翟子慧等（2024）利用中国高技术产业统计年鉴、中国工业统计年鉴、第四次经济普查年鉴等统计年鉴数据构建医药制造业产业科技竞争力评价指标，对全国医药制造业30个省份的相关数据进行分析，从科技人员投入、科技经费投入、新产品开发销售、科技专利产出四个维度进行评价[②]。黄昕等（2024）以制造业大省广东为例，根据《广东统计年鉴2022》中广东省各地级市的制造业相关数据，利用因子分析法，从经济发展、创新能力、低碳环保3个维度，选取15个指标构建"双碳"目标下制造业发展的竞争力评价体系[③]。赵春雨等（2023）从制造业经济实力、创新潜力、绿色能力、融合动力四个方面构建制造业竞争力评价指标体系[④]。张远为（2022）设计了三大类9项指标。一是规模实力指标，包括制造业总产值、资产总额、从业人员数占就业总人数比重、企业平均规模、区位熵五项指标。二是经济效率指标，包括总资产贡献率、成本费用利润率、全员劳动生产率三项指标。三是市场竞争力指标，包括市场占有率指标[⑤]。

5.2.4 制造业创新驱动能力评价指标体系的研究

以要素和投资驱动作为主要发展模式的制造业正在逐渐陷入"双向挤压"的困境，环境约束和自主创新能力不强已成为中国制造业发展面临的主要瓶颈，如何抢占新一轮竞争的制高点，创新驱动成为制造业的必选之路。经济新常态下，国内众多学者探讨了中国制造业创新驱动能力指标评价体系的构建。例如，李琳（2017）基于制造业绿色创新驱动力理论，将中国制造业按区域划分，探究了中部、东部、西部以及东

---

① 马玉洁，王小兵，姜美玉. 新质生产力视角下中国省域制造业的质量竞争力评价研究[J]. 对外经贸，2025（3）：52-56.

② 翟子慧，饶远立，郭朝，等. 我国各区域医药制造业科技竞争力水平的评价研究[J]. 生产力研究，2024（11）：86-91.

③ 黄昕，苏珊. "双碳"目标下广东省21个地级市制造业发展竞争力评价[J]. 商业观察，2024，10（19）：34-37.

④ 赵春雨，薛曼. 新发展理念下制造业竞争力评价指标体系构建[J]. 经济师，2023（5）：7-8.

⑤ 张远为，林江鹏. 湖北省制造业竞争力评价与提升路径[J]. 湖北社会科学，2022（10）：50-60.

北部四个区域的制造业绿色创新驱动力指标体系，从绿色发展质量和发展规模两个维度来探讨绿色发展表现力，从绿色创新能力和创新潜力两个方面来反映绿色创新驱动力，从环境污染与环境治理、基础设施建设两个层面来研究绿色环境支撑力[1]。王新红（2017）从要素驱动能力、科技创新驱动能力、绿色发展驱动能力和经济效益驱动能力四个方面构建中国制造业创新驱动能力评价体系，主要包括制造业内部要素驱动力、外部要素驱动力、科技投入、科技产出、能源、环境和社会效益7个维度的三级指标[2]。中国电子信息产业发展研究院发布的《制造业创新指数报告（2024）》显示，制造业创新指数体系共有创新资源、创新产出、创新协同、创新绩效、创新环境5个一级指标。一级指标下分设17个二级指标，分别是：创新资源包括规模以上工业企业R&D经费投入强度、规模以上工业企业R&D经费占全社会研发投入比重、规模以上工业企业R&D人力投入强度、规模以上工业企业研发机构的企业占比、规模以上工业企业研发机构的仪器和设备原价；创新产出包括规模以上工业企业有效发明专利数、规模以上工业企业专利申请数、规模以上工业企业每百名研发人员有效发明专利申请数、规模以上工业企业每亿元主营业务收入有效发明专利数；创新协同包括规模以上工业企业R&D经费外部支出、技术市场交易金额；创新绩效包括规模以上工业企业新产品销售收入占主营业务收入的比重、高技术产业主营业务收入、高新技术企业工业总产值；创新环境包括本专科毕业生数、规模以上工业企业研发经费内部支出中的政府资金、全部工业增加值。技术市场交易合同金额、规上工业企业有效发明专利数、规上工业企业每亿元主营业务收入有效发明专利数。[3]

5.2.5　制造业高质量发展的测度与评价指标的研究

制造业高质量发展指标选取应体现"制造强国"的基本要求。《中

---

① 李琳，王足．我国区域制造业绿色竞争力评价及动态比较［J］．经济问题探索，2017（1）：64-71+81．

② 王新红，李世婷．基于改进熵值法的中国制造业创新驱动能力评价研究［J］．商业研究，2017（1）：27-33．

③ 王政，刘温馨．国家级制造业创新指数稳步提升［N］．人民日报，2025-04-22（014）．

国制造 2025》提到制造业发展包含的四个维度：创新能力、质量效益、两化融合和绿色发展，12 个指标：规模以上制造业研发经费内部支出占主营业务收入比重、规模以上制造业每亿元主营业务收入有效发明专利数、制造业质量竞争力指数、制造业增加值率提高、制造业全员劳动生产率增速、宽带普及率、数字化研发设计工具普及率、关键工序数控化率、规模以上单位工业增加值能耗下降幅度、单位工业增加值二氧化碳排放量下降幅度、单位工业增加值用水量下降幅度、工业固体废物综合利用率等，为中国制造业高质量发展研究指明了方向。

江小国等（2019）[1] 分析制造业高质量发展的内在联系，从技术创新、质量品牌、高端发展、经济效益、绿色发展、两化融合六个方面构建制造业高质量发展的一级指标。张虎等（2024）[2] 从结构优化、经济效益、创新驱动和绿色发展四个方面分析了制造业高质量发展的理论内涵和主要特征，并以此构建指标体系。张志新等（2024）[3] 直接以新发展理念作为制造业高质量发展的五个维度，曲立等（2021）[4] 进一步构建包括创新、绿色、开放、共享、高效和风险控制的六维指标体系，在新发展理念上考虑了高效和风险控制两个维度。任保平、贺海峰（2024）[5] 根据党的十九大报告中的"建设现代化经济体系，必须坚持质量第一、效益优先，以供给侧结构性改革为主线，推动经济发展质量变革、效率变革、动力变革"，从制造业规模和经济效益两个层面构建指标体系。刘鑫鑫、惠宁（2021）[6] 以制造业评价指标为基础，构建经济效益、创新驱动、绿色制造和结构优化四个维度。张青

---

[1] 江小国，何建波，方蕾. 制造业高质量发展水平测度、区域差异与提升路径 [J]. 上海经济研究，2019（7）：70-78.

[2] 张虎，张毅，向妍. 产业协同集聚对制造业高质量发展的影响研究——基于空间杜宾模型的实证分析 [J]. 数理统计与管理，2024，43（2）：191-208.

[3] 张志新，蒋欢跃，李成. 数字经济赋能长三角制造业高质量发展——空间溢出与机制识别 [J]. 地域研究与开发，2024，43（2）：15-20+34.

[4] 曲立，王璐，季桓永. 中国区域制造业高质量发展测度分析 [J]. 数量经济技术经济研究，2021，38（9）：45-61.

[5] 任保平，贺海峰. 数字经济与制造业深度融合的系统耦合互动研究 [J]. 贵州财经大学学报，2024（4）：1-11.

[6] 刘鑫鑫，惠宁. 数字经济对中国制造业高质量发展的影响研究 [J]. 经济体制改革，2021（5）：92-98.

等（2024）① 根据党的二十大报告中"推动制造业高端化、智能化、绿色化发展"的具体表述，从高端化、智能化、绿色化、服务化四个维度构建评价指标体系。王娟等（2024）结合赵卿、司增绰等的研究，从经济效益、创新驱动、结构优化以及绿色发展四个维度构建了制造业高质量发展指标体系②。

5.3　山东省制造业评价指标体系的构建

5.3.1　构建指标体系的原则

选择合理的制造业评价指标，是对山东省制造业进行评价的基础。制造业评价指标应该能够有效地评价山东省制造业的发展情况。在构建指标体系时，本研究认为应遵循以下原则。

（1）科学性原则。评价指标体系必须反映山东省制造业的真实状况，指标的选取应符合统计标准并具有一定的理论意义。

（2）系统性原则。评价指标体系必须能够比较全面地反映山东省制造业竞争力的状况，每个单项指标都能够反映山东省制造业某一方面的状况。

（3）简明性原则。一方面，指标体系中的指标数越多，越能够全面地反映山东省制造业的状况。另一方面，指标个数越多，在数据收集以及分析时难度就越大。因此，指标的选取，应抓住关键因素、忽略相对次要的因素，遵循简明、实用的原则，选取那些能够反映山东省制造业发展主要方面的指标，舍弃那些起次要作用或相关性很大的指标。

（4）可行性原则。选取的评价指标，要么就是现有的规范统计指

---

① 张青，李溪，周振．创新要素集聚、财税激励与制造业高质量发展 [J]．西安交通大学学报（社会科学版），2024，44（5）：105－117．

② 王娟，张翔，覃雨宜．双向 FDI 协同与制造业高质量发展——基于中国省级面板数据的实证分析 [J]．资源开发与市场，2024，40（12）：1828－1837．

标，要么可由现有的规范统计指标经计算得到，这样可保证评价山东省制造业发展时所需的数据能够通过官方统计数据而获得。

5.3.2 山东省制造业评价指标体系的设计

5.3.2.1 指标及其关系的确定

2020 年和 2025 年制造业评价主要指标评价体系，包括创新能力、质量效益、两化融合、绿色发展四个主要评价指标。本书参考了中国电子信息产业发展研究院发布的《制造业创新指数报告（2024）》，并借鉴了张晓芹（2018）、王娟等（2024）、张虎等（2024）、曲立等（2021）等学者提出的制造业评价指标体系，遵循科学性原则、系统性原则、简明性原则和可操作性原则，基于数据的可得性，剔除掉《山东省统计年鉴》中 2018～2023 年的相关数据统计口径发生变化的评价指标，构建了山东省制造业评价指标体系，如表 5-1 所示。该指标体系包括 5 个一级指标、16 个二级指标以及 22 个三级指标。其中，一级指标包括效率效益、创新驱动、绿色生态、环境保护、社会共享。其中，单位产值能源消耗量、煤炭消耗占比、单位产值电力消耗量、单位产值废水排放量是负向指标。

表 5-1　　　　山东省制造业评价指标体系

一级指标	二级指标	三级指标	单位	方向
A1 效率效益	B1 产值	C1 制造业增加值增长率	%	正向
	B2 利润	C2 制造业人均利润率	万元/人	正向
		C3 制造业成本费用利润率	%	正向
	B3 效率	C4 制造业全员劳动生产率	万元/人	正向
		C5 制造业流动资产周转率	次/年	正向
	B4 市场	C6 制造业营业收入增长率	%	正向
	B5 结构	C7 制造业增加值占规模以上工业比重	%	正向

续表

一级指标	二级指标	三级指标	单位	方向
A2 创新驱动	B6 创新资源	C8 制造业 R&D 经费投入强度	%	正向
		C9 制造业新产品开发投入强度	%	正向
	B7 创新产出	C10 制造业拥有发明专利数	件	正向
		C11 制造业每亿元营业收入拥有发明专利数	件	正向
	B8 创新绩效	C12 制造业新产品销售收入占营业收入比重	%	正向
		C13 制造业人均新产品产出率	万元/人	正向
A3 绿色生态	B9 能源消耗	C14 单位产值能源消耗量	t 标准煤/万元	负向
		C15 规模以上工业万元增加值能耗下降幅度	%	正向
	B10 煤炭消耗	C16 煤炭消耗占比	%	负向
	B11 电力消耗	C17 单位产值电力消耗量	kW·h/元	负向
	B12 用水	C18 单位产值用水量下降幅度	%	正向
A4 环境保护	B13 废水	C19 单位产值废水排放量	吨/万元	负向
	B14 固体废物	C20 固体废物综合利用率	%	正向
A5 社会共享	B15 就业	C21 制造业就业人数占总就业人数比重	%	正向
	B16 收入	C22 制造业在岗职工年均收入	元/人/年	正向

5.3.2.2 观测点和指标标准

山东省制造业评价指标体系三级指标的观测点、标准如表 5-2 所示。

表 5-2　山东省制造业评价指标体系三级指标的观测点、标准

三级指标	观测点	计算标准
C1	制造业增加值增长率	(当期制造业增加值/上期制造业增加值) -1
C2	制造业人均利润率	制造业利润总额/制造业全部从业人员年平均人数

续表

三级指标	观测点	计算标准
C3	制造业成本费用利润率	制造业利润总额/制造业成本费用总额
C4	制造业全员劳动生产率	制造业营业收入/制造业全部从业人员年平均人数
C5	制造业流动资产周转率	制造业营业收入/制造业平均流动资产总额
C6	制造业营业收入增长率	（当期制造业营业收入/上期制造业营业收入）−1
C7	制造业增加值占规模以上工业比重	制造业增加值/规模以上工业产值
C8	制造业R&D经费投入强度	制造业R&D经费内部支出/制造业营业收入
C9	制造业新产品开发投入强度	制造业开发新产品经费/制造业营业收入
C10	制造业拥有发明专利数	制造业拥有发明专利的数量
C11	制造业每亿元营业收入拥有发明专利数	制造业拥有发明专利数/制造业营业收入
C12	制造业新产品销售收入占营业收入比重	制造业新产品销售收入/制造业营业收入
C13	制造业人均新产品产出率	制造业新产品销售收入/制造业全部从业人员年平均人数
C14	单位产值能源消耗量	工业能源消耗总量/工业生产总值
C15	规模以上工业万元增加值能耗下降幅度	1−（当期万元增加值能耗/上期万元增加值能耗）
C16	煤炭消耗占比	煤炭消耗总量/工业能源消耗总量
C17	单位产值电力消耗量	电力消耗总量/工业生产总值
C18	单位产值用水量下降幅度	1−（当期单位产值用水量/上期单位产值用水量）
C19	单位产值废水排放量	工业废水排放量/工业生产总值
C20	固体废物综合利用率	工业固体废物综合利用量/工业固体废物产生量
C21	制造业就业人数占总就业人数比重	制造业就业人数/总就业人数
C22	制造业在岗职工年均收入	制造业在岗职工全年工资总额/在岗职工年平均人数

5.3.3 指标解释

5.3.3.1 效率效益指标

效率效益指标是反映区域制造业资源利用效率、经济产出效果、运营管理水平及市场竞争力的核心指标。本书选取了区域制造业的产值、利润、效率、市场和结构等指标。

1. 产值

产值指标反映制造业的规模水平和对国民经济的贡献，本书中产值指标包含一个三级指标：制造业增加值增长率。此指标是反映区域制造业生产规模扩张速度、经济贡献能力及产业景气程度的核心指标。其计算公式为：制造业增加值增长率＝（当期制造业增加值/上期制造业增加值）－1。

2. 利润

利润指标是衡量区域制造业盈利能力和经济效益的重要方面，本研究中利润指标包含两个三级指标：一是制造业人均利润率。此指标通过计算制造业利润总额与制造业全部从业人员年平均人数的比值，反映制造业单位从业人员所创造的利润水平。该指标值越高，说明制造业在创造利润方面的效率越高，对国民经济的贡献也越大。二是制造业成本费用利润率。该指标通过计算制造业利润总额与制造业成本费用总额的比值，衡量制造业在成本费用控制方面的效果，它反映每单位成本费用所能带来的利润水平，是评估制造业运营效率和成本控制能力的重要指标。该指标值越高，表明制造业在成本控制和利润创造方面具有较强的能力。

3. 效率

效率指标是衡量区域制造业生产运营效率的关键工具，本研究中效率指标包含两个三级指标：一是制造业全员劳动生产率。该指标通过计算制造业营业收入与制造业全部从业人员年平均人数的比值，反映制造业全体员工的劳动效率，它体现制造业在利用人力资源方面的效率，是衡量制造业生产运营效率的重要指标。二是制造业流动资产周转率。此指标通过计算制造业营业收入与制造业平均流动资产总额的比值，衡量制造业流动资产的周转速度和使用效率，它反映制造业在资金运作和资产管理方面的效率，是评估制造业运营效率和财务健康状况的重要指标。

4. 市场

市场指标是衡量区域制造业市场竞争力和市场拓展能力的重要方面，本研究中市场指标包含一个三级指标：制造业营业收入增长率。该指标反映制造业营业收入的增长速度，体现制造业在市场拓展和销售增长方面的能力。其计算公式为：制造业营业收入增长率 =（当期制造业营业收入/上期制造业营业收入）- 1。

5. 结构

结构指标是衡量区域制造业在整体工业体系中的地位和作用的重要工具，本研究中结构指标包含一个三级指标：制造业增加值占规模以上工业比重。该指标通过计算制造业增加值与规模以上工业产值的比值，反映制造业在规模以上工业中的地位和作用，体现制造业对整体工业发展的贡献程度，是评估制造业在区域工业体系中的重要性和影响力的关键指标。

5.3.3.2 创新驱动指标

1. 创新资源

创新资源指标反映区域制造业在研发方面的投入力度，本研究中创新资源指标包含两个三级指标：一是制造业 R&D 经费投入强度。该指标通过计算制造业 R&D 经费内部支出与制造业营业收入的比值，反映制造业在研发方面的资金投入强度，是衡量制造业创新能力和研发实力的重要指标。二是制造业新产品开发投入强度。此指标通过计算制造业开发新产品经费与制造业营业收入的比值，衡量制造业在新产品开发方面的投入力度，反映制造业对新产品开发的重视程度和投入水平。

2. 创新产出

创新产出指标反映区域制造业在研发方面的成果产出，本研究中创新产出指标包含两个三级指标：一是制造业拥有发明专利数。该指标直接反映制造业在发明专利方面的拥有量，是衡量制造业创新能力和技术积累的重要指标。二是制造业每亿元营业收入拥有发明专利数。此指标通过计算制造业拥有发明专利数与制造业营业收入的比值，进一步细化了发明专利的拥有情况，反映了制造业在创新产出方面的效率。

3. 创新绩效

创新绩效指标反映区域制造业在研发方面的经济效益和市场表现，本研究中创新绩效指标包含两个三级指标：一是制造业新产品销售收入占营业收入的比重。该指标通过计算制造业新产品销售收入与制造业营业收入的比值，反映制造业新产品在市场上的表现和销售贡献。二是制造业人均新产品产出率。此指标通过计算制造业新产品销售收入与制造业全部从业人员年平均人数的比值，衡量制造业在创新产出方面的劳动效率。

5.3.3.3 绿色生态指标

1. 能源消耗

能源消耗指标反映区域制造业在能源利用方面的效率和环保水平，本研究中能源消耗指标包含两个三级指标：一是单位产值能源消耗量。该指标通过计算工业能源消耗总量与工业生产总值的比值，反映制造业在单位产值上的能源消耗情况，是衡量制造业能源利用效率的重要指标。二是规模以上工业万元增加值能耗下降幅度。此指标反映制造业在能耗下降方面的成效，是衡量制造业节能减排工作进展的重要指标。其计算公式为：规模以上工业万元增加值能耗下降幅度 = 1 - (当期万元增加值能耗/上期万元增加值能耗)。

2. 煤炭消耗

煤炭消耗指标反映区域制造业在煤炭利用方面的情况，本研究中煤炭消耗指标包含一个三级指标：煤炭消耗占比。该指标通过计算煤炭消耗总量与工业能源消耗总量的比值，反映制造业在煤炭消耗方面的占比情况，是衡量制造业能源结构优化和环保水平的重要指标。

3. 电力消耗

电力消耗指标反映区域制造业在电力利用方面的效率，本研究中电力消耗指标包含一个三级指标：单位产值电力消耗量。该指标通过计算电力消耗总量与工业生产总值的比值，反映制造业在单位产值上的电力消耗情况，是衡量制造业电力利用效率的重要指标。

4. 用水

用水指标反映区域制造业在水资源利用方面的效率和环保水平，本研究中用水指标包含一个三级指标：单位产值用水量下降幅度。此指标反映制造业在用水量下降方面的成效，是衡量制造业节水工作进展和环保水平的重要指标。其计算公式为：单位产值用水量下降幅度＝1－(当期单位产值用水量/上期单位产值用水量)。

5.3.3.4 环境保护指标

1. 废水

废水指标反映区域制造业在废水排放方面的环保水平，本研究中废水指标包含一个三级指标：单位产值废水排放量。该指标通过计算工业废水排放量与工业生产总值的比值，反映制造业在单位产值上的废水排放情况，是衡量制造业废水排放控制和环保水平的重要指标。

2. 固体废物

固体废物指标反映区域制造业在固体废物处理和利用方面的环保水平，本研究中固体废物指标包含一个三级指标：固体废物综合利用率。该指标通过计算工业固体废物综合利用量与工业固体废物产生量的比值，反映制造业在固体废物处理和利用方面的效率。

5.3.3.5 社会共享指标

1. 就业

就业指标反映区域制造业在就业方面的贡献，本研究中就业指标包含一个三级指标：制造业就业人数占总就业人数的比重。该指标通过计算制造业就业人数与总就业人数的比值，反映制造业在就业方面的贡献程度，是衡量制造业对区域就业市场影响的重要指标。

2. 收入

收入指标反映区域制造业在职工收入方面的水平，本研究中收入指标包含一个三级指标：制造业在岗职工年均收入。该指标通过计算制造业在岗职工全年工资总额与在岗职工年平均人数的比值，反映制造业在岗职工的平均收入水平，是衡量制造业职工收入状况和生活水平的重要指标。

5.4　山东省制造业评价指标体系的应用

5.4.1　数据的提取与预处理

5.4.1.1　数据的提取

评价指标数据主要来源于《山东省统计年鉴》，本书选取了2018~2023年总共6年的时间序列数据。其中，2018年制造业营业收入增长率为估算数据，根据山东省统计局发布的《2018年山东省国民经济和社会发展统计公报》，2018年山东省规模以上工业主营业务收入增长5.3%，而2018年末，山东省第二产业法人单位中制造业企业数量占法人单位总数的70.6%、从业人员占法人单位从业人员总数的67.8%，均居行业首位，表明制造业是工业增长的主要驱动力，因此规模以上工业整体收入增速（5.3%）可作为制造业营业收入增速的参考基准。此外，由于2023年固体废物综合利用率数据缺失，本研究根据《山东省"无废城市"建设2023年进展报告》中提到的2023年全省固废综合利用率同比提升1.2个百分点，推算2023年固体废物综合利用率78.79%。

根据各评价指标的涵义和计算公式，计算出各指标的原始数据，如表5-3所示。

5.4.1.2　指标数据的预处理

1. 数据的标准化

考虑到消除不同量纲和数量级的影响，本研究用功效函数对变量进行标准化处理，计算出功效值。建立功效函数为：

$$E(C_i) = \begin{cases} (X_i - \beta_i)/(\alpha_i - \beta_i), & (\beta_i \leq X_i \leq \alpha_i), E(C_i) \text{具有正功效时} \\ (\alpha_i - X_i)/(\alpha_i - \beta_i), & (\beta_i \leq X_i \leq \alpha_i), E(C_i) \text{具有负功效时} \end{cases}$$

其中，X_i为序参量评价指标，C_i为实际取值，α_i、β_i为X_i的极值。

标准化数据如表5-4所示。

第5章 山东省制造业评价指标体系的构建与应用

表 5-3 山东省制造业评价各指标 2018~2023 年原始数据

一级指标	二级指标	三级指标	单位	方向	2018年	2019年	2020年	2021年	2022年	2023年
A1 效率效益	B1 产值	C1 制造业增加值增长率	%	正向	5.1	0.3	5.7	10.1	2.9	7.8
	B2 利润	C2 制造业人均利润率	万元/人	正向	7.15	6.21	8.41	10.15	7.93	8.98
		C3 制造业成本费用利润率	%	正向	5.79	4.25	5.43	5.71	4.31	4.90
	B3 效率	C4 制造业全员劳动生产率	万元/人	正向	135.38	154	164.14	189.5	193.98	193.63
		C5 制造业流动资产周转率	次/年	正向	1.79	1.68	1.67	1.80	1.71	1.70
	B4 市场	C6 制造业营业收入增长率	%	正向	5.3	-11	5	19	3	6
	B5 结构	C7 制造业增加值占规模以上工业比重	%	正向	87.30	84.9	83.4	83.3	83.1	83.6
A2 创新驱动	B6 创新资源	C8 制造业 R&D 经费投入强度	%	正向	1.6	1.58	1.7	1.63	1.74	1.79
		C9 制造业新产品开发投入强度	%	正向	1.32	1.39	1.57	1.83	2.05	2.36
	B7 创新产出	C10 制造业拥有发明专利数	件	正向	19986	18387	17307	22209	27157	33915
		C11 制造业每亿元营业收入拥有发明专利数	件	正向	0.24	0.25	0.22	0.24	0.28	0.33
	B8 创新绩效	C12 制造业新产品销售收入占营业收入比重	%	正向	17.65	17.88	21.60	29.28	38.95	45.15
		C13 制造业人均新产品产出率	万元/人	正向	23.9	27.54	35.46	55.49	75.56	87.43

101

续表

一级指标	二级指标	三级指标	单位	方向	2018年	2019年	2020年	2021年	2022年	2023年
A3 绿色生态	B9 能源消耗	C14 单位产值能源消耗量	吨标准煤/万元	负向	1.38	1.36	1.46	1.30	1.31	1.39
		C15 规模以上工业万元增加值能耗下降幅度	%	正向	-5.35	-1.16	-6.86	-8.3	-7.8	-5.25
	B10 煤炭消耗	C16 煤炭消耗占比	%	负向	94.6	96.25	80.42	77.93	73.6	67.77
	B11 电力消耗	C17 单位产值电力消耗量	千瓦时/元	负向	0.23	0.23	0.23	0.21	0.20	0.20
	B12 用水	C18 单位产值用水量下降幅度	%	正向	-30	-1	-1	12	4	-2
	B13 废水	C19 单位产值废水排放量	吨/万元	负向	6.41	6.27	5.80	4.91	4.63	4.47
A4 环境保护	B14 固体废物	C20 固体废物综合利用率	%	正向	79.45	78.53	78.48	79.37	77.86	78.79
A5 社会共享	B15 就业	C21 制造业就业人数占总就业人数比重	%	正向	21.35	21.11	4.96	5.05	5.13	4.87
	B16 收入	C22 制造业在岗职工年均收入	元/人/年	正向	63248	69346	64928.5	70127	73083	79965

资料来源：根据历年《山东省统计年鉴》计算整理。

第5章　山东省制造业评价指标体系的构建与应用

表5-4　山东制造业评价各指标2018~2023年标准化数据

一级指标	二级指标	三级指标	单位	方向	2018年	2019年	2020年	2021年	2022年	2023年
A1 效率效益	B1 产值	C1 制造业增加值增长率	%	正向	0.4898	0.0000	0.5510	1.0000	0.2653	0.7653
	B2 利润	C2 制造业人均利润率	万元/人	正向	0.2386	0.0000	0.5584	1.0000	0.4365	0.7030
		C3 制造业成本费用利润率	%	正向	1.0000	0.0000	0.7662	0.9481	0.0390	0.4221
	B3 效率	C4 制造业全员劳动生产率	万元/人	正向	0.0000	0.3177	0.4908	0.9235	1.0000	0.9940
		C5 制造业流动资产周转率	次/年	正向	0.9231	0.0769	0.0000	1.0000	0.3077	0.2308
	B4 市场	C6 制造业营业收入增长率	%	正向	0.5433	0.0000	0.5333	1.0000	0.4667	0.5667
	B5 结构	C7 制造业增加值占规模以上工业比重	%	正向	1.0000	0.4286	0.0714	0.0476	0.0000	0.1190
A2 创新驱动	B6 创新资源	C8 制造业R&D经费投入强度	%	正向	0.0952	0.0000	0.5714	0.2381	0.7619	1.0000
		C9 制造业新产品开发投入强度	%	正向	0.0000	0.0673	0.2404	0.4904	0.7019	1.0000
	B7 创新产出	C10 制造业拥有发明专利数	件	正向	0.1613	0.0650	0.0000	0.2952	0.5931	1.0000
		C11 制造业每亿元营业收入拥有发明专利数	件	正向	0.1818	0.2727	0.0000	0.1818	0.5455	1.0000
	B8 创新绩效	C12 制造业新产品销售收入占营业收入比重	%	正向	0.0000	0.0084	0.1436	0.4229	0.7745	1.0000
		C13 制造业人均新产品产出率	万元/人	正向	0.0000	0.0573	0.1820	0.4972	0.8132	1.0000

103

续表

一级指标	二级指标	三级指标	单位	方向	2018年	2019年	2020年	2021年	2022年	2023年
A3 绿色生态	B9 能源消耗	C14 单位产值能源消耗量	吨标准煤/万元	负向	0.5000	0.6250	0.0000	1.0000	0.9375	0.4375
		C15 规模以上工业万元增加值能耗下降幅度	%	正向	0.4132	1.0000	0.2017	0.0000	0.0700	0.4272
	B10 煤炭消耗	C16 煤炭消耗占比	%	负向	0.0579	0.0000	0.5558	0.6433	0.7953	1.0000
	B11 电力消耗	C17 单位产值电力消耗量	千瓦时/元	负向	0.0000	0.0000	0.0000	0.6667	1.0000	1.0000
	B12 用水	C18 单位产值用水量下降幅度	%	正向	0.0000	0.6905	0.6905	1.0000	0.8095	0.6667
	B13 废水	C19 单位产值废水排放量	吨/万元	负向	0.0000	0.0722	0.3144	0.7732	0.9175	1.0000
A4 环境保护	B14 固体废物	C20 固体废物综合利用率	%	正向	1.0000	0.4214	0.3899	0.9497	0.0000	0.5849
A5 社会共享	B15 就业	C21 制造业就业人数占总就业人数比重	%	正向	1.0000	0.9854	0.0055	0.0109	0.0158	0.0000
	B16 收入	C22 制造业在岗职工年均收入	元/人·年	正向	0.0000	0.3648	0.1005	0.4115	0.5883	1.0000

2. 计算指标的权重

本章采用熵权法确定指标权重。熵权法是一种客观的权重计算方法，通过指标熵值提供信息量的大小来确定指标的相对重要程度，进而确定指标权重。各指标权重如表5-5所示。

表5-5　　　　　　　山东制造业评价各指标权重

一级指标	二级指标	三级指标	熵值	权重
A1 效率效益	B1 产值	C1 制造业增加值增长率	0.8615	0.0286
	B2 利润	C2 制造业人均利润率	0.8554	0.0298
		C3 制造业成本费用利润率	0.7905	0.0432
	B3 效率	C4 制造业全员劳动生产率	0.8622	0.0285
		C5 制造业流动资产周转率	0.7521	0.0512
	B4 市场	C6 制造业营业收入增长率	0.8843	0.0239
	B5 结构	C7 制造业增加值占规模以上工业比重	0.6379	0.0747
A2 创新驱动	B6 创新资源	C8 制造业R&D经费投入强度	0.7919	0.0429
		C9 制造业新产品开发投入强度	0.7795	0.0455
	B7 创新产出	C10 制造业拥有发明专利数	0.7415	0.0534
		C11 制造业每亿元营业收入拥有发明专利数	0.7874	0.0439
	B8 创新绩效	C12 制造业新产品销售收入占营业收入比重	0.7109	0.0597
		C13 制造业人均新产品产出率	0.7575	0.0500
A3 绿色生态	B9 能源消耗	C14 单位产值能源消耗量	0.8778	0.0252
		C15 规模以上工业万元增加值能耗下降幅度	0.7650	0.0485
	B10 煤炭消耗	C16 煤炭消耗占比	0.8118	0.0388
	B11 电力消耗	C17 单位产值电力消耗量	0.6381	0.0747
	B12 用水	C18 单位产值用水量下降幅度	0.8991	0.0208
A4 环境保护	B13 废水	C19 单位产值废水排放量	0.7925	0.0428
	B14 固体废物	C20 固体废物综合利用率	0.8665	0.0276

续表

一级指标	二级指标	三级指标	熵值	权重
A5 社会共享	B15 就业	C21 制造业就业人数占总就业人数比重	0.4834	0.1066
	B16 收入	C22 制造业在岗职工年均收入	0.8084	0.0395

5.4.2 山东省制造业发展综合评价（实证分析）

根据表5-4和表5-5计算得到2018~2023年山东省制造业各一级指标评价值和综合评价得分，如表5-6所示。

表5-6　　　　　山东省制造业综合评价

制造业评价指标	2018年	2019年	2020年	2021年	2022年	2023年	权重
效率效益	0.1993	0.0450	0.0976	0.2043	0.0776	0.1236	0.2799
创新驱动	0.0207	0.0219	0.0532	0.1064	0.2072	0.2954	0.2954
绿色生态	0.0349	0.0787	0.0458	0.1208	0.1495	0.1592	0.2081
环境保护	0.0276	0.0147	0.0242	0.0593	0.0393	0.0590	0.0704
社会共享	0.1066	0.1195	0.0046	0.0174	0.0249	0.0395	0.1462

以2018~2023年各年份为横坐标，制造业发展评价指标得分为纵坐标，将表5-6的评价得分情况绘制成折线图，如图5-1所示。

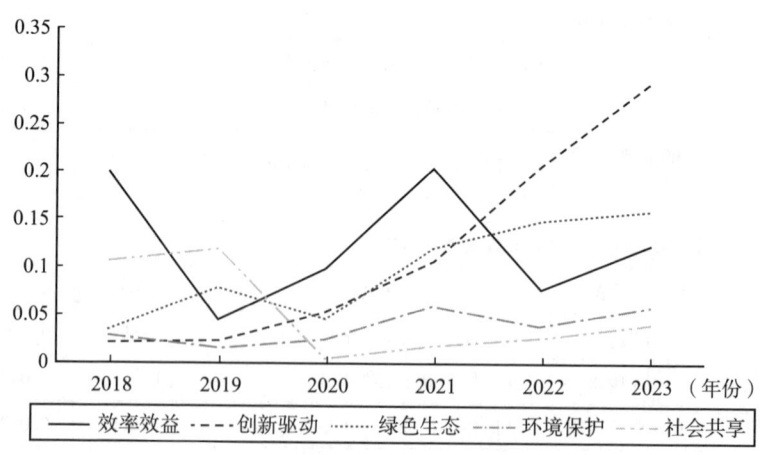

图5-1　山东省制造业2018~2023年综合评价

根据表 5-6 和图 5-1 可以得出以下几点。

1. 效率效益

与创新驱动指标密切相关，效率效益指标的权重在山东省制造业评价指标中位于第 2，略低于创新驱动指标。受到大环境和产业结构调整的影响，山东省制造业 2018~2023 年的效率效益有增有减，但 2022~2023 年再次进入上升通道，增幅达 59.2%。这和山东省制造业 2018~2023 年的利润总额、营业收入、增加值的增速变化基本是一致的，都在经历短暂的下降后，2022~2023 年进入一个新的上升期。

2. 创新驱动

创新驱动在山东省制造业指标权重中占比最大。2018~2023 年山东省制造业创新驱动呈现上升趋势，特别是进入"十四五"以来，2021 年、2022 年、2023 年连续增长，增长率分别为 100%、94.7%、42.6%，说明山东省连续几年加大了创新投入、创新产出，创新绩效显著，政府加大制造业的创新政策初见成效。2021 年、2022 年、2023 年创新驱动增速变快，主要因为制造业 R&D 经费投入强度和制造业新产品开发投入强度 2021~2023 年力度加大，制造业 R&D 经费投入强度指标通过计算制造业 R&D 经费内部支出与制造业营业收入的比值，制造业在研发方面的资金投入强度，是衡量制造业创新能力和研发实力的重要指标，山东省制造业 2018~2023 该指标的增长达 10.5 倍。制造业新产品开发投入强度指标通过计算制造业开发新产品经费与制造业营业收入的比值，衡量制造业在新产品开发方面的投入力度，反映制造业对新产品开发的重视程度和投入水平，该指标 2023 年达到连续几年的最高值，是 2018 年的 10.5 倍。这也从侧面反映出山东省制造业在 R&D 研究经费和人员投入方面力度加大，对制造业的科技创新能力变得更加重视。

3. 绿色生态

2018~2023 年山东省制造业绿色生态指标呈现出降中有升的趋势。从能源消耗量看，2021~2023 年是下降的，2023 年降为 0.4375 吨标准煤/万元。从煤炭消耗量占比来看，2018~2023 年间煤炭消耗量持续上升；电力消耗量在 2018~2023 年间一直增加；从单位产值用水量下降幅度看，2021~2023 年的用水量是逐年加大的，说明山东省制造业在能源消耗方面，随着制造业产值的增加，能源消耗增加，但总体来看，制造业产值中近几年能源消耗占比在逐渐降低，说明制造业在能源节约方面加大控制力度（见图5-2）。

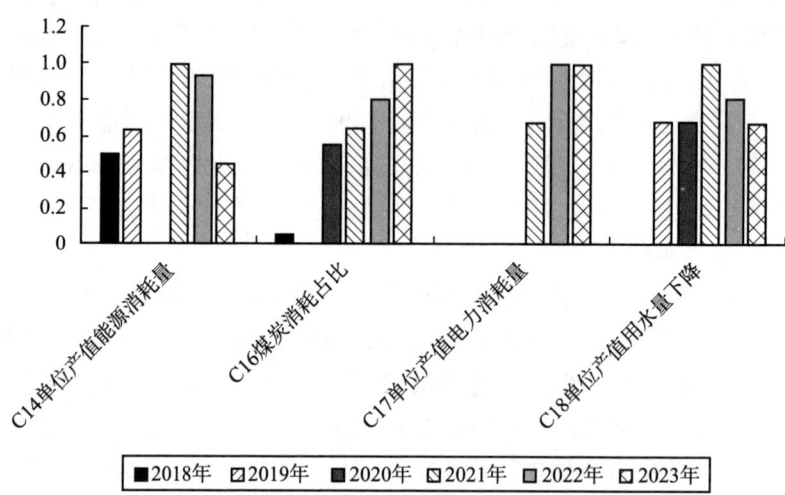

图5-2 山东省制造业2018~2023年绿色生态各指标比较

4. 环境保护

山东省制造业环境保护指标评价值从2018年的0.02706上升到2023年的0.0590，2019年和2022年有所下降，2023年又快速提升。2018~2023年单位产值废水排放量是增长的，固体废物综合利用率在2022年降到低点，2023年固体废物综合利用率有大幅提高。说明2023年以来山东省制造业在力求发展的同时，开始加大环境保护力度，注重制造业的绿色发展。

5. 社会共享

山东省制造业的社会共享评价指数，2018~2023年期间，2020年的评价值是最低的，为0.0046，2021~2023年连续提升。具体来讲，2018~2023年山东省制造业的就业人数占总就业人数的比重是持续下降的，但制造业在职职工的平均收入持续上涨。主要原因：一是大环境影响了制造业的发展；二是山东省制造业产业结构的转型升级，部分就业人员开始向第三产业转移，第二产业的就业吸纳能力有所减少；三是近年来山东省制造业着力推行"智能制造"，将制造业由原来的粗放式、劳动密集型转向集约式、智能化、无人化，越来越多的企业把智能机器人引入生产一线，并开始打造无人车间、无人工厂，这种新型的制造业运作模式提高了制造业的智能化水平，极大地降低了用工数量，减少了人工成本。总体来看，山东省制造业中一些低端、技术含量较低的生产线将逐步被机器人所取代，这部分就业人员将被转移或者被淘汰，这都会对制造业的就业和职工收入造成影响。

第6章 山东省制造业人才评价指标体系的构建与应用

构建一个科学的、可操作的评价指标体系对人才评价至关重要，也是制造业人才评价的开端，本章根据制造业人才的分类，以制造业科技人才、制造业技能人才为研究对象，在梳理相关政策和文献研究的基础上，构建山东省制造业科技人才评价指标体系和山东省制造业高技能人才评价指标体系。在此基础上，选取相应的指标数据，对山东省制造业人才（科技人才、高技能人才）的现状等作出评价。

6.1 山东省制造业科技人才评价指标体系的构建与应用

6.1.1 区域制造业科技人才评价指标体系构建的基础

2021年9月召开的中央人才工作会议上，习近平总书记强调要完善人才评价体系，加快建立以创新价值、能力、贡献为导向的人才评价体系，形成并实施有利于科技人才潜心研究和创新的评价制度。为贯彻落实科技人才评价改革精神，2022年9月科技部等部门印发实施了《关于开展科技人才评价改革试点的工作方案》，系统提出改革的指导方针和现实路径，不断推动科技人才评价体系的完善。

6.1.1.1 区域科技人才评价指标体系的研究

对科技人才评价指标体系的研究更多的是以区域科技人才评价体系

研究为主。例如沈春光（2010）根据科技人才创新能力的构成因素和评价原则，构建了人才投入、人才产出和人才环境建设三个一级指标，投入规模、增长和结构优化、科技成果、转化扩散、生活环境、工作环境、经济环境七个二级指标和十七个三级指标的评价指标体系[①]。沈春海（2013）在分析我国内地30个省环境因素对科技人才开发效率的研究中，选取了科技投入和科技产出两个一级指标，其中科技投入包括R&D人员全时当量、R&D机构数、R&D项目经费和地方财政拨款四个指标，科技人才产出选取国外主要检索工具收录我国科技论文数、出版科技著作数、专利申请数和有效发明专利数四个指标[②]。周文鹏（2017）以青岛市为例，在界定了城市科技创新人才指数的概念内涵基础上，为客观、科学地评价城市科技人才发展水平，构建了城市科技创新人才指数评价指标体系，选取了人才投入、人才产出和人才环境等三个二级指标[③]。张宓之等（2022）基于国内外理论分析和科技创新发展实践，参照《堪培拉手册》等国际科技人才通行惯例和统计口径，构建了"十四五"时期科技人才指标体系。指标体系由4个一级指标、11个二级指标和26个三级指标共同构成，其中一级指标分别为科技人才投入、科技人才环境、科技人才能力和科技人才载体。科技人才投入包括科技人才总量、科技人才结构和科技产业人才；科技人才环境包括科技人才吸引力、科技人才培养和科技人才储备；科技人才能力包括基础研究能力、技术创新能力、产业带动能力；科技人才载体包括创新载体人才集聚、创业载体人才集聚[④]。刘宏涛（2024）认为评价指标的开发应围绕结果和行为两个层面，分为直接指标和间接指标。直接评价指标的重点放在科技人才的实际产出上，如研究成果的产出、目标的实现等；不同于直接评价指标，间接评价指标将注意力集中在其行为表现能力上，例如，各种素质特点、能力特点等。然而，在实践中，对于科学

[①] 沈春光，陈万明，裴玲玲．区域科技人才创新能力评价指标体系与方法研究[J]．科学学与科学技术管理，2010，31（2）：196-199．

[②] 张春海，孙健，刘铮．区域科技人才开发效率及其影响因素研究——来自我国省际面板数据的实证分析[J]．科技与经济，2013，26（3）．

[③] 周文鹏，王志玲，蓝洁．城市科技创新人才指数研究——基于青岛的实证分析[J]．科技与经济，2017，30（5）：91-95．

[④] 张宓之，裴文乾，何雪莹．"十四五"科技人才评价方法与指标体系构建[J]．科技中国，2022（11）：75-78．

人才的个人能力的评价并没有太大的可操作性，更多的是通过对科学人才的研究成果以及他们的日常意识和行为来衡量[①]。

6.1.1.2 区域科技人才竞争力评价指标体系的研究

区域科技人才评价的研究还集中在区域科技人才竞争力评价的研究中。郭跃进（2014）结合因子分析法对科技人才竞争力评价的35项基准指标进行筛选、调整，最终形成一套由18项统计指标组成的区域科技人才竞争力评价指标体系，包括人才投入、环境建设和成果产出三个一级指标。林喜庆（2015）以中国四个直辖市为例，建立城市科技人才竞争力评价指标体系，包括现实竞争力、潜在竞争力两个一级指标和规模力、质量力、创新力、培养力、投资力、环境力六个二级指标[②]。刘佐菁、陈杰、苏榕等（2018）建立了包含科技人才规模、结构、投入、产出和环境竞争力4个一级指标，20个二级指标在内的科技人才竞争力综合评价指标体系[③]。王微（2019）从吸引能力、培养能力和使用能力三个方面选取33个指标构成科技人才竞争力评价指标体系[④]。史炜钰（2019）从科技人才投入、产出、人才资源与环境、人才可持续发展竞争力4个二级指标，20个三级指标构建科技人才竞争力评价指标体系[⑤]。王大权（2021）从科技人才规模、科技人才投入、科技人才效能、科技人才发展平台4个层面，7个三级指标，32个四级指标构建城市科技人才竞争力评价指标体系[⑥]。杨克众、梁林（2021）从投入产出视角，确定人才投入、人才产出和人才环境建设为一级指标，7个二级指标，23个三级指标为科技人才竞争力指标体系[⑦]。王见敏等（2022）从人才规模、人才投入、人才效能、人才

[①] 刘宏涛，杨盼君.科技人才评价研究综述［J］.对外经贸，2024（8）：96-99.
[②] 林喜庆，许放.基于AHP的城市科技人才竞争力评价研究——以中国4个直辖市2008年数据分析为例［J］.北京科技大学学报（社会科学版），2015，31（1）：109-118.
[③] 刘佐菁，陈杰，苏榕.广东省科技人才竞争力评价与提升策略［J］.科技管理研究，2018，38（22）：134-141.
[④] 王微.海南科技人才竞争力评价与分析［J］.当代经济，2019（5）：121-123.
[⑤] 史炜钰.福建省科技人才竞争力评价［J］.合作经济与科技，2019（15）：98-102.
[⑥] 王大权.贵阳市科技人才竞争力评价及提升路径研究［J］.农村经济与科技，2021，32（18）：231-233.
[⑦] 杨克众，梁林.河北省科技人才竞争力评价研究［J］.河北经贸大学学报（综合版），2021，21（3）：82-87.

发展平台等四个方面,提出 7 个二级指标构建城市科技人才区域竞争力评价指标体系[1]。苏日娜(2023)由人才引育用留四方面构成,选取科技人才规模、投入、产出、环境竞争力作为科技人才竞争力的一级指标[2]。

6.1.1.3 区域高层次科技人才评价指标体系的研究

成泗涌(2024)提到,当前部分机构和组织在高层次科技人才评价机制建构过程中存在评价标准不够科学、激励机制设计不合理等问题,这要求河南省加强评价机制顶层设计。在设定评价指标时,可以设计如下指标:个人科研能力指标,包括国家级、省级和企业委托的科研项目承担数量和质量,SCI、SSCI、EI 等高水平期刊的论文数量和质量及专利申请数量、授权数量以及专利技术转化的情况;科技创新成果评价指标,包括科研成果转化为实际生产力和应用价值的情况、科技创新产品研发情况及其市场影响、科技成果奖项的获得情况;学术声誉评价指标包括学术论文的被引频次,受邀在国际或全国性学术会议上演讲或担任重要角色的情况以及是否在学术团体或行业委员会担任重要职务等方面的内容;团队建设评价指标,包括科技人才在团队协作中所起的推动作用和领导能力,科技人才在培养学生、博士后和青年科研人才方面所作出的贡献。在指标体系建立过程中,需要根据不同学科领域的特点进行细化和调整,并定期对指标体系进行修订和更新[3]。

6.1.2 山东省制造业科技人才评价指标体系的构建

6.1.2.1 指标体系构建的原则

指标体系构建的原则详见第 5 章 5.3 节。

---

[1] 王见敏,龚家鑫,令狐绍霞,刘忠艳. 贵阳市科技人才区域竞争力提升研究[J]. 中国人事科学,2022(11):37-52.

[2] 苏日娜. 内蒙古科技人才竞争力评价与提升研究[D]. 呼和浩特:内蒙古大学,2023.

[3] 成泗涌,张敬洺. 河南高层次科技人才评价机制创新建构与实施研究[J]. 产业创新研究,2024(15):70-72.

6.1.2.2 山东省科技人才评价指标体系设计

1. 指标及其关系的确定

准确地评价山东省制造业科技人才发展情况，对制造业的发展有重要的现实意义。但是目前尚无规范统一的评价指标，涉及制造业人才评价的因素众多，结构也比较复杂，需要从多个角度和层面来设计指标体系，测评制造业科技人才。通过上述文献研究的梳理，借鉴沈春光（2010）、张春海（2013）、张宓之等（2022）和成汹涌（2024）等的指标体系，考虑到2018~2023年间各评价指标的数据可得性、统计口径的一致性，遵循指标选取的科学性原则、系统性原则、简明性原则和可操作性原则，删除无法获得数据的指标，筛选出能实际应用和客观评价的指标，本研究构建了包括人才投入、人才产出2个一级指标；包括基础规模、质量结构、科技成果、转化扩散4个二级指标；包括每万名从业人员中R&D人员数、R&D机构数、制造业R&D经费增长率、本年度参加R&D项目人员占比、制造业R&D人力投入强度、制造业R&D人员人均拥有发明专利数、省级重要科技成果数、国家级科技成果奖励数、制造业新产品研发投入转化率、制造业R&D人员新产品产出率10个三级指标的山东省制造业科技人才评价指标体系（见表6-1）。

表6-1　山东省制造业科技人才评价指标体系

评价指标	一级指标	二级指标	三级指标	单位	方向
科技人才评价指标	A1 人才投入	B1 基础规模	C1 每万名从业人员中R&D人员数	人	正向
			C2 R&D机构数	个	正向
			C3 制造业R&D经费增长率	%	正向
		B2 质量结构	C4 本年度参加R&D项目人员占比	%	正向
			C5 制造业R&D人力投入强度	%	正向
	A2 人才产出	B3 科技成果	C6 制造业R&D人员人均拥有发明专利数	件/人	正向
			C7 省级重要科技成果数	项	正向
			C8 国家级科技成果奖励数	项	正向
		B4 转化扩散	C9 制造业新产品研发投入转化率	%	正向
			C10 制造业R&D人员新产品产出率	万元/人	正向

2. 三级指标的观测点、标准的确定

山东省制造业科技人才评价指标体系的观测点、标准如表 6-2 所示。

表 6-2 山东省制造业科技人才评价指标体系的观测点、标准

三级指标	观测点	计算标准
C1	每万名从业人员中 R&D 人员数	制造业 R&D 人员数/制造业就业人数
C2	R&D 机构数	制造业中拥有的 R&D 机构数
C3	制造业 R&D 经费增长率	(当期制造业 R&D 经费内部支出/上期制造业 R&D 经费内部支出)-1
C4	本年度参加 R&D 项目人员占比	本年度参加 R&D 项目人员数/制造业 R&D 人员数
C5	制造业 R&D 人力投入强度	制造业 R&D 人员全时当量/制造业全部从业人员年平均人数
C6	制造业 R&D 人员人均拥有发明专利数	制造业拥有发明专利数/制造业 R&D 人员数
C7	省级重要科技成果数	省级重要科技成果数量
C8	国家级科技成果奖励数	国家级科技成果奖励数量
C9	制造业新产品研发投入转化率	制造业开发新产品经费/制造业新产品销售收入
C10	制造业 R&D 人员新产品产出率	制造业新产品销售收入/制造业 R&D 人员数

6.1.2.3 指标解释

山东省制造业科技人才评价指标体系包括人才投入和人才产出两个一级指标。

1. 人才投入指标

科技人才投入是反映制造业科技人才发展情况最基本的指标,对于掌握科技人才发展总体情况起到关键性作用。科技人才投入反映的是山东省政府对制造业科技人才开发的投入,体现了人才专长时效性的长短及人才的活力,同时在一定程度上体现了山东省对制造业人才的培育和

重视，是提高山东省创新能力的保障。科技人才投入指标包括基础规模、质量结构两个二级指标。

（1）基础规模指标。基础规模指标包括每万名从业人员中 R&D 人员数、R&D 机构数、制造业 R&D 经费增长率 3 个三级指标。

每万名从业人员中 R&D 人员数：表示制造业中 R&D 人员数与制造业就业人数的比例，反映科技人才的基础规模。

R&D 机构数表示制造业中拥有的 R&D 机构数量：体现科技研发的基础设施投入。

制造业 R&D 经费增长率：表示制造业 R&D 经费的增长速度，反映政府和企业对科技研发的投入力度。

（2）质量结构指标。质量结构指标包括本年度参加 R&D 项目人员占比、制造业 R&D 人力投入强度两个三级指标。

本年度参加 R&D 项目人员占比：表示本年度参加 R&D 项目的人员数与制造业 R&D 人员数的比例，反映科技人才的参与程度。

制造业 R&D 人力投入强度：表示制造业 R&D 人员全时当量与制造业全部从业人员年平均人数的比例，反映科技人才的投入强度。

2. 人才产出指标

科技人才产出是反映科技人才在各种因素作用下的贡献，是科技人才创新活动的直接效果。人才产出的多少不仅代表了山东省制造业科技人才前期创新活动取得的直接成果，而且也反映了未来创新的基础能力和发展潜力。人才产出主要受科技成果和转化扩散两方面影响。

（1）科技成果指标。科技成果指标包括制造业 R&D 人员人均拥有发明专利数、省级重要科技成果数、国家级科技成果奖励数 3 个三级指标。

制造业 R&D 人员人均拥有发明专利数：表示制造业拥有发明专利数与制造业 R&D 人员数的比例，反映科技人才的创新成果产出能力。

省级重要科技成果数：表示省级重要科技成果的数量，体现科技人才在省级层面的创新贡献。

国家级科技成果奖励数：表示国家级科技成果奖励的数量，体现科技人才在国家层面的创新成就。

(2) 转化扩散指标。转化扩散指标包括制造业新产品研发投入转化率、制造业 R&D 人员新产品产出率两个三级指标。

制造业新产品研发投入转化率：表示制造业开发新产品经费与制造业新产品销售收入的比例，反映科技人才将研发成果转化为实际产品的能力。

制造业 R&D 人员新产品产出率：表示制造业新产品销售收入与制造业 R&D 人员数的比例，反映科技人才在新产品产出方面的效率。

6.1.3 山东省制造业科技人才评价指标体系的应用

6.1.3.1 数据的提取

评价指标数据主要来源于《山东省统计年鉴》，本章选取了 2018~2023 年总共 6 年的时间序列数据。其中，由于 2021 年、2022 年山东省国家级科技成果奖励数量数据缺失，本章查询山东省科学技术厅官网获取 2021 年和 2022 年山东省国家级科技成果奖励总数共 21 项，考虑到疫情影响因素，本章将 2021 年山东省国家级科技成果奖励数计为 10 项、2022 年山东省国家级科技成果奖励数计为 11 项。根据各评价指标的计算公式，计算出各指标的原始数据，如表 6-3 所示。

6.1.3.2 指标数据的预处理

1. 数据的标准化

考虑到消除不同量纲和数量级的影响，本研究用功效函数对变量进行标准化处理，计算出功效值。建立功效函数为：

$$E(C_i) = \begin{cases} (X_i - \beta_i)/(\alpha_i - \beta_i), & (\beta_i \leq X_i \leq \alpha_i), E(C_i) \text{具有正功效时} \\ (\alpha_i - X_i)/(\alpha_i - \beta_i), & (\beta_i \leq X_i \leq \alpha_i), E(C_i) \text{具有负功效时} \end{cases}$$

其中，X_i 为序参量评价指标，C_i 为实际取值，α_i、β_i 为 X_i 的极值。标准化数据如表 6-4 所示。

2. 计算指标的权重

本章采用熵权法确定指标权重。熵权法是一种客观的权重计算方法，通过指标熵值提供信息量的大小确定指标的相对重要程度，进而确定指标权重。各指标权重如表 6-5 所示。

表6-3 山东省制造业科技人才评价各指标2018~2023年原始数据

科技人才评价指标		评价指标	单位	方向	2018年	2019年	2020年	2021年	2022年	2023年
A1 人才投入	B1 基础规模	C1 每万名从业人员中R&D人员数	人	正向	278.41	227.99	1312.54	1802.7	1981.76	2067
		C2 R&D机构数	个	正向	7780	6942	11247	15175	17264	13427
		C3 制造业R&D经费增长率	%	正向	-9	-13	14	14	9	9
	B2 质量结构	C4 本年度参加R&D项目人员占比	%	正向	91.69	91.64	90.83	93.15	93	95.23
		C5 制造业R&D人力投入强度	%	正向	3.62	3.91	5.11	6.74	7.56	7.98
A2 人才产出	B3 科技成果	C6 制造业R&D人员人均拥有发明专利数	件/人	正向	0.05	0.06	0.05	0.04	0.05	0.06
		C7 省级重要科技成果数	项	正向	1791	2552	2342	2908	3075	3529
		C8 国家级科技成果奖励数	项	正向	25	32	31	10	11	35
	B4 转化扩散	C9 制造业新产品研发投入转化率	%	正向	7.49	7.77	7.27	6.24	5.27	5.23
		C10 制造业R&D人员新产品产出率	万元/人	正向	404.44	462.6	473.25	549.18	690.52	853.96

资料来源：根据历年《山东省统计年鉴》计算整理。

第6章 山东省制造业人才评价指标体系的构建与应用

表6-4 山东制造业科技人才评价各指标2018~2023年标准化数据

评价指标			单位	方向	2018年	2019年	2020年	2021年	2022年	2023年
科技人才评价指标	A1 人才投入	B1 基础规模								
		C1 每万名从业人员中R&D人员数	人	正向	0.0274	0.0000	0.5897	0.8563	0.9536	1.0000
		C2 R&D机构数	个	正向	0.0812	0.0000	0.4171	0.7976	1.0000	0.6283
		C3 制造业R&D经费增长率	%	正向	0.1481	0.0000	1.0000	1.0000	0.8148	0.8148
		B2 质量结构								
		C4 本年度参加R&D项目人员占比	%	正向	0.1955	0.1841	0.0000	0.5273	0.4932	1.0000
		C5 制造业R&D人力投入强度	%	正向	0.0000	0.0665	0.3417	0.7156	0.9037	1.0000
	A2 人才产出	B3 科技成果								
		C6 制造业R&D人员人均拥有发明专利数	件/人	正向	0.5000	1.0000	0.5000	0.0000	0.5000	1.0000
		C7 省级重要科技成果数	项	正向	0.0000	0.4379	0.3170	0.6427	0.7388	1.0000
		C8 国家级科技成果奖励数	项	正向	0.6000	0.8800	0.8400	0.0000	0.0400	1.0000
		B4 转化扩散								
		C9 制造业新产品研发投入转化率	%	正向	0.8898	1.0000	0.8031	0.3976	0.0157	0.0000
		C10 制造业R&D人员新产品产出率	万元/人	正向	0.0000	0.1294	0.1531	0.3220	0.6364	1.0000

表6-5　　　　　山东制造业科技人才评价各指标权重

评价指标			熵值	权重
科技人才评价指标	A1 人才投入	B1 基础规模	C1 每万名从业人员中R&D人员数	0.7972	0.1097
			C2 R&D机构数	0.8116	0.1019
			C3 制造业R&D经费增长率	0.8430	0.0849
		B2 质量结构	C4 本年度参加R&D项目人员占比	0.8106	0.1024
			C5 制造业R&D人力投入强度	0.7947	0.1110
	A2 人才产出	B3 科技成果	C6 制造业R&D人员人均拥有发明专利数	0.8742	0.0680
			C7 省级重要科技成果数	0.8679	0.0714
			C8 国家级科技成果奖励数	0.8053	0.1053
		B4 转化扩散	C9 制造业新产品研发投入转化率	0.7771	0.1206
			C10 制造业R&D人员新产品产出率	0.7694	0.1247

6.1.3.3　山东省制造业科技人才发展综合评价（实证分析）

根据表6-4和表6-5计算得到2018~2023年山东省制造业科技人才评价指标的科技投入和科技产出指标值及综合评价得分，如表6-6所示。

表6-6　　　　　山东省制造业科技人才综合评价指标

评价指标		2018年	2019年	2020年	2021年	2022年	2023年	权重
科技人才	人才投入	0.0439	0.0262	0.2300	0.3936	0.4265	0.4563	0.5099
	人才产出	0.2045	0.3287	0.2610	0.1340	0.1723	0.3695	0.4901

以2018~2023年各年份为横坐标，制造业发展评价指标得分为纵坐标，将表6-6的评价得分情况绘制成折线图，如图6-1所示。

第6章 山东省制造业人才评价指标体系的构建与应用

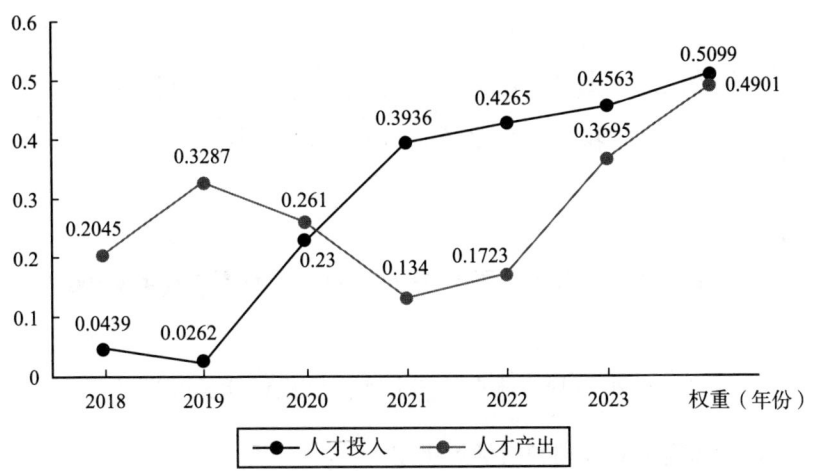

图 6-1 山东省制造业 2018~2023 年综合评价

从表 6-6 和图 6-1 可以得出：

在制造业科技人才投入方面，除 2019 年的评价值有所下降外，从 2019~2020 年、2021 年、2022 年和 2023 年都是上升的，从 0.0262 上升到了 2023 年 0.4563，增长了 17.55 倍。其中每万名从业人员中 R&D 人员数、本年度参加 R&D 项目人员占比、制造业 R&D 人力投入强度三个指标，连续六年中，2023 年的评价值都是最高的，R&D 机构数和制造业 R&D 经费增长率两个指标，连续 6 年的评价中，2023 年的评价值是次高的。这表明山东省已经加大了对制造业科技人员的投入。

从制造业科技人才产出方面看，2018~2023 年的评价值有增有降，2021 年跌至最低，评价值只有 0.134。从 R&D 人员人均发明专利数总体处于平稳增长趋势，说明山东省加大知识产权保护力度，建立知识产权保护体系；从省级重要科技成果和国家级奖励数产出上看，2023 年都是连续 6 年来的最高值；然而，发明专利数和国际级奖励数，在 2021 年出现了断崖式下跌，数量远低于往年。

总体来讲，山东省制造业科技人才表现为投入增加，产出也会增加的良好态势，但 2021 年，科技人才投入明显快于科技人才的产出，科技人才投入和产出出现了不协调现象，更多的科技人才投入并没有带来更多的科技成果的产出。

6.2 山东省制造业高技能人才评价指标体系的构建与应用

6.2.1 山东制造业高技能人才评价指标体系的构建

6.2.1.1 山东省制造业高技能人才评价指标体系的设计

1. 指标确定的基础和指标的确定

加速高技能人才队伍建设成为当前推动我国由"制造大国"向"制造强国"转变的必然要求。

关于制造业技能人才评价,多研究个体、群体的评价指标,如魏高亮(2024)构建的汽车制造业高技能人才评价体系包括职业知识、职业能力、职业品德、个人特质与发展4项一级指标,9项二级指标、31项三级指标。张兰(2014)提出高端装备制造业技能人才的评价,可以将评价指标分为三类,即综合素质、基础能力、应用能力。葛侃(2014)构建了淮北矿业集团高技能人才考核评价模型[①]。郭丹(2017)研究了高技能人才创新的评价指标体系[②]。而本研究是研究区域制造业技能人才评价,上述指标不完全适合本研究,但为本研究指标体系的设计提供了思路。

纵观区域高技能人才评价体系的研究,国内学者的视角凝聚在产业结构与高技能人才的匹配中,且多数研究以省市为例。郑兰先等(2016)在产业结构与高技能人才配置耦合度的研究中,以湖北省为例,结合湖北省实际状况,通过理论分析和频度统计(CNKI)对指标进行删减与归并,建立了高技能人才配置与产业结构评价指标体系,以此为基础采用灰色关联模型和耦合度模型对高技能人才配置与产业结构

---

① 葛侃,孙旭东. 基于 AHP 的淮北矿业集团高技能人才考核评价模型[J]. 中国矿业,2014(3):21-24.

② 郭丹,姚先国,杨若邻. 高技能人才创新素质:内容及结构[J]. 科学学研究,2017(7):154-162.

耦合关联度进行测量和分析①。本书主要依据郑兰先（2016）在研究湖北省高技能人才配置与产业结构升级耦合研究中所构建的高技能人才评价指标体系，根据数据的可得性，构建了由人才投入、人才储备两个维度组成的山东省制造业高技能人才评价指标体系，其中人才投入包括公共财政教育支出占财政总支出比重、高技能人才占城镇就业人口比重两个三级指标。人才储备指标包括普通高等学校专科在校学生数、中等职业学校在校学生数、技工学校在校学生数三个三级指标，如表6-7所示。

表6-7　　　　　山东省制造业高技能人才评价指标体系

一级指标	二级指标	三级指标	单位	方向
A1 技能人才评价指标	B1 人才投入	C1 公共财政教育支出占财政总支出比重	%	正向
		C2 高技能人才占城镇就业人口比重	%	正向
	B2 人才储备	C3 普通高等学校专科在校学生数	人	正向
		C4 中等职业学校在校学生数	人	正向
		C5 技工学校在校学生数	人	正向

2. 三级指标的观测点和标准的确定

山东省高技能人才评价指标体系的观测点、标准如表6-8所示。

表6-8　　　山东省高技能人才评价指标体系的观测点、标准

指标	观测点	计算标准
C1	公共财政教育支出占财政总支出比重	公共财政教育支出/山东省财政总支出
C2	高技能人才占城镇就业人口比重	高技能人才数量/城镇就业人口数量
C3	普通高等学校专科在校学生数	普通高等学校专科在校学生数
C4	中等职业学校在校学生数	中等职业学校在校学生数
C5	技工学校在校学生数	技工学校在校学生数

---

① 郑兰先，孙成. 湖北省高技能人才配置与产业结构升级耦合研究［J］. 科技进步与对策，2016（13）：46-52.

6.2.1.2 指标的解释

高技能人才评价指标体系旨在衡量山东省在高技能人才培养和储备方面的成效,主要包括人才投入和人才储备两个方面的指标。

1. 人才投入

人才投入指标反映了政府对高技能人才培养的重视程度和投入力度,是高技能人才发展的基础保障。具体包括以下两个三级指标:

(1) 公共财政教育支出占财政总支出比重。该指标表示公共财政在教育领域的支出占财政总支出的比例。该比例越高,说明政府对教育的重视程度越高,对高技能人才培养的投入也越大。这有助于提升整体教育水平,为高技能人才的培养提供坚实的物质基础。

(2) 高技能人才占城镇就业人口比重。该指标表示高技能人才数量占城镇就业人口数量的比例。该比例越高,说明技能人才在劳动力市场中的地位越重要,也反映了技能人才培养的成效。这有助于提升劳动力市场的整体素质,推动产业升级和经济发展。

2. 人才储备

人才储备指标反映山东省在高技能人才培养方面的潜力和后劲,是高技能人才持续发展的关键。具体包括以下三个三级指标:

(1) 普通高等学校专科在校学生数。该指标表示普通高等学校专科层次的在校学生数量,是衡量高技能人才培养潜力的重要指标之一。在校学生数量越多,说明未来能够进入劳动力市场的技能人才数量也越多,这为高技能人才队伍的持续壮大提供了有力保障。

(2) 中等职业学校在校学生数。该指标表示中等职业学校层次的在校学生数量。中等职业学校是培养高技能人才的重要基地之一,其在校学生数量反映了高技能人才培养的规模和水平。在校学生数量越多,说明技能人才培养的覆盖面越广,有助于提升整体劳动力市场的技能水平。

(3) 技工学校在校学生数。该指标表示技工学校各层次的在校学生数量。技工学校作为培育技能型专门人才的关键阵地,其在校学生数量直观体现了该层级技能人才培养的规模与潜在能力。在校学生数越多,意味着技能人才培养的辐射范围越广泛,对提升整体劳动力市场的技能素养具有积极推动作用。

6.2.2 山东省制造业高技能人才评价指标体系的应用

6.2.2.1 数据的提取

评价指标数据主要来源于《山东省统计年鉴》，本章选取了2018~2023年总共6年的时间序列数据。根据各评价指标的计算公式，计算出各指标的原始数据，如表6-9所示。

表6-9　山东省制造业高技能人才评价各指标2018~2023年原始数据

评价指标			单位	方向	2018年	2019年	2020年	2021年	2022年	2023年
A1 高技能人才评价指标	B1 人才投入	C1 公共财政教育支出占财政总支出比重	%	正向	19.86	20.08	20.33	20.58	21.66	21.57
		C2 高技能人才占城镇就业人口比重	%	正向	9.98	9.57	9.87	10.81	11.5	11.93
	B2 人才储备	C3 普通高等学校专科在校学生数	人	正向	745170	808701	874948	963490	1027861	1122744
		C4 中等职业学校在校学生数	人	正向	750142	730464	777416	839144	880975	882941
		C5 技工学校在校学生数	人	正向	329897	355409	405418	442034	455069	447812

资料来源：根据历年《山东省统计年鉴》计算整理。

6.2.2.2 数据的预处理

1. 数据的标准化

考虑到消除不同量纲和数量级的影响，本章用功效函数对变量进行标准化处理，如表6-10所示。

表 6–10　　山东制造业高技能人才评价各指标 2018~2023 年标准化数据

评价指标			单位	方向	2018 年	2019 年	2020 年	2021 年	2022 年	2023 年
A1 高技能人才评价指标	B1 人才投入	C1 公共财政教育支出占财政总支出比重	%	正向	0.0000	0.1222	0.2611	0.4000	1.0000	0.9500
		C2 高技能人才占城镇就业人口比重	%	正向	0.1737	0.0000	0.1271	0.5254	0.8178	1.0000
	B2 人才储备	C3 普通高等学校专科在校学生数	人	正向	0.0000	0.1683	0.3437	0.5782	0.7487	1.0000
		C4 中等职业学校在校学生数	人	正向	0.1291	0.0000	0.3079	0.7128	0.9871	1.0000
		C5 技工学校在校学生数	人	正向	0.0000	0.2038	0.6033	0.8959	1.0000	0.9420

2. 计算指标的权重

本章采用熵权法确定指标权重。熵权法是一种客观的权重计算方法，通过指标熵值提供信息量的大小确定指标的相对重要程度，进而确定指标权重。各指标权重如表 6–11 所示。

表 6–11　　山东制造业高技能人才评价各指标权重

评价指标			熵值	权重
A1 高技能人才评价指标	B1 人才投入	C1 公共财政教育支出占财政总支出比重	0.7855	0.2284
		C2 高技能人才占城镇就业人口比重	0.7844	0.2296
	B2 人才储备	C3 普通高等学校专科在校学生数	0.8313	0.1796
		C4 中等职业学校在校学生数	0.8079	0.2046
		C5 技工学校在校学生数	0.8518	0.1578

6.2.2.3　山东省制造业高技能人才发展综合评价（实证分析）

根据表 6–10 和表 6–11 计算得到 2018~2023 年山东省制造业高

技能人才评价指标的人才投入和人才储备指标值及综合评价得分，如表6-12所示。

表6-12　　　　　　　山东省制造业高技能人才综合评价

评价指标		2018年	2019年	2020年	2021年	2022年	2023年	权重
高技能人才	人才投入	0.0399	0.0279	0.0888	0.2120	0.4161	0.4465	0.3965
	人才储备	0.0264	0.0624	0.2200	0.3911	0.4943	0.5329	0.6035

以2018~2023年各年份为横坐标，制造业高技能人才的人才投入和人才储备指标得分为纵坐标，将表6-12的评价得分情况绘制成两组柱状图，如图6-2所示。

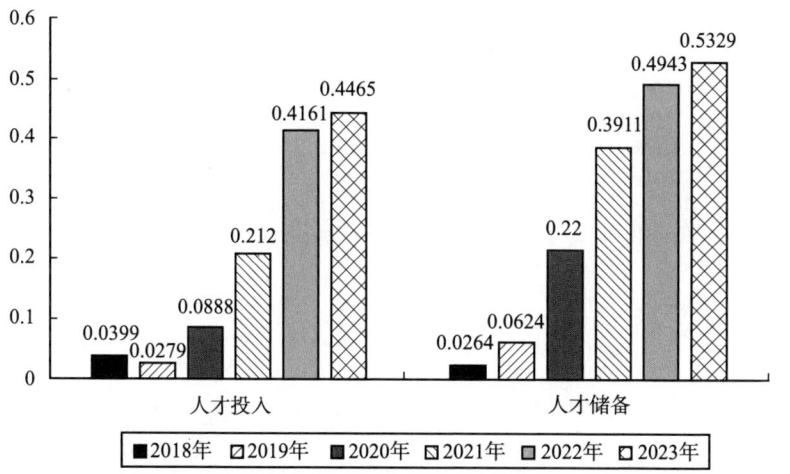

图6-2　2018~2023年山东省制造业高技能人才综合评价

从表6-12和图6-2可以得出：

山东省制造业技能人才的投入，2018~2023年稳步提升，2023年达到最高评价值0.4465。具体来看，山东省公共财政教育支出占财政总支出比重每年都有增幅，2023年略有回调；高技能人才占城镇就业人口比重处于不断上升趋势，说明越来越多的务工人员作为技能人才参与到城镇建设中来。

从山东省技能人才的储备来看，2018~2023年逐年提升，从2018

年评价值的 0.0264 提高到 2023 年的 0.5329，说明职业教育体系的完备，培养了不同层次的技能人才，特别是高技能人才。具体来看，更多的学生开始接受高职高专教育，而中等职业学校和技工学校的学生数量逐年降低，说明技能人才的储备随着高科技产业的发展也逐渐改变着用人需求，高技能人才也逐渐对学历有了更高的要求；整体来看 2018~2023 年山东省在技能人才的投入规模不断扩大，投入质量不断提升，人才结构更加合理，高技能人才数量持续增长，表明这期间的人才政策有力地推动了人才的集聚，创新创业人才支撑体系日趋完善，企业更加重视高技能人才的队伍建设，凸显了科技创新对于企业技能人才建设的重要性。

第7章 山东省制造业人才与制造业协调适配度模型的构建与应用

山东省制造业人才与制造业协调适配度是指山东省制造业人才与制造业这个复合系统的有序程度以及两者相互作用的积极程度。制造业人才可以推动制造业的发展，制造业人才的数量与质量对于制造业的稳固提升有着重要意义；同时，制造业的发展会促进制造业人才质量与数量的提升。制造业人才与制造业的动态适配程度越高，意味着制造业的发展与制造业人才的发展越均衡，越有利于提高人力资源的利用效率，减少人力资源的浪费，进而促进地方经济的发展。

本章在文献综述的基础上，回顾梳理区域制造业人才与产业发展协调适配的不同模型，进而构建本研究的协调适配度模型，借助协同学中复合系统的相关理论，将山东省制造业人才与制造业看作经济子系统内的两个简单系统，在建立评价指标体系、计算功效函数、确定评价指标权重等的基础上，采用静态适配度、动态适配度和耦合协调适配度等方法，分析山东省制造业人才与产业发展协调适配度，为人才战略对策的提出提供依据。

7.1 文献综述

7.1.1 关于协调适配度概念的研究

国内关于协调适配度的定义研究较少，大部分都是在协同学的基础上对协调度、适配度进行定义。蔡璟（2024）认为适配度是指在某个静态时间点上两个主体之间一致或匹配的程度，与协同概念不同，适配度是通过改变其中能够改变的一个主体，来适配另一个不易改变或无法改变的主体，从而提高整体的适配程度①。孟庆松等（2000）认为系统之间或系统组成要素之间在发展演化过程中彼此和谐一致的程度称为协调度②。张洁等（2007）认为适配度是综合评价融合系统或融合系统的功能模块对数据源的合适程度③。樊华等（2006）在协同学理论的基础上认为协调度是指系统之间或系统要素之间在发展过程中和谐一致的程度，描述了系统内部各要素或子系统间协调状况的好坏，体现了系统由无序走向有序的趋势④。杨爽（2009）认为适配一词具有适应与配合之意，并以此为基础认为经济增长中人力资本的适配性是指在经济增长过程中，适应经济增长需求的有效人力资本供给现象⑤。苏飞和张平宇（2010）认为"协调发展"是一种强调整体性、综合性、内生性的发展机制，协调度是用来度量系统之间或要素之间的协调发展状态的定量指标，人口结构与经济发展的协调度是一个相对指标⑥。印建兵（2013）指出系统的协调度是指子系统之间的协调，即子系统之间在发展演化过程中彼此的和谐一致⑦。李珺（2017）认为适配度就是合适性、关联有效性，是指一定语境下的双方或多方相互关联、配合的属性，并且在此基础上存在两个以上的对象或事物，它们或外显或内在的具有一定联系，将此种联系通过一定手段定性或定量地给予展现⑧。胡莎莎（2018）认为人力资本和产业结构的匹配状况是指人力资本以及产业结构这两个二级体系在经济增长的框架下，彼此适应、互相调整从而协调发展的双向互动的状态⑨。

---

① 蔡璟. 高职院校人才培养对地方经济高质量发展的贡献适配度研究 [D]. 南昌：江西财经大学，2024.
② 孟庆松，韩文秀. 复合系统协调度模型研究 [J]. 天津大学学报，2000（4）：444 – 446.
③ 张洁，林家骏，姜丽. 跟踪器算法组合适配度评估方法 [J]. 弹箭与制导学报，2007（5）：25 – 28.
④ 樊华，陶学禹. 复合系统协调度模型及其应用 [J]. 中国矿业大学学报，2006（4）：515 – 520.
⑤ 杨爽. 中国经济增长中的人力资本适配性研究 [D]. 咸阳：西北农林科技大学，2009.
⑥ 苏飞，张平宇. 辽宁省人口结构与经济协调发展研究 [J]. 农业系统科学与综合研究，2010，26（1）：107 – 111.
⑦ 印建兵. 基于协调度模型的江苏创新型人才投入与产出评价 [J]. 商业时代，2014（23）：139 – 140.
⑧ 李珺. 基于城市记忆的城市雕塑适配度研究 [D]. 武汉：华中科技大学，2017.
⑨ 胡莎莎. 人力资本—产业结构匹配度对中部地区经济增长影响的实证分析 [D]. 南昌：江西财经大学，2018.

李良成等（2019）基于协同学理论认为科技人才与科技创新协同度是指科技人才和科技创新协同度复合系统从无序走向有序的趋势及其子系统和谐的程度[①]。

总结国内学者的观点，本研究将"协调适配度"阐述为：区域制造业人才发展与制造业发展两子系统在经济发展的框架下，彼此适应、互相调整，从而协调发展的双向互动状态。

7.1.2 关于人才与产业发展协调适配度的研究

7.1.2.1 关于静态指标的研究

部分学者对于静态协调适配度测算侧重结构偏离度指标。

对于产业人才静态协调适配度的研究大都是在肖黎春与杨益民的研究基础上进行的。肖黎春（2003）以配第·克拉克理论为基础，对就业结构与三次产业结构进行相关性分析与结构偏离度计算，并在时间序列上进行纵向比较，得出结论，上海市第一产业劳动力与第一产业产值比例相关性极弱，第二产业亦是如此，第三产业劳动力与第三产业产值比例相关性较强[②]。杨益民（2007）从"帕累托效率"理论入手，根据"赛尔奎因—钱纳里结构变动模式"的基本思想第一次提出人才结构偏离度计算公式及行业位差排名，选取江苏省1991~2003年的数据，得出虽然江苏的高等教育在中国处于领先地位，但是人才结构与经济发展并不协调，人才供给与需求也不均衡[③]。高子平（2010）借鉴肖黎春与杨益民的研究成果，基于上海市1999~2007年的数据，研究上海市专业技术人员与三次产业结构偏离度并进行不同产业的等级位差排名，对结构偏离度与行业位差排名在时间序列上进行纵向比较，认为低端产业人才过剩与高端领域人才不足并存，人才结构供求不平衡[④]。梁涛等

[①] 李良成，陈欣，郑石明. 科技人才与科技创新协同度测度模型及应用 [J]. 科技进步与对策，2019，36（10）：130-137.

[②] 肖黎春. 上海产业结构和就业结构变动发展趋势及特征分析 [J]. 人力资源研究，2003（3）：84-87.

[③] 杨益民. 人才结构与经济发展协调性分析的指标及应用 [J]. 安徽大学学报（哲学社会科学版），2007（1）：118-123.

[④] 高子平. 人才结构与产业结构协调性研究：以上海市信息产业为例 [J]. 中国行政管理，2010（7）：84-87.

（2011）借鉴肖黎春、杨益民和高子平的研究成果，基于2000~2007年辽宁省的数据，研究辽宁省产业结构与人才结构匹配度与行业位差排名，并与上海市和江苏省进行横向比较，认为辽宁省产业与人才的匹配度不强，人才没有得到充分的配置①。于丹等（2016）借鉴肖黎春、杨益民的研究成果，用黑龙江省2000~2007年的数据对黑龙江省产业结构与人才结构协调性进行测算研究，认为专业技术人员在三大产业之间分布不合理并提出一些对策建议②。诸葛锦元、高毅蓉（2019）以2005~2016年三次产业的就业人数及产值为基础，使用结构偏离度分析了产业结构与人力资源的适配现状，并对产业结构与从业人员进行Pearson相关性检验，结果表明，开封市三次产业结构与人力资源适配度不高③。吴凡和苏佳琳（2020）则采用产业人才结构偏离度公式分析了广西人才结构和产业结构的匹配度关系④。皮江红（2022）通过采用产业人才结构偏离度算法，测算当前浙江制造业人才与产业结构匹配程度⑤。

部分学者对于静态协调适配度测算的研究侧重于静态协调度指标。

李春平（2007）提出用静态协调度表示静态人才分布结构与经济结构的协调程度⑥。张亚宁（2016）年采用李春平提出的静态协调度指标，并对之进行改进，用以分析河北省人才结构与经济发展的匹配程度。由此可以判断河北省经济发展与人才结构的协调程度以及未来的变化趋势，并据此对如何进行调整使区域经济与人才的发展更为协调进行研究⑦。

---

① 梁涛，刘会贞，李乃文. 产业结构与人才结构匹配度实证分析——以辽宁省为例 [J]. 工业技术经济，2011，30（12）：80 - 84.

② 于丹，霍影. 黑龙江省产业结构与人才结构协调性研究 [J]. 科技创业月刊，2013，26（8）：18 - 20.

③ 诸葛锦元，高毅蓉. 开封市人力资源结构与产业结构的协调适配度研究 [J]. 企业改革与管理，2019（3）：207 - 211.

④ 吴凡，苏佳琳. 高质量发展视角下广西人才结构与产业结构匹配性研究 [J]. 广西社会科学，2020（7）：74 - 79.

⑤ 皮江红，朱卫琴. 浙江制造业人才结构与产业结构匹配性研究 [J]. 浙江工业大学学报（社会科学版），2022，21（1）：46 - 53.

⑥ 李春平，葛莹玉. 江苏人才结构与经济增长的协调度分析 [J]. 现代商贸工业，2007，19（12）：4 - 5.

⑦ 张亚宁. 河北省人才结构与产业结构协调发展研究 [J]. 合作经济与科技，2016（3）：16 - 17.

7.1.2.2 关于动态指标的研究

李春平、葛莹玉（2007）认为动态协调度应能反映出经济与人才量上变化的数量关系，并且各种变化能与动态协调度呈对应的关系，选取 1982~2003 年的数据，对江苏省人才结构与经济增长的协调度进行分析[①]。杨华、郭丽芳（2014）借鉴杨益民的结构偏离度模型、李春平等的静态协调度模型和动态协调度模型，对山西省人才行业结构匹配度进行分析[②]。邓淑芬、江涛涛（2018）选取江苏省 2006~2015 年的数据，对江苏省内各个地区的静态偏离度和动态适配度进行测算，在时间序列上进行纵向比较的基础上，将江苏省内不同地市的协调性进行横向比较，以此来分析江苏省物流人才与物流产业协同适配度[③]。

7.1.2.3 关于综合评价体系研究

（1）关于适配度评价（层次分析法和功效函数法相结合的方法）的研究。

关于人才结构与产业结构的协调适配度的研究，大部分学者采用的是适配度评价的综合评价方法，本书称其为功效函数法与层次分析法相结合的方法。

张延平、李明生（2011）基于协同学理论，构建了区域人才结构优化与区域产业结构升级耦合的复合系统，将区域人才结构优化的 4 个时序环节与区域产业结构升级两个导向维度耦合对接提取复合系统序参量，形成协调适配度评价指标体系，采用功效函数法进行测算。以全国 30 个省市区域（除西藏外）为样本进行了协调适配度的实际测评，结果表明，各省市的协调适配度共可分为四种类型，且协调适配等级并不高[④]。张渊（2021）、季莎莎（2016）基于协同学中复合系统的理论基础，将产业结

[①] 李春平，葛莹玉. 江苏人才结构与经济增长的协调度分析 [J]. 现代商贸业，2007，19（12）：4-5.

[②] 杨华，郭丽芳. 经济转型视角下的山西人才结构优化策略分析 [J]. 科技管理研究，2014，34（8）：153-157.

[③] 邓淑芬，江涛涛. 区域物流人才与物流产业协同适配度研究——以江苏为例 [J]. 常州大学学报（社会科学版），2018，19（5）：77-83.

[④] 张延平，李明生. 我国区域人才结构优化与产业结构升级的协调适配度评价研究 [J]. 中国软科学，2011（3）：177-192.

构和人才结构视为经济子系统的两个简单系统，通过建立功效函数——建立适配度函数——确定评价指标权重——适配度等级划分——确定适配度的方法进行量化计算[①]。蔡小慎、马瑞芝（2018）基于协同学理论，构建人才结构与产业结构复合系统，并以此为基础建立评价指标体系和协调适配度测算模型，选取东三省2001~2015年的数据从投入、生成、配置、应用四个环节进行协调适配度测算并进行时间序列纵向对比[②]。刘瑞（2022）构建产业结构升级与人力资源开发适配度评价指标体系，采用适配度评价模型，遵循评价指标体系的确定-建立功效函数-运用层次分析法确定评价指标权重-计算适配度的步骤测算我国2000~2019年产业结构升级与人力资源开发适配[③]。李文强等（2024）以适配理论为基础，构建人才结构与产业结构协调适配的复合系统，将人才结构的四环节与产业结构的优化和升级两个维度对接，形成人才结构与产业结构适配度评价指标体系，采用功效函数法计算人才结构与产业结构适配度。通过对沈阳市2010~2020年的相关评价指标数据查询，并采用熵值法计算评价指标权重值以及加权平均法计算人才结构与产业结构的适配度，本文发现沈阳人才结构与产业结构的动态适配性等级不高[④]。

（2）关于耦合协调度的研究。关于区域人才发展与区域产业发展的研究，学者们多采用耦合协调度的研究。

胡雯、常旭华（2018）基于三类人才结构协同度测算模型的对比分析，通过笛卡尔坐标系结合静态和动态协调度指标，同时采用耦合协调度模型进行对照，实现了产业内部结构与人才结构协同的综合测度，并利用可视化手段研究了上海制造业结构升级和人才结构的协同情况[⑤]。韩楠（2017）在构建区域经济与人才资源耦合协调度评价指标体系的基础上，运用耦合协调度模型对河北省区域经济与人才资源耦合协

[①] 张渊. 辽宁省人才结构与产业结构协调适配度研究[D]. 沈阳：辽宁大学，2021.
季莎莎. 辽宁省产业结构与人才结构的适配度研究[D]. 辽宁工程技术大学，2016（4）.
[②] 蔡小慎，马瑞芝. 东北地区人才结构与产业结构适配关系实证分析[J]. 科技与经济，2018，31（2）：70-74.
[③] 刘瑞. 我国产业结构升级与人力资源开发适配度分析[J]. 当代经济，2022（2）：103-107.
[④] 李文强，王鹤春，刘子宁. 人才结构与产业结构适配度实证分析——以沈阳市为例[J]. 时代经贸，2024（1）.
[⑤] 胡雯，常旭华. 制造业升级视角下的人才结构协同研究——以上海为例[J]. 上海经济，2018（4）：5-16.

调度进行了分析。研究表明，2000～2011 年河北省区域经济与人才资源耦合协调度总体呈上升趋势，但仍处于初步协调阶段。从空间上看，河北省区域经济与人才资源的耦合协调度存在着显著的地域性差异①。高卉杰、李正风等（2017）首先构建科技人才聚集与区域科技创新的耦合协调评价指标体系，并以物理学中耦合的概念为基础构建耦合协调度模型，选取 27 个省市 2015 年的数据进行耦合协调度测算并进行区域横向比较，研究表明我国各省市科技人才聚集与区域科技创新的耦合协调程度普遍较低且分布不均②。张槊槊、张鹏飞、徐子轶（2014）认为海洋产业集聚与海洋科技人才集聚相互影响、相互制约，呈现耦合发展态势。两者相互配合的协调与发展阶段的同步决定了我国海洋经济的总体发展质量与发展的可持续性。以耦合度与耦合协调度为评判指标，通过构建海洋产业集聚与海洋科技人才集聚耦合发展评判模型，定量评估两者的协同发展现状，提出现阶段两大系统的协同发展对策③。王若宇、刘晔、薛德升（2018）采用 AHP 层次分析法构建耦合协调度评价指标体系，并构建耦合协调度测算模型，选取我国 2000 年和 2010 年的数据对我国人才优势度与经济发展进行耦合协调度分析，认为耦合度、协调度在不同区域间的差距较大④。

7.2 山东省制造业人才与产业发展协调适配度模型的构建

7.2.1 建立综合评价指标体系

依据协同学的理论思想可知，复合系统的有序程度，也反映着耦合

---

① 韩楠. 河北省区域经济与人才资源耦合协调度研究 [J]. 经济论坛，2017（3）：20 - 23.
② 高卉杰，李正风，任莎莎，邓大胜. 科技人才聚集与区域科技创新的耦合协调度研究 [J]. 数学的实践与认识，2018，48（12）：109 - 118.
③ 张槊槊，张鹏飞，徐子轶. 海洋产业集聚与海洋科技人才集聚协同发展研究——基于耦合模型构建 [J]. 山东大学学报（哲学社会科学版），2014（6）：118 - 128.
④ 王若宇，刘晔，薛德升. 2000 - 2010 年中国地区人才优势度与经济发展的空间特征及耦合协调度分析 [J]. 热带地理，2018，38（2）：184 - 195.

的两个子系统的协调适配程度。对区域人才发展与产业发展的协调适配程度的测评，可转变为对复合系统的有序度进行测评。

复合系统的有序，需要两个子系统之间的协同，意即协同才会有序。如何促使两个子系统之间的协同，需寻找影响两个子系统之间协同的关键的主导因素，即寻找序参量。序参量是系统相变前后所发生的质的飞跃的最突出的标志，它表示着系统的有序结构和类型，它是所有子系统对协同运动的贡献总和，是子系统介入协同运动程度的集中体现。序参量来源于子系统间的协同合作，同时又起支配子系统的作用。[1]

两个子系统之间协同的最高等级是两个子系统间结构与功能的统一。因此，区域制造业人才与区域制造业发展两个子系统间结构与功能的耦合应从统一角度去提取序参量。具体思路是：制造业科技人才（或技能人才）的人才投入指数和人才产出指数（或人才投入指数与人才储备指数）与区域制造业发展的四类指数耦合对接。具体来讲，区域制造业人才（科技人才、技能人才）投入、产出来对接效益效率、科技创新、绿色生态和社会共享等区域制造业提升、发展的四个角度（见图7-1、图7-2）。

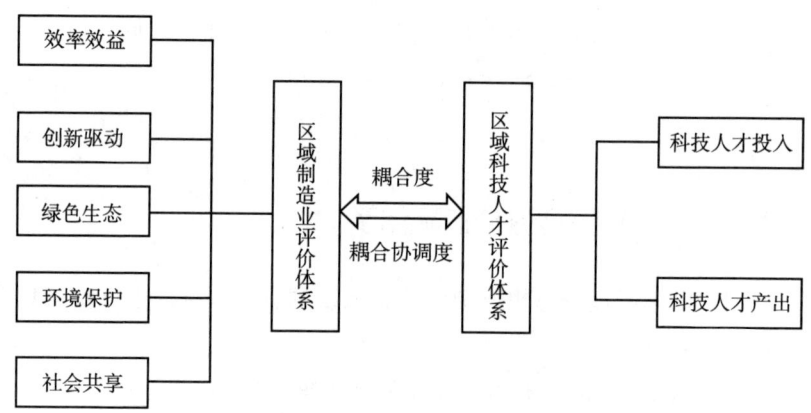

图7-1 区域制造业人才（科技人才）与制造业发展评价指标综合体系

---

[1] 郭治安.协同学入门[M].成都：四川人民出版社，1988：130-133.

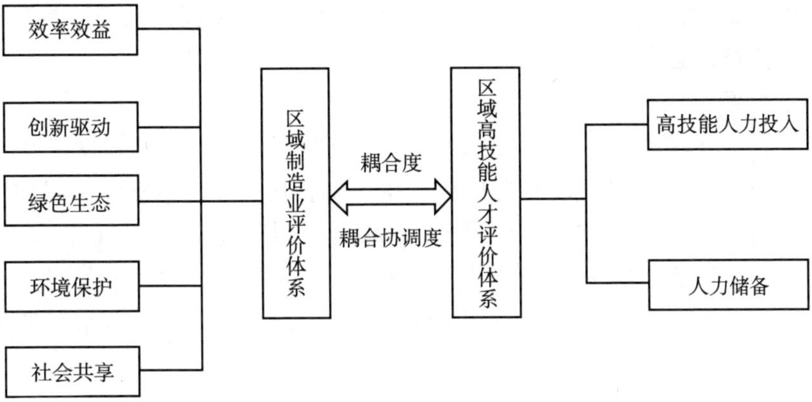

图 7-2　区域制造业人才（技能人才）与制造业发展评价指标综合体系

7.2.2　测评模型比较分析

如本章 7.1 节所述，关于人才与产业发展互动关系的理论研究，为量化测算二者间的协调匹配度提供了依据，总结已有的测量模型主要有以下类型：

7.2.2.1　静态协调适配度模型

静态适配度模型采用的测算指标主要有结构偏离度指标和静态协调度指标。

1. 结构偏离度指标

结构偏离度指标是学界广泛采用的测算指标，最早用于衡量产业结构与就业结构间的变动情况（肖黎春，2003），后用于产业专业人才结构偏离度计算（杨益民，2007；李春平等，2007），杨益民认为地区产业发展与人才结构有着相互制约、相互促进的关系，并在肖黎春提出就业结构偏离度这个概念的基础上，提出了总偏离度的概念。李春平、葛莹玉认为静态协调度是反映人才分布与经济结构的协调性指标，并以此为基点构建了静态协调度的模型。产业人才结构偏离度越接近零，则专业人才结构越适应产业发展需求，反之则表明两者间不协调。同理，总偏离系数越接近零越好（刘智，2015；王萍，2013；张宇洁等，2012；于丹等，2016；诸葛锦元等，2019；吴凡等，2020；皮江红，2022）。产业人才结构偏离度可以较好地测度山东省制造业人才与制造业在数据比重方面的静态差异，本书使用产业人才结构偏离度指标来测算两个子系统的静态适配度。

2. 静态协调度指标

静态协调度表示静态人才分布结构与经济结构的协调程度（李春平，2007）。静态协调度指标以劳动生产率替代总产值指标，采用均值化后的人才比和劳动生产率指标相减，得到静态协调度（李春平，2007；张亚宁，2016）。张亚宁（2016）年采用李春平提出的静态协调度指标，并对之进行改进，用以分析河北省人才结构与经济发展的匹配程度。

7.2.2.2 动态协调适配度模型

动态协调度应该能够反映出经济和人才量上变化的数量关系，并且各种变化与动态协调度呈现出对应的关系（李春平等，2007；杨华等，2014；邓淑芬等，2018）。尽管静态偏离度函数能够从总量的角度来比较山东省制造业人才和山东省制造业的异步发展状态，但无法完全得知山东省制造业人才和山东省制造业两个系统中，其中一个系统发生变动时，另一个系统所能做出的适应性调整程度，即无法衡量山东省制造业人才与山东省制造业的协同变动效率。因此，本书在测算两个子系统静态适配度的基础上，进一步测算了动态协调度。

7.2.2.3 综合协调适配度模型

通过建立综合评价体系开展人才结构与产业结构、人才发展与产业发展协同度测算的方式比较普遍。综合协调适配度模型通常采用适配度评价方法和耦合协调度评价方法。

1. 适配度评价方法，即层次分析法与功效函数法相结合的方法

关于人才结构与产业结构的协调适配度的研究，大部分学者采用的是综合评价方法。

该方法基于协同学理论，构建了区域人才结构优化与区域产业结构升级耦合的复合系统，将区域人才结构优化的4个时序环节与区域产业结构升级两个导向维度耦合对接提取复合系统序参量，形成协调适配度评价指标体系，采用功效函数法进行测算（张延平，2011；张渊，2021；季莎莎，2016；蔡小慎等，2018；刘瑞，2022；李文强等，2024）。

2. 耦合协调度

关于区域人才发展与区域产业发展的研究，学者们多采用耦合协调度的研究方法（韩楠，2017；高卉杰等，2017；张樨樨等，2014），张樨樨等（2014）认为海洋产业集聚与海洋科技人才集聚相互影响、相互制约，呈现耦合发展态势。两者相互配合的协调与发展阶段的同步决定了我国海洋经济的总体发展质量与发展的可持续性。以耦合度与耦合协调度为评判指标，通过构建海洋产业集聚与海洋科技人才集聚耦合发展评判模型，定量评估两者的协同发展现状，提出现阶段两大系统的协同发展对策。本书旨在探讨山东省制造业人才与山东省制造业发展两个子系统之间的相互影响、相互作用。因此，在测算两个子系统静态适配度、动态协调度的基础上，进行耦合协调度的分析。

静态协调适配度模型、动态协调适配度模型、综合协调适配度模型各具优势、劣势和适用条件（见表7-1）。

表7-1　　各类协调适配度测算模型的比较

类型	指标或方法	优势	劣势	适用
静态协调适配度	结构偏离度	计算过程简便，数据可获得性好，测算结果便于理解，可操作性强	无法衡量两子系统的动态协调关系	静态研究
	静态协调度		缺乏对动态指标的综合考察	静态研究
动态协调适配度	动态协调度	数据可获得性好，可操作性强	缺乏对静态指标的综合考察	动态研究
综合协调适配度	适配度评价法	多指标评价，匹配要素多样化，评判标准明确	对数据要求较高，易受到统计口径制约，模型计算复杂；对评价指标构建要求高	人才结构与产业结构，相互作用
	耦合协调度			人才发展与产业发展，相互作用

资料来源：胡雯，常旭华. 制造业升级视角下的人才结构协同研究——以上海为例[J]. 上海经济，2018（4）：5-16. 作者进一步自行修改整理。

7.2.3　测评模型和方法的确定

为了达到客观、全面评测的目的，我们通过三个方面来测算山东省制造业人才子系统和制造业子系统之间的关系，即静态适配度、动态适配度以及耦合协调度。

山东省制造业人才与制造业发展状况相匹配才能促进山东省经济发展。为了测度相对微观的两个子系统的协同适配度水平，需要构建由"静态偏离度函数"和"动态适配度函数"两个函数所构成的协同适配度测度模型。静态偏离度函数可以较好地测度山东省制造业人才与山东省制造业在数据比重方面的静态差异。而动态适配度函数则可以看到随着产业的发展，制造业人才对于产业发展的自适应程度与敏感程度，用动态适配度来测算山东省制造业人才和山东省制造业的协同变动效率。

如前所述，耦合源自物理学概念，是指两个或两个以上系统或运动形式通过各种相互作用而彼此影响的现象，其反映了各子系统相互促进、相互协调、相互依赖的动态关系。若系统之间或系统内部要素间协同合作、互惠互利，称为良性耦合；反之，彼此摩擦、相互掣肘，则为恶性耦合[①]。山东省制造业发展与制造业人才之间同样存在相互协调、彼此依存的耦合关系。一方面，制造业人才是制造业发展的"第一资源"，是制造业可持续发展的决定性因素；另一方面，制造业人才的开发又依托制造业发展所提供充沛的物质投入作为保障，否则无法形成制造业人才可持续发展的形势。只有当制造业人才与制造业发展达成相互协调、良性互动的关系，才能推动制造业持续、健康的发展。耦合度是用来量化系统或要素间相互作用程度的强弱，而协调是系统或要素间协调配合、良性循环的关系。

7.2.3.1 静态适配度函数模型

$$D_i = \frac{P_i}{W_i} - 1$$

其中，D_i 为第 i 年山东省制造业人才与制造业在数据比重方面的静态偏离度。P_i 为第 i 年山东省制造业产值占山东省总产值的比重。W_i 为第 i 年山东省制造业人才数量占山东省人才数量的比重。静态偏离度的绝对值越接近0，表明山东省制造业人才与制造业越匹配；静态偏离

---

① 顾惊雷. 区域经济与人力资源耦合协调发展分析——以"一带一路"18省市为例[J]. 华侨大学学报（哲学社会科学版），2016（6）：35-43.

度的绝对值越接近1，表明山东省制造业人才与制造业偏离程度越大。当静态偏离度大于0时，表示山东省制造业产值占比高于制造业人才占比，即产业比重大于人才比重。这说明山东省制造业可以容纳更多的人才，可以通过增加制造业人才数量来缩小制造业人才与制造业发展之间的差距。当静态偏离度小于0时，表示山东省制造业产值占比低于制造业人才占比，即产业比重小于人才比重。这说明山东省制造业人才出现冗余，存在一定的潜在失业人员，这部分人才应当去其他地区或者转入其他行业以提高制造业与制造业人才之间的协调性。

静态偏离度无法衡量人才与产业的协同变化效果，即当一方变动时，另一方随着时间的推移所能做出的适应性调整程度。为此，我们从协同的角度出发，定义了"动态适配度函数"C_{p-w}。

7.2.3.2 动态适配度函数模型

$$C_{p-w} = \frac{\sum_{i=1}^{n} P_i \cdot W_i}{\sqrt{\sum_{i=1}^{n} P_i^2 \cdot \sum_{i=1}^{n} W_i^2}}$$

其中，n 表示计算的时间跨度，且 $0 \leq C_{p-w} \leq 1$。C_{p-w} 的值越接近1，说明制造业人才与制造业之间有良好的动态协调适配属性，即制造业人才能够敏锐地捕捉并适应到制造业的发展。

7.2.3.3 耦合协调度

运用时间序列数据，构建区域制造业人才与区域制造业两大系统耦合评价指标体系，测算耦合度与耦合协调度模型，旨在对二者整体协同发展现状及态势进行全面量化考量。

根据第5章、第6章所构建的评价指标体系，可对山东省制造业人才与制造业这两个子系统进行协调适配度计算。具体计算主要分为四个步骤：功效函数的建立、评价指标权重的确立、构建综合评价函数、耦合度模型、耦合协调度模型、耦合发展类型评判标准与类型划分。

1. 功效函数的建立

复杂系统中各项指标都有明确的发展目标值，把每个指标的实际值与目标值通过某种转化关系得到的结果就能够反映该指标在系统中的作用或者功效，这个结果称之为指标的功效系数，用 E_i 表示，要求 E_i 介于 $0\sim1$ 之间，$i=1,2\cdots m$，用于描述 E_i 的关系式被称为功效函数，用 $E_i=F(C_i)$ 表示，C_i 为序参量评价指标。一般来讲，在最优状况下，$E_i=1$，在最差情况下，$E_i=0$。根据协同学理论，当一个母系统处于稳定有序状态时，函数应呈现出线性关系，此时系统稳定的临界点就是函数的极值点。因此，建立功效函数为：

$$E(C_i)=\begin{cases}(X_i-\beta_i)/(\alpha_i-\beta_i),&(\beta_i\leqslant X_i\leqslant\alpha_i),\ E(C_i)\text{具有正功效时}\\(\alpha_i-X_i)/(\alpha_i-\beta_i),&(\beta_i\leqslant X_i\leqslant\alpha_i),\ E(C_i)\text{具有负功效时}\end{cases}$$

其中，X_i 为序参量评价指标，C_i 为实际取值，α_i、β_i 为 X_i 的极值。根据公式进行功效值计算时，要先确定上限及下限的标准。本文将山东省各指标的最大值上调 10% 作为极大值，最小值下调 10% 作为极小值。

2. 评价指标权重的确立

本章采用客观赋权中的熵值赋权法来确定各项评价指标的权重。运用熵值法进行权重确定的步骤是：

设有 n 个观测值，m 个评价指标，则 X_{ij} 为第 i 个观测值的第 j 个观测指标（$i=1,2,\cdots,n;j=1,2,\cdots,m$）。对于某项指标 X_j，X_{ij} 的差距越大，说明该指标在评价中的作用越大；相反，如果某项指标的观测值全部一致，那么该指标在评价中不起任何作用。

第一步：将各指标同度量化，计算第 j 项指标下第 i 方案指标值的比重 P_{ij}：

$$P_{ij}=X_{ij}/\sum_{i=1}^{n}X_{ij}\quad(i=1,2,\cdots,n;j=1,2,\cdots,m)$$

其中，P_{ij} 表示 X_{ij} 的比重值，X_{ij} 为初始值。

第二步：计算第 j 项指标的熵值 e_j：

$$e_j=-k\sum_{i=1}^{n}P_{ij}\times\ln P_{ij}$$

其中，$k>0$，ln 为自然对数，$e_j\geqslant0$。如果 X_{ij} 对于给定的 j 全部相等，那么 $P_{ij}=\dfrac{1}{n}$，此时，e_j 取到极大值，即 $e_j=k\ln n$。这里，设 $k=\dfrac{1}{\ln n}$，故 $0\leqslant e_j\leqslant1$。

第三步：计算指标 j 的差异性指数：

对于给定的 j，X_j 的差异越小，e_j 的值也就越大，当 X_j 的值全部相等时，e_j 取得最大值 1，此时指标 X_j 毫无作用；当 X_j 的观测值差异越大时，e_j 的值越小，指标 X_j 的作用越大。定义差异性系数为：

$$g_j = e_j - 1$$

由此可知，g_j 的越大，指标 X_j 所起的作用也就越大。

第四步：指标 X_j 的权重确定：

$$a_j = \frac{g_j}{\sum_{j=1}^{m} g_j}, (j = 1, 2, \cdots, m)$$

3. 构建综合评价函数

山东省制造业人才综合评价函数 $z(x)$ 和制造业综合评价函数 $h(y)$ 由指标加权求和表示。

山东省制造业人才综合评价函数：$z(x) = \sum_{i=1}^{n} a_i x_i$

i 为人才集聚系统指标的数目，a_i 为第 i 个指标权重，x_i 表示第 i 个人才集聚系统指标的标准化值。计算出的值越高，表明人才状况越好。

同理，建立山东省制造业发展综合评价函数：

$$h(y) = \sum_{i=1}^{n} a_j y_i$$

计算出的值越高，表明产业状况越好。

4. 耦合度模型

对不同含义、不同量纲的数据直接比较大小没有意义，而变异系数是一个比值，反映两组观测值的变异程度或离散程度，能够消除量纲的影响。山东省制造业人才和制造业是两个不同的系统，因此，本章选用变异系数来表示山东省制造业人才与制造业发展的耦合度是可取的。变异系数越小，协调程度越高；反之，越低。

变异系数 $c^* = \frac{2S}{z(x) + h(y)} = 2 * \sqrt{1 - \frac{z(x)h(y)}{\left[\frac{(z(x) + h(y))}{2}\right]^2}}$，S 为

$z(x)$ 与 $h(y)$ 的协方差。因为 c^* 越小越好，c^* 取极小值的充要条件是 $\frac{z(x)h(y)}{\left[\frac{(z(x) + h(y))}{2}\right]^2}$ 取极大值。因此，得出山东省制造业人才和制造业的

耦合度公式：$c = \left[\dfrac{z(x)h(y)}{\left[\dfrac{(z(x)+h(y))}{2}\right]^2}\right]^k$。C 为耦合度，一般 $2 \leq k \leq 5$ 为调节系数，本章取 5。C 反映出山东省制造业人才和制造业协调程度，显然，C 的取值范围在 0~1 之间，数值越大，耦合度越好。

5. 耦合协调度模型

一般情况下，耦合度 C 能够较好地反映出制造业人才与制造业发展两个系统的协调程度。当一个区域的制造业人才与制造业发展都在高水平协调，另一个区域都在低水平协调，运用耦合度模型则显示出两个区域耦合度相当，此时就不能科学反映出制造业人才与制造业发展的高低。为了弥补这一不足，需要进一步构建制造业人才与制造业发展的耦合协调制度。

耦合协调度公式：$R = \sqrt{C*P}$，其中 R 为耦合协调度，C 为耦合度，P 为山东省制造业人才和制造业的综合评价指数。$P = \alpha z(x) + \beta h(y)$，$\alpha = \beta = 0.5$。R 越大，表明制造业人才与制造业发展总体发展水平越高，两者耦合程度越和谐。

6. 耦合发展类型评判标准与类型划分

在两大系统耦合发展评判标准的划分中，既要充分考虑山东省制造业的发展，也要考虑制造业人才的合理有序发展。因此，首先以耦合协调度为标准进行水平分类，进而结合 h(y) 与 z(x) 的比值，划分两大系统耦合发展的具体类型（见表 7-2）。

表 7-2　　　　　　两子系统耦合评判标准

耦合协调度 R	水平分类	h(y) 与 z(x) 比值	耦合发展类型
0.4 > R	严重失调衰退	h(y)/z(x) > 1.2	严重失调衰退制造业科技人才损益型
		0.8 ≤ h(y)/z(x) ≤ 1.2	严重失调衰退拮抗型
		h(y)/z(x) < 0.8	严重失调衰退制造业产业损益型
0.4 ≤ R < 0.5	中度失调衰退	h(y)/z(x) > 1.2	中度失调衰退制造业科技人才损益型
		0.8 ≤ h(y)/z(x) ≤ 1.2	中度失调衰退拮抗型
		h(y)/z(x) < 0.8	中度失调衰退制造业产业损益型

续表

耦合协调度 R	水平分类	h(y)与z(x)比值	耦合发展类型
$0.5 \leq R < 0.6$	轻度失调发展	$h(y)/z(x) > 1.2$	轻度失调发展制造业科技人才损益型
		$0.8 \leq h(y)/z(x) \leq 1.2$	轻度失调发展磨合型
		$h(y)/z(x) < 0.8$	轻度失调发展制造业产业滞后型
$0.6 \leq R < 0.7$	初级协调发展	$h(y)/z(x) > 1.2$	初级协调发展制造业科技人才滞后型
		$0.8 \leq h(y)/z(x) \leq 1.2$	初级协调发展同步型
		$h(y)/z(x) < 0.8$	初级协调发展制造业产业滞后型
$0.7 \leq R < 0.8$	中级协调发展	$h(y)/z(x) > 1.2$	中级协调发展制造业产业主导型
		$0.8 \leq h(y)/z(x) \leq 1.2$	中级协调发展同步型
		$h(y)/z(x) < 0.8$	中级协调发展制造业科技人才主导型
$0.8 \leq R < 0.9$	良好协调发展	$h(y)/z(x) > 1.2$	良好协调发展制造业产业主导型
		$0.8 \leq h(y)/z(x) \leq 1.2$	良好协调发展同步型
		$h(y)/z(x) < 0.8$	良好协调发展制造业科技人才主导型
$0.9 \leq R \leq 1$	优质协调发展	$h(y)/z(x) > 1.2$	优质协调发展制造业产业主导型
		$0.8 \leq h(y)/z(x) \leq 1.2$	优质协调发展同步型
		$h(y)/z(x) < 0.8$	优质协调发展制造业科技人才主导型

7.3 山东省制造业人才与产业发展协调适配度模型的应用（实证分析）

7.3.1 山东省制造业科技人才与产业发展协调适配度的实证分析

如第5章、第6章所述，我们已经构建了山东省制造业评价指标体系和山东省制造业科技人才评价指标体系，为了更好地进行协调匹配度分析，本章在上述指标体系的基础上，构建山东省制造业科技人才与制造业发展协调适配度评价指标体系（见表7-3）。

表 7-3 　　　科技人才与制造业协调匹配度评价指标体系

一级指标	二级指标	三级指标	四级指标	五级指标	单位	方向
科技人才评价和制造业评价	制造业评价	A1 效率效益	B1 产值	C1 制造业增加值增长率	%	正向
			B2 利润	C2 制造业人均利润率	万元/人	正向
				C3 制造业成本费用利润率	%	正向
			B3 效率	C4 制造业全员劳动生产率	万元/人	正向
				C5 制造业流动资产周转率	次/年	正向
			B4 市场	C6 制造业营业收入增长率	%	正向
			B5 结构	C7 制造业增加值占规模以上工业比重	%	正向
		A2 创新驱动	B6 创新资源	C8 制造业 R&D 经费投入强度	%	正向
				C9 制造业新产品开发投入强度	%	正向
			B7 创新产出	C10 制造业拥有发明专利数	件	正向
				C11 制造业每亿元营业收入拥有发明专利数	件	正向
			B8 创新绩效	C12 制造业新产品销售收入占营业收入比重	%	正向
				C13 制造业人均新产品产出率	万元/人	正向
		A3 绿色生态	B9 能源消耗	C14 单位产值能源消耗量	吨标准煤/万元	负向
				C15 规模以上工业万元增加值能耗下降幅度	%	正向
			B10 煤炭消耗	C16 煤炭消耗占比	%	负向
			B11 电力消耗	C17 单位产值电力消耗量	千瓦时/元	负向
			B12 用水	C18 单位产值用水量下降幅度	%	正向
		A4 环境保护	B13 废水	C19 单位产值废水排放量	吨/万元	负向
			B14 固体废物	C20 固体废物综合利用率	%	正向

续表

一级指标	二级指标	三级指标	四级指标	五级指标	单位	方向
科技人才评价和制造业评价	制造业评价	A5 社会共享	B15 就业	C21 制造业就业人数占总就业人数比重	%	正向
			B16 收入	C22 制造业在岗职工年均收入	元/人/年	正向
	科技人才评价	A1 人才投入	B1 基础规模	C1 每万名从业人员中 R&D 人员数	人	正向
				C2 R&D 机构数	个	正向
				C3 制造业 R&D 经费增长率	%	正向
			B2 质量结构	C4 本年度参加 R&D 项目人员占比	%	正向
				C5 制造业 R&D 人力投入强度	%	正向
		A2 人才产出	B3 科技成果	C6 制造业 R&D 人员人均拥有发明专利数	件/人	正向
				C7 省级重要科技成果数	项	正向
				C8 国家级科技成果奖励数	项	正向
			B4 转化扩散	C9 制造业新产品研发投入转化率	%	正向
				C10 制造业 R&D 人员新产品产出率	万元/人	正向

7.3.1.1 数据的来源与提取

本章数据来源与提取见第 5 章、第 6 章。

根据各评价指标的计算公式，计算出各指标的原始数据，如表 7-4 所示。

7.3.1.2 数据的预处理

考虑到消除不同量纲和数量级的影响，本研究用功效函数对变量进行标准化处理，计算出功效值，如表 7-5 所示。

7.3.1.3 计算指标的权重

本文采用熵权法确定指标权重。熵权法是一种客观的权重计算方法，通过指标熵值提供信息量的大小来确定指标的相对重要程度，进而确定指标权重。各指标权重如表 7-6 所示。

表7-4 科技人才与制造业协调匹配度指标原始数据

一级指标	二级指标	三级指标	四级指标	五级指标	单位	方向	2018年	2019年	2020年	2021年	2022年	2023年
科技人才评价和制造业评价	制造业评价	A1 效率效益	B1 产值	C1 制造业增加值增长率	%	正向	5.10	0.30	5.70	10.10	2.90	7.80
			B2 利润	C2 制造业人均利润率	万元/人	正向	7.15	6.21	8.41	10.15	7.93	8.98
				C3 制造业成本费用利润率	%	正向	5.79	4.25	5.43	5.71	4.31	4.90
			B3 效率	C4 制造业全员劳动生产率	万元/人	正向	135.38	154	164.14	189.5	193.98	193.63
				C5 制造业流动资产周转率	次/年	正向	1.79	1.68	1.67	1.8	1.71	1.7
			B4 市场	C6 制造业营业收入增长率	%	正向	5.30	-11	5	19	3	6
			B5 结构	C7 制造业增加值占规模以上工业比重	%	正向	87.30	84.90	83.40	83.30	83.10	83.60
		A2 创新驱动	B6 创新资源	C8 制造业R&D经费投入强度	%	正向	1.60	1.58	1.70	1.63	1.74	1.79
				C9 制造业新产品开发投入强度	%	正向	1.32	1.39	1.57	1.83	2.05	2.36
			B7 创新产出	C10 制造业拥有发明专利数	件	正向	19986	18387	17307	22209	27157	33915
				C11 制造业每亿元营收人拥有发明专利数	件	正向	0.24	0.25	0.22	0.24	0.28	0.33
			B8 创新绩效	C12 制造业新产品销售收入占营业收入比重	%	正向	17.65	17.88	21.60	29.28	38.95	45.15
				C13 制造业人均新产品产出率	万元/人	正向	23.9	27.54	35.46	55.49	75.56	87.43

续表

一级指标	二级指标	三级指标	四级指标	五级指标	单位	方向	2018年	2019年	2020年	2021年	2022年	2023年
科技人才评价和制造业评价	制造业评价	A3 绿色生态	B9 能源消耗	C14 单位产值能源消耗量	吨标准煤/万元	负向	1.38	1.36	1.46	1.3	1.31	1.39
				C15 规模以上工业万元增加值能耗下降幅度	%	正向	-5.35	-1.16	-6.86	-8.30	-7.80	-5.25
			B10 煤炭消耗	C16 煤炭消耗占比	%	负向	94.60	96.25	80.42	77.93	73.60	67.77
			B11 电力消耗	C17 单位产值电力消耗量	千瓦时/元	负向	0.23	0.23	0.23	0.21	0.2	0.2
			B12 用水	C18 单位产值用水量下降幅度	%	正向	-30	-1	-1	12	4	-2
		A4 环境保护	B13 废水	C19 单位产值废水排放量	吨/万元	负向	6.41	6.27	5.8	4.91	4.63	4.47
			B14 固体废物	C20 固体废弃物综合利用率	%	正向	79.45	78.53	78.48	79.37	77.86	78.79
		A5 社会共享	B15 就业	C21 制造业就业人数占总就业人数比重	%	正向	21.35	21.11	4.96	5.05	5.13	4.87
			B16 收入	C22 制造业在岗职工年均收入	元/人/年	正向	63248	69346	64928.5	70127	73083	79965

续表

一级指标	二级指标	三级指标	四级指标	五级指标	单位	方向	2018年	2019年	2020年	2021年	2022年	2023年
科技人才评价和制造业评价	科技人才评价	A1 人才投入	B1 基础规模	C1 每万名从业人员中R&D人员数	人	正向	278.41	227.99	1312.54	1802.7	1981.76	2067
				C2 R&D机构数	个	正向	7780	6942	11247	15175	17264	13427
				C3 制造业R&D经费增长率	%	正向	-9	-13	14	14	9	9
			B2 质量结构	C4 本年度参加R&D项目人员占比	%	正向	91.69	91.64	90.83	93.15	93	95.23
				C5 制造业R&D人力投入强度	%	正向	3.62	3.91	5.11	6.74	7.56	7.98
		A2 人才产出	B3 科技成果	C6 制造业R&D人员人均拥有发明专利数	件/人	正向	0.05	0.06	0.05	0.04	0.05	0.06
				C7 省级重要科技成果数	项	正向	1791	2552	2342	2908	3075	3529
				C8 国家级科技成果奖励数	项	正向	25	32	31	10	11	35
			B4 转化扩散	C9 制造业新产品研发投入转化率	%	正向	7.49	7.77	7.27	6.24	5.27	5.23
				C10 制造业R&D人员新产品产出率	万元/人	正向	404.44	462.6	473.25	549.18	690.52	853.96

第7章 山东省制造业人才与制造业协调适配度模型的构建与应用

表7-5 科技人才与制造业协调匹配度指标标准化数据

一级指标	二级指标	四级指标	五级指标	单位	方向	2018年	2019年	2020年	2021年	2022年	2023年
科技人才评价和制造业评价	制造业评价	B1 产值	C1 制造业增加值增长率	%	正向	0.4898	0.0000	0.5510	1.0000	0.2653	0.7653
		B2 利润	C2 制造业人均利润率	万元/人	正向	0.2386	0.0000	0.5584	1.0000	0.4365	0.7030
			C3 制造业成本费用利润率	%	正向	1.0000	0.0000	0.7662	0.9481	0.0390	0.4221
		B3 效率	C4 制造业全员劳动生产率	万元/人	正向	0.0000	0.3177	0.4908	0.9235	1.0000	0.9940
			C5 制造业流动资产周转率	次/年	正向	0.9231	0.0769	0.0000	1.0000	0.3077	0.2308
		B4 市场	C6 制造业营业收入增长率	%	正向	0.5433	0.0000	0.5333	1.0000	0.4667	0.5667
		B5 结构	C7 制造业增加值占规模以上工业比重	%	正向	1.0000	0.4286	0.0714	0.0476	0.0000	0.1190
	A2 创新驱动	B6 创新资源	C8 制造业R&D经费投入强度	%	正向	0.0952	0.0000	0.5714	0.2381	0.7619	1.0000
			C9 制造业新产品开发投入强度	%	正向	0.0000	0.0673	0.2404	0.4904	0.7019	1.0000
		B7 创新产出	C10 制造业拥有发明专利数	件	正向	0.1613	0.0650	0.0000	0.2952	0.5931	1.0000
			C11 制造业每亿元营业收入拥有发明专利数	件	正向	0.1818	0.2727	0.0000	0.1818	0.5455	1.0000
		B8 创新绩效	C12 制造业新产品销售收入占营业收入比重	%	正向	0.0000	0.0084	0.1436	0.4229	0.7745	1.0000
			C13 制造业人均新产品产出率	万元/人	正向	0.0000	0.0573	0.1820	0.4972	0.8132	1.0000

续表

一级指标	二级指标	三级指标	四级指标	五级指标	单位	方向	2018年	2019年	2020年	2021年	2022年	2023年
科技人才评价和制造业评价	制造业评价	A3 绿色生态	B9 能源消耗	C14 单位产值能源消耗量	吨标准煤/万元	负向	0.5000	0.6250	0.0000	1.0000	0.9375	0.4375
				C15 规模以上工业万元增加值能耗下降幅度	%	正向	0.4132	1.0000	0.2017	0.0000	0.0700	0.4272
			B10 煤炭消耗	C16 煤炭消耗占比	%	负向	0.0579	0.0000	0.5558	0.6433	0.7953	1.0000
			B11 电力消耗	C17 单位产值电力消耗量	千瓦时/元	负向	0.0000	0.0000	0.0000	0.6667	1.0000	1.0000
			B12 用水	C18 单位产值用水量下降幅度	%	正向	0.0000	0.6905	0.6905	1.0000	0.8095	0.6667
		A4 环境保护	B13 废水	C19 单位产值废水排放量	吨/万元	负向	0.0000	0.0722	0.3144	0.7732	0.9175	1.0000
			B14 固体废物	C20 固体废物综合利用率	%	正向	1.0000	0.4214	0.3899	0.9497	0.0000	0.5849
		A5 社会共享	B15 就业	C21 制造业就业人数占总就业人数比重	%	正向	1.0000	0.9854	0.0055	0.0109	0.0158	0.0000
			B16 收入	C22 制造业在岗职工年均收入	元/人/年	正向	0.0000	0.3648	0.1005	0.4115	0.5883	1.0000

续表

一级指标	二级指标	三级指标	四级指标	五级指标	单位	方向	2018年	2019年	2020年	2021年	2022年	2023年
科技人才评价和制造业评价	科技人才评价	A1 人才投入	B1 基础规模	C1 每万名从业人员中R&D人员数	人	正向	0.0274	0.0000	0.5897	0.8563	0.9536	1.0000
				C2 R&D机构数	个	正向	0.0812	0.0000	0.4171	0.7976	1.0000	0.6283
				C3 制造业R&D经费增长率	%	正向	0.1481	0.0000	1.0000	1.0000	0.8148	0.8148
			B2 质量结构	C4 本年度参加R&D项目人员占比	%	正向	0.1955	0.1841	0.0000	0.5273	0.4932	1.0000
				C5 制造业R&D人力投入强度	%	正向	0.0000	0.0665	0.3417	0.7156	0.9037	1.0000
		A2 人才产出	B3 科技成果	C6 制造业R&D人员人均拥有发明专利数	件/人	正向	0.5000	1.0000	0.5000	0.0000	0.5000	1.0000
				C7 省级重要科技成果数	项	正向	0.0000	0.4379	0.3170	0.6427	0.7388	1.0000
				C8 国家级科技成果奖励数	项	正向	0.6000	0.8800	0.8400	0.0000	0.0400	1.0000
			B4 转化扩散	C9 制造业新产品研发投入转化率	%	正向	0.8898	1.0000	0.8031	0.3976	0.0157	0.0000
				C10 制造业R&D人员新产品产出率	万元/人	正向	0.0000	0.1294	0.1531	0.3220	0.6364	1.0000

表 7-6 科技人才与制造业协调匹配度指标权重

一级指标	二级指标	三级指标	四级指标	五级指标	单位	方向	熵值	权重
科技人才评价和制造业评价	制造业评价	A1 效率效益	B1 产值	C1 制造业增加值增长率	%	正向	0.8615	0.0286
			B2 利润	C2 制造业人均利润率	万元/人	正向	0.8554	0.0298
				C3 制造业成本费用利润率	%	正向	0.7905	0.0432
			B3 效率	C4 制造业全员劳动生产率	万元/人	正向	0.8622	0.0285
				C5 制造业流动资产周转率	次/年	正向	0.7521	0.0512
			B4 市场	C6 制造业营业收入增长率	%	正向	0.8843	0.0239
			B5 结构	C7 制造业增加值占规模以上工业比重	%	正向	0.6379	0.0747
		A2 创新驱动	B6 创新资源	C8 制造业 R&D 经费投入强度	%	正向	0.7919	0.0429
				C9 制造业新产品开发投入强度	%	正向	0.7795	0.0455
			B7 创新产出	C10 制造业拥有发明专利数	件	正向	0.7415	0.0534
				C11 制造业每亿元营业收入拥有发明专利数	件	正向	0.7874	0.0439
			B8 创新绩效	C12 制造业新产品销售收入占营业收入比重	%	正向	0.7109	0.0597
				C13 制造业新产品人均产品产出率	万元/人	正向	0.7575	0.0500
		A3 绿色生态	B9 能源消耗	C14 单位产值能源消耗量	吨标准煤/万元	负向	0.8778	0.0252
				C15 规模以上工业万元增加值能耗下降幅度	%	正向	0.7650	0.0485
			B10 煤炭消耗	C16 煤炭消耗占比	%	负向	0.8118	0.0388
			B11 电力消耗	C17 单位产值电力消耗量	千瓦时/元	负向	0.6381	0.0747
			B12 用水	C18 单位产值用水量下降幅度	%	正向	0.8991	0.0208

第7章　山东省制造业人才与制造业协调适配度模型的构建与应用

续表

一级指标	二级指标	三级指标	四级指标	五级指标	单位	方向	熵值	权重
科技人才评价和制造业评价	制造业评价	A4 环境保护	B13 废水	C19 单位产值废水排放量	吨/万元	负向	0.7925	0.0428
			B14 固体废物	C20 固体废物综合利用率	%	正向	0.8665	0.0276
		A5 社会共享	B15 就业	C21 制造业就业人数占总就业人数比重	%	正向	0.4834	0.1066
			B16 收入	C22 制造业在岗职工年均收入	元/人/年	正向	0.8084	0.0395
	科技人才评价	A1 人才投入	B1 基础规模	C1 每万名从业人员中R&D人员数	人	正向	0.7972	0.1097
				C2 R&D机构数	个	正向	0.8116	0.1019
			B2 质量结构	C3 制造业R&D经费增长率	%	正向	0.8430	0.0849
				C4 本年度参加R&D项目人员占比	%	正向	0.8106	0.1024
				C5 制造业R&D人力投入强度	%	正向	0.7947	0.1110
		A2 人才产出	B3 科技成果	C6 制造业R&D人员人均拥有发明专利数	件/人	正向	0.8742	0.0680
				C7 省级重要科技成果数	项	正向	0.8679	0.0714
				C8 国家级科技成果奖励数	项	正向	0.8053	0.1053
			B4 转化扩散	C9 制造业新产品研发投入转化率	%	正向	0.7771	0.1206
				C10 制造业R&D人员新产品产出率	万元/人	正向	0.7694	0.1247

7.3.1.4 实证分析

通过前面第 7 章 7.2 节，7.3 节所述耦合度和耦合协调度计算公式以及标准化数据，计算得出科技人才综合评价指数 z(x)、制造业综合评价指数 h(y)、耦合度 C、耦合协调度 R 及耦合发展类型，如表 7-7 所示。

表 7-7　　　　科技人才与制造业耦合类型一览表

年份	科技人才综合评价指数 z(x)	制造业综合评价指数 h(y)	耦合度 C	耦合协调度 R	h(y)/z(x)	耦合发展类型
2018	0.1226	0.0867	0.9852	0.3211	0.7072	严重失调衰退制造业产业损益型
2019	0.1745	0.0539	0.8494	0.3114	0.3091	严重失调衰退制造业产业损益型
2020	0.2452	0.0549	0.7732	0.3406	0.2239	严重失调衰退制造业产业损益型
2021	0.2664	0.1205	0.9262	0.4233	0.4523	中度失调衰退制造业产业损益型
2022	0.3019	0.1205	0.9030	0.4367	0.3990	中度失调衰退制造业产业损益型
2023	0.4138	0.1649	0.9028	0.5111	0.3986	轻度失调发展制造业产业滞后型

根据表 7-7 绘制出科技人才与制造业耦合趋势，如图 7-3 所示。

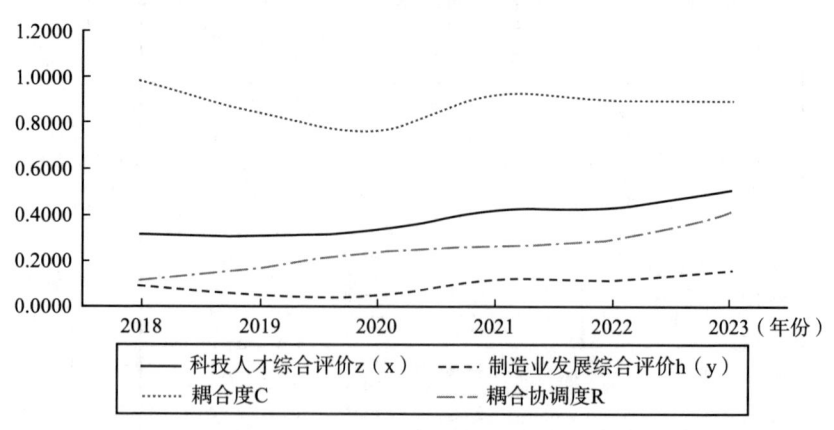

图 7-3　科技人才与制造业耦合趋势

1. 综合评价指数分析

由表 7-7 和图 7-3 可以看到，科技人才综合评价指数从 2018 年的 0.1226 逐年上升至 2023 年的 0.4138，呈现出显著的增长趋势。这一增长表明科技人才的发展状况在持续改善，可能得益于政策支持、教育投入的增加以及人才引进力度的加大。科技人才作为创新驱动发展的核心要素，其综合评价指数的提升反映了山东省在科技人才培养和引进方面取得的积极成效。

从表 7-7 和图 7-3 可以看出，制造业发展综合评价指数在 2018~2023 年期间呈现出波动增长的趋势，但整体增长幅度相对较小。具体而言，从 2018 年的 0.0867 下降至 2019 年的 0.0539，随后在 2020 年略有回升至 0.0549，2021 年显著增长至 0.1205，并在 2022 年和 2023 年分别保持稳定和进一步增长至 0.1649。尽管制造业发展综合评价指数在近年来有所回升，但相较于科技人才综合评价指数的增长速度，制造业的发展仍显滞后。这表明制造业在技术创新、产业升级以及科技人才的有效利用方面仍存在不足，需要加大投入和支持力度以提升其综合竞争力。

2. 耦合度和耦合协调度分析

根据表 7-7 数据可知，耦合度整体保持较高水平，这说明科技人才与制造业之间的相互作用强烈。由图 7-3 可知，2018~2020 年耦合度略有下降，反映了科技人才与制造业之间相互作用程度的减弱，可能与该时期科技人才与制造业发展需求不匹配或资源错配有关。2020 年后，耦合度保持平稳，这表明科技人才与制造业之间的相互作用程度在 2020 年后趋于稳定。

然而，高耦合度并不一定意味着良好的协同发展，还需要结合耦合协调度来综合评估。由表 7-7 可以看到，耦合协调度从 2018 年的 0.3211 逐年上升至 2023 年的 0.5111，科技人才与制造业之间的耦合发展类型经历了从严重失调衰退到中度失调衰退、再到轻度失调发展的变化过程。从图 7-3 可以看出，耦合协调度呈现出缓慢上升的趋势，并在 2023 年趋于平稳。这些变化表明科技人才与制造业之间的协同作用在逐步增强，但整体仍处于较低水平，制造业的发展仍然滞后于科技人才的发展，其协同发展仍有待加强。

3. 耦合裂隙分析

（1）科技人才投入与制造业绿色发展不平衡。从原始数据来看，在科技人才评价指标体系中，每万名从业人员中 R&D 人员数、R&D 机构数、制造业 R&D 经费增长率、本年度参加 R&D 项目人员占比等都在逐年增加，但制造业绿色生态指标和环境保护指标均未呈现增长的趋势，甚至出现下降的情况。这表明虽然科技人才投入在增加，但并未有效转化为绿色生态和环境保护方面的进步，科技人才投入与制造业绿色转型存在结构性脱节的现象。可能的原因有研发投入结构问题，可能过于集中在某些领域或技术，而忽视了绿色技术和环保技术的研发；以及在激烈的市场竞争和经济压力下，企业可能更注重短期经济效益，而忽视了绿色发展和环境保护的长期价值。

（2）制造业创新资源与科技人才产出不匹配。从原始数据来看，制造业新产品开发投入强度逐年增加，但科技人才的新产品研发投入转化率反而逐年下降，这表明尽管制造业的创新资源在不断增加，但这些投入并未有效转化为科技人才的创新产出。可能的原因包括科技成果转化机制不畅，导致创新成果无法及时转化为实际生产力；以及创新激励机制不完善，科技人才的创新能力和潜力没有得到充分发挥。

（3）制造业对科技人才的需求与供给存在错位。从原始数据来看，制造业 R&D 经费投入强度和新产品开发投入强度虽有增长，但制造业 R&D 人员新产品产出率的增长更为显著，表明制造业对科技人才成果的吸收能力滞后于人才供给。可能的原因是科技人才的专业技能与制造业的实际需求之间存在偏差，或者科技人才更倾向于从事基础研究而非应用开发，导致制造业难以获得直接支持其发展的科技创新成果。

7.3.2 山东省制造业高技能人才与产业发展协调适配度的实证分析

如第 5 章、第 6 章所述，我们已经构建了山东省制造业评价指标体系和山东省制造业高技能人才评价指标体系，为了更好地进行协调匹配度分析，本章在上述指标体系的基础上，构建山东省制造业高技能人才与制造业发展协调适配度评价指标体系（见表 7-8）。

表7-8　　高技能人才与制造业协调匹配度评价指标体系

一级指标	二级指标	三级指标	四级指标	五级指标	单位	方向
高技能人才评价和制造业评价	制造业评价	A1 效率效益	B1 产值	C1 制造业增加值增长率	%	正向
			B2 利润	C2 制造业人均利润率	万元/人	正向
				C3 制造业成本费用利润率	%	正向
			B3 效率	C4 制造业全员劳动生产率	万元/人	正向
				C5 制造业流动资产周转率	次/年	正向
			B4 市场	C6 制造业营业收入增长率	%	正向
			B5 结构	C7 制造业增加值占规模以上工业比重	%	正向
		A2 创新驱动	B6 创新资源	C8 制造业 R&D 经费投入强度	%	正向
				C9 制造业新产品开发投入强度	%	正向
			B7 创新产出	C10 制造业拥有发明专利数	件	正向
				C11 制造业每亿元营业收入拥有发明专利数	件	正向
			B8 创新绩效	C12 制造业新产品销售收入占营业收入比重	%	正向
				C13 制造业人均新产品产出率	万元/人	正向
		A3 绿色生态	B9 能源消耗	C14 单位产值能源消耗量	吨标准煤/万元	负向
				C15 规模以上工业万元增加值能耗下降幅度	%	正向
			B10 煤炭消耗	C16 煤炭消耗占比	%	负向
			B11 电力消耗	C17 单位产值电力消耗量	千瓦时/元	负向
			B12 用水	C18 单位产值用水量下降幅度	%	正向
		A4 环境保护	B13 废水	C19 单位产值废水排放量	吨/万元	负向
			B14 固体废物	C20 固体废物综合利用率	%	正向

续表

一级指标	二级指标	三级指标	四级指标	五级指标	单位	方向
高技能人才评价和制造业评价	制造业评价	A5 社会共享	B15 就业	C21 制造业就业人数占总就业人数比重	%	正向
			B16 收入	C22 制造业在岗职工年均收入	元/人/年	正向
	高技能人才评价		B1 人才投入	C1 公共财政教育支出占财政总支出比重	%	正向
				C2 高技能人才占城镇就业人口比重	%	正向
			B2 人才储备	C3 普通高等学校专科在校学生数	人	正向
				C4 中等职业学校在校学生数	人	正向
				C5 技工学校在校学生数	人	正向

7.3.2.1 数据的来源与提取

评价指标数据主要来源于《山东省统计年鉴》，本章选取了 2018~2023 年总共 6 年的时间序列数据。根据各评价指标的计算公式，计算出各指标的原始数据，如表 7-9 所示。

7.3.2.2 数据的预处理

考虑到消除不同量纲和数量级的影响，本研究用功效函数对变量进行标准化处理，计算出功效值，如表 7-10 所示。

7.3.2.3 计算指标的权重

本书采用熵权法确定指标权重。熵权法是一种客观的权重计算方法，通过指标熵值提供信息量的大小来确定指标的相对重要程度，进而确定指标权重。各指标权重如表 7-11 所示。

第7章 山东省制造业人才与制造业协调适配度模型的构建与应用

表7-9 高技能人才与制造业协调匹配度指标原始数据

一级指标	二级指标	三级指标	四级指标	五级指标	单位	方向	2018年	2019年	2020年	2021年	2022年	2023年
高技能人才评价和制造业评价	制造业评价	A1 效率效益	B1 产值	C1 制造业增加值增长率	%	正向	5.10	0.30	5.70	10.10	2.90	7.80
			B2 利润	C2 制造业人均利润率	万元/人	正向	7.15	6.21	8.41	10.15	7.93	8.98
				C3 制造业成本费用利润率	%	正向	5.79	4.25	5.43	5.71	4.31	4.90
			B3 效率	C4 制造业全员劳动生产率	万元/人	正向	135.38	154	164.14	189.5	193.98	193.63
				C5 制造业流动资产周转率	次/年	正向	1.79	1.68	1.67	1.8	1.71	1.7
			B4 市场	C6 制造业营业收入增长率	%	正向	5.30	−11	5	19	3	6
			B5 结构	C7 制造业增加值占规模以上工业比重	%	正向	87.30	84.90	83.40	83.30	83.10	83.60
		A2 创新驱动	B6 创新资源	C8 制造业R&D经费投入强度	%	正向	1.60	1.58	1.70	1.63	1.74	1.79
			B7 创新产出	C9 制造业新产品开发投入强度	%	正向	1.32	1.39	1.57	1.83	2.05	2.36
				C10 制造业拥有发明专利数	件	正向	19986	18387	17307	22209	27157	33915
				C11 制造业每亿元营业收入拥有发明专利数	件	正向	0.24	0.25	0.22	0.24	0.28	0.33
			B8 创新绩效	C12 制造业新产品销售收入占营业收入比重	%	正向	17.65	17.88	21.60	29.28	38.95	45.15
				C13 制造业人均新产品产出率	万元/人	正向	23.9	27.54	35.46	55.49	75.56	87.43

续表

一级指标	二级指标	三级指标	四级指标	五级指标	单位	方向	2018年	2019年	2020年	2021年	2022年	2023年
高技能人才评价和制造业评价	制造业评价	A3 绿色生态	B9 能源消耗	C14 单位产值能源消耗量	吨标准煤/万元	负向	1.38	1.36	1.46	1.3	1.31	1.39
				C15 规模以上工业万元增加值能耗下降幅度	%	正向	-5.35	-1.16	-6.86	-8.30	-7.80	-5.25
			B10 煤炭消耗	C16 煤炭消耗占比	%	负向	94.60	96.25	80.42	77.93	73.60	67.77
			B11 电力消耗	C17 单位产值电力消耗量	千瓦时/元	负向	0.23	0.23	0.23	0.21	0.2	0.2
			B12 用水	C18 单位产值用水量下降幅度	%	正向	-30	-1	-1	12	4	-2
			B13 废水	C19 单位产值废水排放量	吨/万元	负向	6.41	6.27	5.8	4.91	4.63	4.47
		A4 环境保护	B14 固体废物	C20 固体废物综合利用率	%	正向	79.45	78.53	78.48	79.37	77.86	78.79
		A5 社会共享	B15 就业	C21 制造业就业人数占总就业人数比重	%	正向	21.35	21.11	4.96	5.05	5.13	4.87
			B16 收入	C22 制造业在岗职工年均收入	元/人·年	正向	63248	69346	64928.5	70127	73083	79965
	高技能人才评价		B1 人才投入	C1 公共财政教育支出占财政总支出比重	%	正向	19.86	20.08	20.33	20.58	21.66	21.57
				C2 高技能人才占城镇就业人口比重	%	正向	9.98	9.57	9.87	10.81	11.50	11.93
			B2 人才储备	C3 普通高等学校专科在校学生数	人	正向	745170	808701	874948	963490	1027861	1122744
				C4 中等职业学校在校学生数	人	正向	750142	730464	777416	839144	880975	882941
				C5 技工学校在校学生数	人	正向	329897	355409	405418	442034	455069	447812

表7-10 高技能人才与制造业协调匹配度指标标准化数据

一级指标	二级指标	三级指标	四级指标	五级指标	单位	方向	2018年	2019年	2020年	2021年	2022年	2023年
高技能人才评价和制造业评价	制造业评价	A1 效率效益	B1 产值	C1 制造业增加值增长率	%	正向	0.4898	0.0000	0.5510	1.0000	0.2653	0.7653
			B2 利润	C2 制造业人均利润率	万元/人	正向	0.2386	0.0000	0.5584	1.0000	0.4365	0.7030
				C3 制造业成本费用利润率	%	正向	1.0000	0.0000	0.7662	0.9481	0.0390	0.4221
			B3 效率	C4 制造业全员劳动生产率	万元/人	正向	0.0000	0.3177	0.4908	0.9235	1.0000	0.9940
				C5 制造业流动资产周转率	次/年	正向	0.9231	0.0769	0.0000	1.0000	0.3077	0.2308
			B4 市场	C6 制造业营业收入增长率	%	正向	0.5433	0.0000	0.5333	1.0000	0.4667	0.5667
			B5 结构	C7 制造业增加值占规模以上工业比重	%	正向	1.0000	0.4286	0.0714	0.0476	0.0000	0.1190
		A2 创新驱动	B6 创新资源	C8 制造业R&D经费投入强度	%	正向	0.0952	0.0000	0.5714	0.2381	0.7619	1.0000
				C9 制造业新产品开发投入强度	%	正向	0.0000	0.0673	0.2404	0.4904	0.7019	1.0000
			B7 创新产出	C10 制造业拥有有效发明专利数	件	正向	0.1613	0.0650	0.0000	0.2952	0.5931	1.0000
				C11 制造业每亿元营业收入拥有发明专利数	件	正向	0.1818	0.2727	0.0000	0.1818	0.5455	1.0000
			B8 创新绩效	C12 制造业新产品销售收入占营业收入比重	%	正向	0.0000	0.0084	0.1436	0.4229	0.7745	1.0000
				C13 制造业人均新产品产出率	万元/人	正向	0.0000	0.0573	0.1820	0.4972	0.8132	1.0000

续表

一级指标	二级指标	三级指标	四级指标	五级指标	单位	方向	2018年	2019年	2020年	2021年	2022年	2023年
高技能人才评价和制造业评价	制造业评价	A3 绿色生态	B9 能源消耗	C14 单位产值能源消耗量	吨标准煤/万元	负向	0.5000	0.6250	0.0000	1.0000	0.9375	0.4375
				C15 规模以上工业万元增加值能耗下降幅度	%	正向	0.4132	1.0000	0.2017	0.0000	0.0700	0.4272
			B10 煤炭消耗	C16 煤炭消耗占比	%	负向	0.0579	0.0000	0.5558	0.6433	0.7953	1.0000
			B11 电力消耗	C17 单位产值电力消耗量	千瓦时/元	负向	0.0000	0.0000	0.0000	0.6667	1.0000	1.0000
			B12 用水	C18 单位产值用水量下降幅度	%	正向	0.0000	0.6905	0.6905	1.0000	0.8095	0.6667
			B13 废水	C19 单位产值废水排放量	吨/万元	负向	0.0000	0.0722	0.3144	0.7732	0.9175	1.0000
			B14 固体废物	C20 固体废物综合利用率	%	正向	1.0000	0.4214	0.3899	0.9497	0.0000	0.5849
		A4 环境保护	B15 就业	C21 制造业就业人数占总就业人数比重	%	正向	1.0000	0.9854	0.0055	0.0109	0.0158	0.0000
		A5 社会共享	B16 收入	C22 制造业在岗职工年均收入	元/人/年	正向	0.0000	0.3648	0.1005	0.4115	0.5883	1.0000
			B1 人才投入	C1 公共财政教育支出占财政总支出比重	%	正向	0.0000	0.1222	0.2611	0.4000	1.0000	0.9500
高技能人才评价				C2 高技能人才占城镇就业人口比重	%	正向	0.1737	0.0000	0.1271	0.5254	0.8178	1.0000
			B2 人才储备	C3 普通高等学校专科在校学生数	人	正向	0.0000	0.1683	0.3437	0.5782	0.7487	1.0000
				C4 中等职业学校在校学生数	人	正向	0.1291	0.0000	0.3079	0.7128	0.9871	1.0000
				C5 技工学校在校学生数	人	正向	0.0000	0.2038	0.6033	0.8959	1.0000	0.9420

第7章 山东省制造业人才与制造业协调适配度模型的构建与应用

表 7-11　　高技能人才与制造业协调匹配度指标权重

一级指标	二级指标	三级指标	四级指标	五级指标	熵值	权重
高技能人才评价和制造业评价	制造业评价	A1 效率效益	B1 产值	C1 制造业增加值增长率	0.8615	0.0286
			B2 利润	C2 制造业人均利润率	0.8554	0.0298
				C3 制造业成本费用利润率	0.7905	0.0432
			B3 效率	C4 制造业全员劳动生产率	0.8622	0.0285
				C5 制造业流动资产周转率	0.7521	0.0512
			B4 市场	C6 制造业营业收入增长率	0.8843	0.0239
			B5 结构	C7 制造业增加值占规模以上工业比重	0.6379	0.0747
		A2 创新驱动	B6 创新资源	C8 制造业 R&D 经费投入强度	0.7919	0.0429
				C9 制造业新产品开发投入强度	0.7795	0.0455
			B7 创新产出	C10 制造业拥有发明专利数	0.7415	0.0534
				C11 制造业每亿元营业收入拥有发明专利数	0.7874	0.0439
			B8 创新绩效	C12 制造业新产品销售收入占营业收入比重	0.7109	0.0597
				C13 制造业人均新产品产出率	0.7575	0.0500
		A3 绿色生态	B9 能源消耗	C14 单位产值能源消耗量	0.8778	0.0252
				C15 规模以上工业万元增加值能耗下降幅度	0.7650	0.0485
			B10 煤炭消耗	C16 煤炭消耗占比	0.8118	0.0388
			B11 电力消耗	C17 单位产值电力消耗量	0.6381	0.0747
			B12 用水	C18 单位产值用水量下降幅度	0.8991	0.0208
		A4 环境保护	B13 废水	C19 单位产值废水排放量	0.7925	0.0428
			B14 固体废物	C20 固体废物综合利用率	0.8665	0.0276
		A5 社会共享	B15 就业	C21 制造业就业人数占总就业人数比重	0.4834	0.1066
			B16 收入	C22 制造业在岗职工年均收入	0.8084	0.0395

续表

一级指标	二级指标	三级指标	四级指标	五级指标	熵值	权重
高技能人才评价和制造业评价	高技能人才评价		B1 人才投入	C1 公共财政教育支出占财政总支出比重	0.7855	0.2284
				C2 高技能人才占城镇就业人口比重	0.7844	0.2296
			B2 人才储备	C3 普通高等学校专科在校学生数	0.8313	0.1796
				C4 中等职业学校在校学生数	0.8079	0.2046
				C5 技工学校在校学生数	0.8518	0.1578

7.3.2.4 实证分析——耦合度和耦合协调度分析

通过前面第 7 章 7.2 节所述耦合度和耦合协调度计算公式以及标准化数据，计算得出高技能人才综合评价指数 $z(x)$、制造业综合评价指数 $h(y)$、耦合度 C、耦合协调度 R 及耦合发展类型，如表 7-12 所示。

表 7-12　　　　　高技能人才与制造业耦合类型一览表

年份	高技能人才综合评价指数 $z(x)$	制造业综合评价指数 $h(y)$	耦合度 C	耦合协调度 R	$h(y)/z(x)$	耦合发展类型
2018	0.0326	0.0867	0.8911	0.2305	2.6611	严重失调衰退制造业高技能人才损益型
2019	0.0466	0.0539	0.9973	0.2239	1.1572	严重失调衰退拮抗型
2020	0.1599	0.0549	0.8724	0.3061	0.3434	严重失调衰退制造业产业损益型
2021	0.3091	0.1205	0.8985	0.4393	0.3898	中度失调衰退制造业产业损益型
2022	0.4585	0.1205	0.8118	0.4848	0.2627	中度失调衰退制造业产业损益型
2023	0.4933	0.1649	0.8667	0.5341	0.3343	轻度失调发展制造业产业滞后型

根据表7-12绘制出高技能人才与制造业耦合趋势，如图7-4所示。

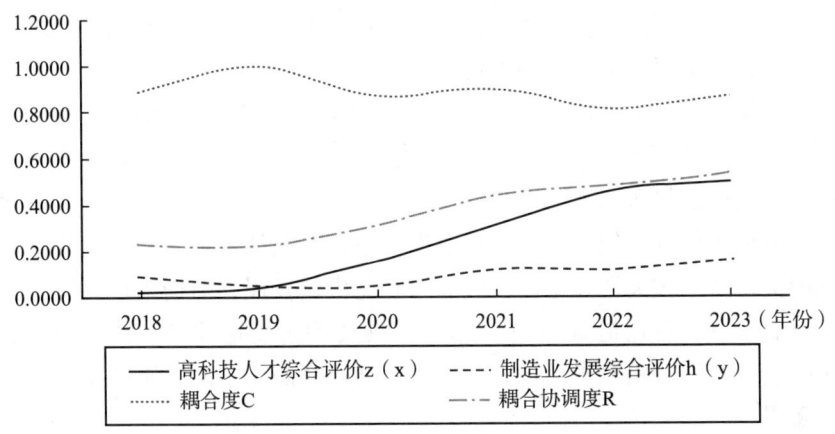

图7-4 高技能人才与制造业耦合趋势

1. 综合评价指数分析

根据表7-12和图7-4可以看出2018~2023年期间，高技能人才综合评价指数从0.0326逐年上升至0.4933，呈现出显著的增长趋势。这一增长趋势表明，高技能人才作为创新驱动发展的关键要素，其发展状况正在持续改善，反映了山东省在高技能人才培养、引进及政策支持方面取得了积极成效。然而，尽管增长显著，但整体指数水平仍然较低，说明高技能人才的发展规模和水平仍有待进一步提升，以满足制造业转型升级的迫切需求。

从表7-12和图7-4可以看出，制造业发展综合评价指数在2018~2023年期间呈现出波动增长的趋势，但整体增长幅度相对较小。具体而言，从2018年的0.0867下降至2019年的0.0539，随后在2020年略有回升至0.0549，2021年显著增长至0.1205，并在2022年和2023年分别保持稳定和进一步增长至0.1649。尽管制造业发展综合评价指数在近年来有所回升，但相较于高技能人才综合评价指数的增长速度，制造业的发展仍显滞后，反映出制造业在技术创新、产业升级以及高技能人才的有效利用方面仍存在不足，需要进一步加大投入和支持力度以提升其综合竞争力。

2. 耦合度和耦合协调度分析

由表 7-12 可以看到，2018~2023 年的耦合度均保持较高水平，说明高技能人才与制造业之间的相互作用强烈。从图 7-4 可以看出，耦合度先上升后下降，但整体较为平稳，这表明高技能人才与制造业之间的相互作用关系并未发生根本性变化。

根据表 7-12 和图 7-4 可以看出，2018~2023 年，耦合协调度从 0.2305 逐年上升至 0.5341，总体呈现上升趋势，表明高技能人才与制造业之间的协同发展程度在逐步提高。然而，尽管耦合协调度有所提升，但整体仍处于较低水平，从数据上看，高技能人才与制造业的耦合发展类型从严重失调衰退逐步改善为轻度失调发展，但仍未达到优质协调发展水平。特别是 2023 年，耦合发展类型为制造业产业滞后型，表明制造业的发展相对于高技能人才的发展仍显滞后，两者协同发展仍有待加强。

3. 耦合裂隙分析

（1）高技能人才占城镇就业人口比重与制造业增长速度不匹配。从原始数据来看，高技能人才占城镇就业人口比重从 2018 年的 9.98% 逐年上升至 2023 年的 11.93%，但制造业的增长速度（如制造业增加值增长率、营业收入增长率等）在不同年份间波动较大，且并未呈现出与高技能人才比重增长完全同步的趋势。这表明制造业的增长可能未充分受益于高技能人才比重的增加。可能的原因包括高技能人才利用效率不高，激励机制不够完善；以及人才与岗位不匹配，高技能人才可能集中在某些特定领域或行业，而制造业整体对高技能人才的需求分布不均。

（2）公共财政教育支出占财政总支出比重与制造业竞争力提升不匹配。从原始数据来看，公共财政教育支出占财政总支出比重逐年上升，但制造业的竞争力提升（如科技创新、绿色生态等指标）并未完全体现出与教育支出增长相匹配的成效。这表明教育投入可能未能有效转化为制造业的竞争力。可能的原因包括教育投入效益不高，教育资源分配不合理或教育质量有待提高；以及创新体系不完善，导致教育投入在创新方面的产出有限。

（3）高技能人才储备与制造业需求不匹配。从原始数据来看，普通高等学校专科在校学生数、中等职业学校在校学生数和技工学校在校学生数在逐年持续增加，但制造业就业人数占总就业人数比重在不同年份间波动较大，且并未呈现出与高技能人才储备完全同步的趋势。这表明尽管高技能人才的储备在增加，但与制造业的实际需求仍不匹配。可能的原因包括教育体系与产业需求脱节，导致培养出的高技能人才不符合市场需求；以及高技能人才流失严重，影响了制造业的人才供给。

第8章 山东省制造业经营管理人员的现状与匹配度研究

——基于山东省制造业上市公司的研究

不同于科技人才和高技能人才，经营管理人员的工作绩效与企业整体绩效密不可分，难以单独量化。在区域的宏观统计数据中，未有专门针对经营管理人员的相关统计。因此，关于经营管理人员的研究一般从企业这一微观层面展开分析探讨。基于此，在分析山东省制造业经营管理人员与制造业发展的协调适配度时，借鉴以往研究，同时考虑到数据的可获取性，选取山东省制造业上市公司为样本，分析了样本企业和样本企业经营管理人员的现状，进而分析山东省制造业上市公司经营管理人才与企业创新绩效的协调适配度。

8.1 山东省制造业上市公司与山东省制造业发展之间的关系

本节通过分析制造业上市公司与山东制造业发展之间的关系，论证山东省制造业上市公司在山东省制造业企业中的代表性。

8.1.1 山东省制造业上市公司概况

8.1.1.1 总量

从数量上来看，截至2024年12月31日，山东省拥有104家制造业上市公司，所有上市板块都在A股市场。2018~2024年期间，山东制造业上市公司的数量变化如图8-1所示。

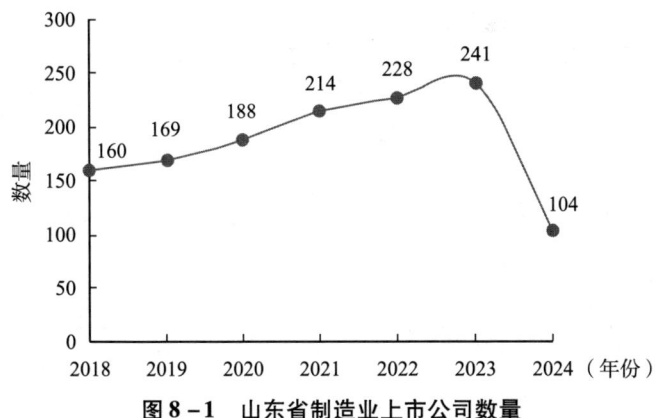

图 8-1 山东省制造业上市公司数量

资料来源：根据 CSMAR 数据库数据计算整理。

图 8-1 可见，2018~2024 年 7 年间山东省制造业上市公司数量基本处于增长态势，但 2023~2024 年制造业企业上市公司数量减幅较大，从 241 家降为 104 家。整体而言，山东省制造业上市公司数量较少，占全国制造业上市公司的比重较低。

8.1.1.2 行业大类分布

中国证监会公布的《上市公司行业分类指引（2012 年修订）》将制造业分为 31 个大类，2024 年山东省制造业上市公司将分布在 22 个大类中，具体分布如表 8-1 所示。

根据表 8-1 可以看出，化学原料及化学制品制造业上市公司数量最多，共有 22 家，占山东省制造业上市公司的 21.2%。印刷和记录媒介复制业、黑色金属冶炼和压延加工业、仪器仪表制造业、废弃资源综合利用业四个大类的上市公司数量最少，仅有一家。整体而言，山东省制造业上市公司的行业大类分布较为全面，能涉及大部分的制造业门类，因此山东省制造业上市公司具有一定的行业代表性。

表 8-1　　　　　山东省制造业上市公司行业大类分布

行业代码	行业大类	数量
C13	农副食品加工业	4
C14	食品制造业	2

续表

行业代码	行业大类	数量
C15	酒、饮料和精制茶制造业	3
C17	纺织业	5
C22	造纸和纸制品业	4
C23	印刷和记录媒介复制业	1
C26	化学原料和化学制品制造业	22
C27	医药制造业	9
C28	化学纤维制造业	2
C29	橡胶和塑料制品业	2
C30	非金属矿物制品业	4
C31	黑色金属冶炼和压延加工业	1
C32	有色金属冶炼和压延加工业	3
C33	金属制品业	2
C34	通用设备制造业	7
C35	专用设备制造业	9
C36	汽车制造业	5
C37	铁路、船舶、航空航天和其他运输设备制造业	2
C38	电气机械和器材制造业	6
C39	计算机、通信和其他电子设备制造业	9
C40	仪器仪表制造业	1
C42	废弃资源综合利用业	1

资料来源：根据 CSMAR 数据库相关数据整理。

8.1.1.3 地区分布

从地区分布来看，2024 年山东省制造业上市公司的地域分布如图 8-2 所示。烟台市、济南市分别排名第一、第二，分别拥有 16 家、15 家上市公司，其余分布在山东省 25 个城市。虽然制造业上市公司在各市之间分布不均衡，但基本涵盖了山东的大部分地市，具有一定的区域代表性。

第8章　山东省制造业经营管理人员的现状与匹配度研究

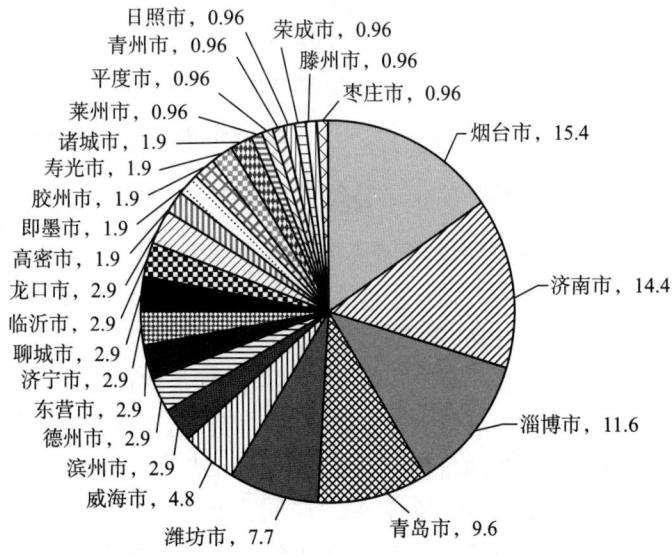

图8-2　山东省制造业上市公司地域分布

资料来源：根据 CSMAR 数据库数据计算整理。

8.1.2　山东省制造业上市公司对山东省制造业发展的贡献度分析

8.1.2.1　上市公司对区域经济发展的贡献

上市公司属于微观经济主体，而区域经济发展状况属于宏观层次。因此，衡量前者对后者的贡献程度，不能直接用上市公司的经营业绩指标来测算，因为不同层次的数据计算方式不同，不具有可比性。为解决这一问题，学者们参考收入法计算 GDP 的方法，提出了上市公司对区域经济发展贡献的测量模型。

翟原（2014）[①] 将上市公司对地区 GDP 的贡献分为直接贡献和间接贡献，其中直接贡献指上市公司经营过程中创造的增加值，计算方

---

①　翟原. 山西省上市公司促进区域经济发展研究［J］. 科技创新与生产力，2014（3）：9-11.

法为 GDP 的收入核算方法，即上市公司对 GDP 的直接贡献 $AV_i = W_i + T_i + S_i + F_i$。式中，$W_i$ 为劳动者报酬，即支付给职工以及为职工支付的现金 + 期末应付工资和应付福利费 − 期初应付工资和应付福利费；T_i 为生产净税额，即营业税金及附加 − 补贴收入；S_i 为营业盈余，即营业利润 + 补贴收入；F_i 为期间累计折旧，即期末累计折旧 − 期初累计折旧。区域内所有上市公司对 GDP 的直接贡献 $AV = \sum_{i=1}^{n} AV_i$，即把该地区所有上市公司的增加值加起来就是该地区上市公司对 GDP 的直接贡献。

李珂和罗顺根（2016）[①] 提出了会计宏观价值（AMV）的概念，认为上市公司主要为股东、政府、员工、债权人四类主体创造价值，因此会计宏观价值包括为股东创造的价值、为政府创造的价值、为员工创造的价值、为债权人创造的价值，计算公式为 AMV = 净利润 + 支付的各项税费 + "应交税费"期末余额 − "应交税费"期初余额 + 支付给职工以及为职工支付的现金 + "应付职工薪酬"期末余额 − "应付职工薪酬"期初余额 + 财务费用。进一步地，将时期内区域所有上市公司的会计宏观价值加总，再加上折旧总额，便得到收入法核算的 GDP。会计宏观价值在衡量上市公司宏观业绩方面，比 ROA、ROE 等微观业绩指标更全面可靠、更科学合理。

8.1.2.2 山东省制造业上市公司对制造业发展的贡献度测算

在计算山东省制造业上市公司对制造业发展的贡献时，借鉴上述上市公司对区域经济发展贡献的衡量方法，采用翟原（2014）提出的计算上市公司对地区 GDP 直接贡献的方法，即 $AV_i = W_i + T_i + S_i + F_i$。然后将山东省所有制造业上市公司的贡献加总，即得山东省制造业上市公司对制造业发展的贡献，其与山东省制造业增加值的比重即为山东省制造业上市公司对制造业发展的贡献度。

从 CSMAR 选取山东制造业上市公司 2019～2024 年的数据进行测算，结果如图 8-3 所示。

[①] 李珂，罗顺根. 上市公司发展对区域经济影响实证研究 [J]. 商业经济研究，2016 (3)：183-184.

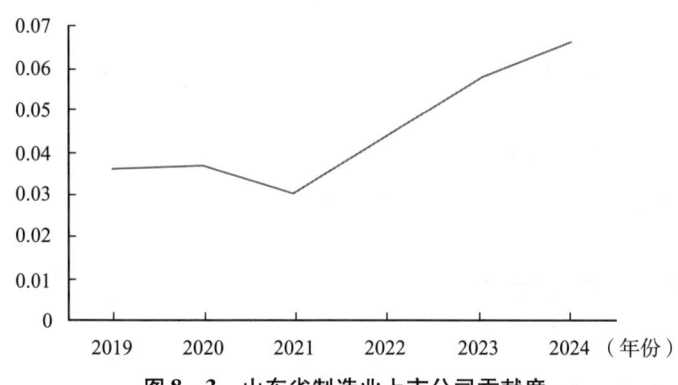

图 8-3　山东省制造业上市公司贡献度

资料来源：根据 CSMAR 数据库数据计算整理。

2019~2024 年，山东省制造业上市公司所创造的价值（AV）总体呈增长态势，从 9809978.32 万元增加到 25129267.61 万元，增加了 1.56 倍。对应的贡献度变化趋势与 AV 一致，从 3.63% 增长到 6.63%，说明制造业上市公司在山东省制造业发展中起到了越来越重要的作用。2021~2024 年贡献度的持续上升，与该期间制造业上市公司的数量增加有一定关联，山东省制造业企业在逐渐向做大做强发展，越来越多优质企业入驻资本市场。

通过本节对山东省制造业上市公司概况分析及其对山东省制造业发展贡献度的分析，一方面，发现山东省制造业上市公司在数量、行业、地区等方面具有一定的代表性，宜作为本研究的样本企业，另一方面，山东省制造业上市公司对山东省制造业增加值贡献度的增长态势也反映出上市公司的良好发展形势，说明对其进行研究与探索如何发挥制造业上市公司的先发优势和带动作用有重要意义。

8.2　山东省制造业经营管理人员的现状分析

选取 2018~2024 年的山东省制造业上市公司为样本企业，对山东省制造业经营管理人员现状进行分析。

8.2.1 总量分析

2018~2024年期间，山东省制造业上市公司的经营管理人员总量呈增长趋势，2024年达到1194人。

8.2.2 结构分析

8.2.2.1 性别结构

在性别方面，山东制造业上市公司经营管理人员的男女比例存在明显差距，2019~2024年的性别结构变化如图8-4所示。2019~2024年男女经营管理人员的性别比例基本保持稳定，平均占比分别为87.5%和12.5%。2023年和2024年两年，女性经营管理人员所占比例较之前有一定幅度的提升，说明女性在山东省制造业上市公司经营人员队伍中的参与度正逐渐提高，对制造业的发展影响越来越大。

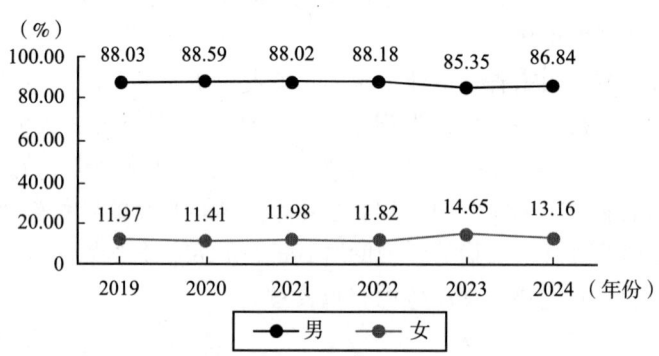

图8-4 山东省制造业上市公司经营管理人员性别结构变化
资料来源：根据CSMAR数据库数据计算整理。

8.2.2.2 年龄结构

2024年，分年龄段对山东省制造业上市公司经营管理人员进行统计，20~29岁的占0.11%，30~39岁的占16.08%，40~49岁的占56.94%，50~59岁的占22.69%，60岁及以上的占4.19%，如图8-5

所示。2019 年至 2024 年山东省制造业上市公司经营管理人员的年龄结构，40～49 岁经营管理人员所占比重呈上升趋势，50～59 岁经营管理人员所占比重呈下降趋势。由此可知，山东省制造业上市公司经营管理人员年龄结构正向年轻化变化。

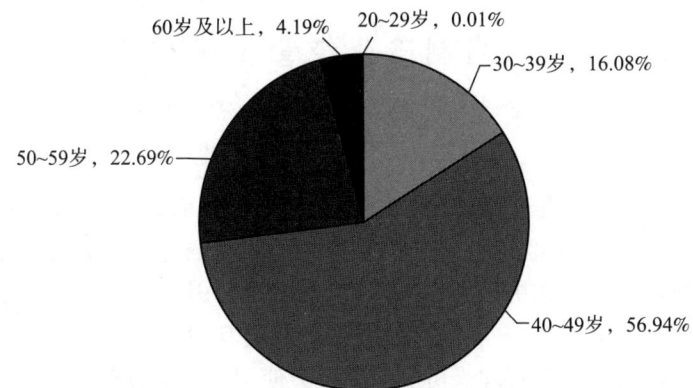

图 8-5　山东省制造业上市公司经营管理人员年龄结构

资料来源：根据 CSMAR 数据库数据计算整理。

8.2.3　素质分析

2024 年山东省制造业上市公司经营管理人员的学历情况如图 8-6 所示。

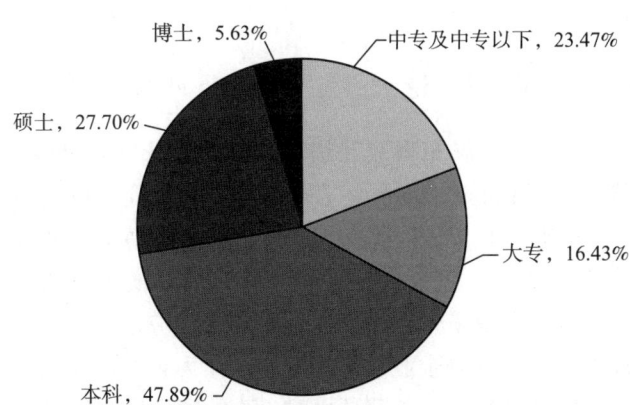

图 8-6　山东省制造业上市公司经营管理人员学历水平

资料来源：根据 CSMAR 数据库数据计算整理。

2024年，中专及中专以下的占23.47%，大专学历的占16.43%，本科学历的占47.89%，硕士研究生学历的占27.70%，博士研究生学历的占5.63%。总体而言，本科学历的经营管理人员占比最高，然后依次是硕士、大专、博士、中专及中专以下学历。

8.3 山东省制造业经营管理人员团队对企业创新绩效的影响研究

经营管理人员是企业控制权或经营权的拥有者，但实际在企业中，除了CEO外，副总经理、财务总监等其他职位的经营管理人员也会参与企业战略决策并在决策过程中发挥重要作用，应该把经营管理人员团队（高管团队）作为一个行为的整体来研究其对企业经营的影响。高层梯队理论认为经营管理人员团队是权力使用和任务进行的统一体，团队整体的人口统计学特征（高管团队传记特征）能够反映其认知、价值观，能够显著预测其决策和行为表现，进而对企业战略选择和绩效产生影响[2]。因此，研究经营管理人员团队传记特征对山东省制造业企业创新绩效的影响，对于从微观层面揭示经营管理人员团队与制造业创新发展的匹配度有重要意义。

8.3.1 理论基础与文献综述

8.3.1.1 高层梯队理论

20世纪80年代，汉布里克和梅逊（Hambrick and Mason）首次提出高层梯队理论（Upper Echelons Theory，又称高阶理论），自此之后，关于高管的研究开始由CEO个人转向高管团队。高层梯队理论的主要观点是，除了CEO外，副总经理、财务总监等其他职位的高管也会参与企业战略决策并在决策过程中发挥重要作用，应该把高管团队作为一个行为的整体来研究其对企业经营的影响。作为企业组织的主要决策者与经营者，在面对复杂的内外部环境时，高管团队需要筛选有效信息进而作出战略决策，但这一过程并不是完全理性的，而是会受到内在的认知、价值观等自身因素的影响①。然而内在的认知、价值观等难以有效测量，在研究中量化难度较大。因此高层梯队理论借鉴了团队特征领域的相关研究，认为高管的认知基础、价值观大多来自经验积累（教育、任职、年龄、任期）并受生理特征（性别、年龄）的影响显著，因此可以将性别、年龄、任期、教育背景等传记特征作为内在心理特征的代理变量②③。总体而言，由于高管团队的性别、年龄、种族等传记特征会对其内在的认知、价值观等心理特征产生一定程度的影响，所以高管团队的传记特征可以对企业的战略抉择和绩效等产生影响④。基于高层梯队理论，学者们构建了"高管传记特征—认知模式—行为—企业绩效"的研究路径⑤，在企业行为和绩效的研究中取得了丰硕的成果，验证了高管团队对企业发展的重要作用。

8.3.1.2 社会类化理论与信息决策理论

社会类化理论（Social Identity Theory）认为，个体会通过一些属性差别将与自己有相似特征的人归类到同一群体中，高度认同群体内部，而对外部的其他群体产生截然相反的态度，甚至排斥⑥。研究中对这种现象产生的原因作出解释：个体在对其他个体形成认知的过程中，首先会与自身相比较，给予自身有某方面相似特征的个体贴上特征标签，并自动将有相同标签的个体归类为同一群体。同时个体往往对自己所在群体有价值观和情感认同，基于此对内部成员产生较高的社会认同，而对其他属性的群体有排斥或歧视心理⑦。因此在异质性程度较高的群体

---

① Hambrick D. C., Mason P. A.. Upper Echelons: The Organization as a Reflection of Its Top Managers [J]. *Academy of Management Review*, 1984, 9 (2): 193 - 206.
② 陶章. 科技型企业高管团队异质性与企业绩效的关联度研究 [J]. 技术经济与管理研究, 2018 (6): 10 - 14.
③ 李端生, 周虹. 高管团队特征、垂直对特征差异与内部控制质量 [J]. 审计与经济研究, 2017, 32 (2): 24 - 34.
④ Schoonhoven C. B., Eisenhardt K. M., Lyman K.. Speeding Products to Market: Waiting Time to First Product Introduction in New Firms [J]. *Administrative Science Quarterly*, 1990, 35 (1): 177.
⑤ 周晓惠, 田蒙蒙, 聂浩然. 高管团队异质性、盈余管理与企业绩效 [J]. 南京审计大学学报, 2017, 14 (3): 75 - 85.
⑥ 肖嘉琦, 张金清. 高管团队异质性与企业绩效研究综述 [J]. 商业研究, 2018 (3): 115 - 122, 161.
⑦ 王雪莉, 马琳, 王艳丽. 高管团队职能背景对企业绩效的影响：以中国信息技术行业上市公司为例 [J]. 南开管理评论, 2013, 16 (4): 80 - 93.

中，社会类化过程中产生的子群体往往与其他群体冲突较大，由此造成团队凝聚力下降。社会类化理论对研究中高管团队异质性特征对企业绩效的负面影响作出了合理的解释，认为高管团队成员之间的个体差异越大，团队中越容易产生分歧和摩擦，影响决策制定和执行的效率，最终影响企业创新成效。

在团队异质性相关研究中，与社会类化理论相对的是信息决策理论（Information Decision Theory）。它强调异质性的优势，认为成员差异较大的团队往往拥有更多资源，其知识、能力、资源等能在一定程度上实现互补，在对问题进行分析时能够综合更多的信息，从而有利于决策[1]。因此，根据信息决策理论，高管团队中年龄、任期、职业背景、教育背景等的异质性会为企业带来更多的信息与资源，多种分析问题角度的整合有利于企业创新战略的实施。但其实，团队异质性既会带来资源优势，也同时会在一定程度上加剧冲突矛盾，最终对企业创新绩效的影响取决于信息决策过程和社会类化过程的相对作用强弱。

8.3.1.3 企业创新绩效测量的相关研究

鉴于企业创新绩效内涵丰富，研究中出现了多种概念界定，因而与之相关联的创新绩效的维度划分和测量指标也各不相同。从测量内容、指标选取、数据来源等不同标准来看，企业创新绩效的测量各有特点[2]。根据测量内容，企业创新绩效的测量维度一般划分为创新过程绩效和创新结果绩效。创新过程绩效强调创新过程中生产技术的变革投入和成果，常用的测量指标有研发投入、人员投入、专利产出等。杨林和段牡钰等（2018）在研究高管团队海外背景对企业创新绩效的影响时，用企业的发明专利申请数来测量企业创新绩效[3]。罗沛和葛玉辉（2018）认为研发投入能衡量企业在创新方面的努力程度，专利数能衡量企业创

---

[1] Van K. D., De Dreu C. K. W., Homan A. C.. Work Group Diversity and Group Performance: An Integrative Model and Research Agenda [J]. *Journal of Applied Psychology*, 2004, 89 (6): 1008 – 1022.

[2] 高辉. 中国情境下的制度环境与企业创新绩效关系研究 [D]. 长春：吉林大学，2017.

[3] 杨林，段牡钰，刘娟，等. 高管团队海外经验、研发投入强度与企业创新绩效 [J]. 科研管理，2018, 39 (6): 9 – 21.

新成果，因而用这两项指标综合衡量企业的创新绩效[①]。马跃（2022）认为对企业创新绩效的测量在数据来源方面选择客观数据测量法搜集上市公司的财务数据，在指标类型方面选择财务指标测量法用研发投入强度来衡量企业的创新行为，在观测内容方面选择产品收益法用企业净资产收益率衡量企业的创新产出[②]。马延尚（2025）[③] 将由新产品或新技术创新引发的公司表现称为创新绩效。总体而言，研究中常用的测量指标有研发投入、专利数、新产品销售收入三种。随着研究的深入，有学者在定义企业创新绩效时将与组织的管理体系和管理制度变革相关的创新纳入其概念范畴之内，在创新绩效测量时也便增加了管理创新绩效维度。此外，按指标选取标准，企业创新绩效的测量指标还可以分为财务指标和非财务指标，财务指标主要指新产品销售收入、研发投入等与资金的投入和经营成果相关的指标，而非财务指标则为专利数、竞争优势、创新速度等不能用货币衡量的指标；按照数据来源，测量方式有基于二手数据的主观测量法和基于一手数据的客观测量法，前者的研究数据为上市公司公开发布的数据，后者的研究数据来源为问卷调查。

综合研究中对企业创新绩效进行测量，发现实际上每种测量都是各种标准综合考量的结果，是由研究者根据研究问题选取的便于研究开展的测量方式。总体而言，企业创新绩效的客观测量法多划分为创新过程绩效和创新结果绩效，主要对技术创新绩效进行测量，而包含管理创新的企业创新绩效测量则多用主观测量法，是考虑管理实际情况的对企业创新绩效的进一步深入探索。

8.3.1.4　经营管理人员团队传记特征对企业创新绩效影响的相关研究

有关高管团队的研究中，高管团队传记特征向来是研究的重点。自汉布瑞克和梅森（Hambrick and Mason, 1984）提出高层梯队理论以来，学术界进行了大量关于高管团队传记特征的研究。这些研究主要以高管团队传记特征为自变量，强调高管团队作为企业战略和经营决策的主体

---

① 罗沛, 葛玉辉. 权力分布视角下的高管团队异质性与企业创新绩效［J］. 中国人力资源开发, 2018, 35（2）：41-49, 60.

② 马跃. 高管创新型人力资本对制造业企业创新绩效的影响［D］. 北京：首都经济贸易大学, 2022. DOI：10.27338/d.cnki.gsjmu.2022.001041.

③ 马延尚. 企业技术高管占比、研发投入与企业创新绩效的关系研究［D］. 长春：吉林大学, 2025.

在企业行为抉择与绩效取得过程中发挥的关键作用。通过研究传记特征，可以表征高管团队的认知、价值观等，研究其对企业绩效、战略选择、投资效率、内部控制等方面的影响[1][2][3]。对于高管团队传记特征对创新的影响，研究中有对创新投入、创新绩效的影响，创新投入反映创新过程中的投入行为，而创新绩效多用专利产出来表示，反映创新过程的成果产出[4]。王等（Wang et al.，2022）[5]发表的一项研究表明，高教育水平的管理团队能够更快速地吸收新知识、新技术，并在复杂多变的市场环境中做出更为精准和前瞻性的决策，从而对公司创新产生积极影响。布朗和戴维斯（Brown and Davis，2022）[6]的研究显示，长期服务于同一组织的领导者，其个人目标与组织愿景的融合度更高，从而驱动着更为坚定的价值创造创新行为。赵莉（2025）[7]的研究表明，高管团队的年龄、性别和职业背景异质性与企业创新绩效呈负相关，而高管团队的教育水平异质性则与企业创新绩效呈正相关。

目前基本达成的共识是高管团队的平均年龄越高越不利于企业创新，平均教育水平越高越有助于企业创新。而争议则是异质性特征对企业创新的作用。就高管团队性别特征而言，有些研究认为，女性高管为团队带来全新的人力资本与社会资本，有利于创新机会的识别[8]。但还有些研究反对上述观点，发现团队中的性别差异并不会带来企业创新绩效的提高，原

---

[1] 李端生，周虹. 高管团队特征、垂直对特征差异与内部控制质量 [J]. 审计与经济研究，2017，32（2）：24-34.

[2] 王益民，王艺霖，程海东. 高管团队异质性、战略双元与企业绩效 [J]. 科研管理，2015，36（11）：89-97.

[3] 卢馨，张乐乐，李慧敏，等. 高管团队背景特征与投资效率——基于高管激励的调节效应研究 [J]. 审计与经济研究，2017，32（2）：66-77.

[4] 荣鹏飞. 科技型企业高管团队自反性、行为整合与企业创新绩效关系研究 [J]. 研究与发展管理，2015，27（5）：147-158.

[5] Wang, M., Zhang, H., Li, S. The Impact of Top Management Team Education on Decision-Making Capability and Firm Performance [J]. Management Science，2022，68（4）：1456-1478.

[6] Brown, J., & Davis, D. Leadership Tenure and Organizational Identification: Implications for Value Creation [J]. Journal of Leadership & Organizational Studies，2022，29（2）：189-203.

[7] 赵莉，贾鹏程，车文磊. 高管团队异质性对制造企业创新绩效的影响研究 [J]. 商场现代化，2025（6）：119-121. DOI：10.14013/j.cnki.scxdh.2025.06.007.

[8] Bass A. E.. Top Management Team Diversity, Equality, and Innovation: A Multilevel Investigation of the Health Care Industry [J]. Journal of Leadership & Organizational Studies，2019，26（3）：339-351.

因是大部分女性高管倾向于做风险规避者,参与创新活动的积极性明显低于男性,这种认知的差异对企业创新有不利影响[①]。就年龄、教育水平、职业背景而言,异质性特征究竟会为企业创新带来资源优势,还是会因增加沟通难度、团队冲突而对企业创新产生消极影响,这是研究中争论的焦点,信息决策理论和社会类化理论分别对上述研究结果作出解释。

8.3.2 研究假设

基于对现有研究成果的梳理,本节在高层梯队理论、社会类化理论的基础上,结合山东省制造业上市公司的特点,对经营管理人员团队传记特征与企业创新绩效关系进行理论分析与假设推演。

8.3.2.1 经营管理人员团队性别特征与山东省制造业上市公司创新绩效

随着女性在职场中地位的提高,女性有更多的机会加入高管团队参与企业经营管理中,因此研究中开始关注高管团队的性别结构对企业经营业绩的影响。虽然女性高管的柔性领导可能会更受员工支持,从而激发研发团队的创造力[②],但基于性别角色特征,社会对女性的普遍认知是保守、风险趋避、谨慎,相较于男性高管偏好风险、大胆决策的性格特征与行为风格,根据高层梯队理论,女性高管的这种相对保守的处事方式不利于迅速应对复杂多变的环境、及时作出创新决策,往往会降低创新效率。此外,性别差异决定了个体在认知、决策、行为等方面的差异,社会类化理论认为,团队内部的这种差异会增大沟通难度,更易导致冲突产生,从而降低决策与行为效率。高管团队中的女性高管占比反映了团队中女性高管群体对团队决策的影响力强弱,研究发现女性高管占比高的高管团队不易达成共识,对研发投入和专利产出均有消极影响[③]。基于此,提出如下假设:

H1:经营管理人员团队女性高管占比对山东省制造业上市公司创新绩效有负向影响。

[①③] 罗沛,葛玉辉. 权力分布视角下的高管团队异质性与企业创新绩效 [J]. 中国人力资源开发,2018,35 (2):41-49.

[②] 李卫民,黄旭. 我国上市公司女性高管对企业并购绩效的影响研究 [J]. 管理工程学报,2014,28 (3):18-25.

8.3.2.2 经营管理人员团队年龄特征与山东省制造业上市公司创新绩效

1. 经营管理人员团队平均年龄与山东省制造业上市公司创新绩效

心理学认为，人的心理活动具有年龄特征，即处于不同年龄段的人，会呈现出不同的心理特征。因此，基于高层梯队理论，高管团队的年龄特征会在一定程度上对其决策及行为产生影响。一方面，年龄越大的高管，其事业发展大多已经达到人生的稳定期，因此在面对复杂的外部环境时，他们更倾向于满足现状，凭借其工作经验及阅历作出判断，做一个风险规避者，谨慎选取更为保守稳健的战略，以确保自身的职业及财务状况稳定[1][2]。创新是一项高风险的活动，而且一般周期较长，从投入到产出并且体现在企业的财务绩效改善上往往需要较长时间，因此极有可能因不成功而产生巨额的沉没成本[3][4]。因此，平均年龄越大的高管团队，越不愿采取高风险的创新战略，公司的创新活动不如更愿意冒险与创新的年轻高管团队[5][6][7]。另一方面，研究发现，年龄与高管的反应速度也在某种程度上相关联，这体现在战略抉择与创新过程中：随着年龄的增长，年长的高管对环境变化的适应力与关注度下降，可能因此无法抓住创新机遇[8][9]，在创新过程中也会因此无法及时根据内外

---

[1] 朱芳慧，吕沙，苏美玲. 高管团队异质性、技术创新投入与企业价值 [J]. 财会通讯，2018（30）：64 – 68.

[2] 董静，孟德敏. 高管团队人力资本特征对企业风险投资引进策略的影响 [J]. 科研管理，2016，37（11）：89 – 97.

[3] 尚洪涛，黄晓硕. 政府补贴、研发投入与创新绩效的动态交互效应 [J]. 科学学研究，2018，36（3）：446 – 455.

[4] 雷怀英，乔睿蕾. 企业高管团队特征及其交互效应对技术创新的影响研究 [J]. 软科学，2015，29（1）：60 – 64.

[5] Hambrick D. C., Mason P. A.. Upper Echelons：The Organization as a Reflection of Its Top Managers [J]. *Academy of Management Review*，1984，9（2）：193 – 206.

[6] Hambrick D. C., Richard A. D.. Top Team Deterioration As Part of the Downward Spiral of Large Corporate Bankruptcies [J]. *Management Science*，1992，38（10）：1445 – 1466.

[7] 崔小雨，陈春花，苏涛. 高管团队异质性与组织绩效的关系研究：一项 Meta 分析的检验 [J]. 管理评论，2018，30（9）：152 – 163.

[8] 孙凯，刘祥，谢波. 高管团队特征、薪酬差距与创业企业绩效 [J]. 科研管理，2019，40（2）：116 – 125.

[9] 郑蕾. 上市公司高管团队对公司绩效的影响研究 [D]. 天津：天津大学，2011.

部环境变化灵活调整决策,从而导致创新效率低下。因此,基于年长高管在风险规避和反应能力两方面的特征,提出如下假设:

H2a:经营管理人员团队平均年龄对山东省制造业上市公司创新绩效有负向影响。

2. 经营管理人员团队年龄异质性与山东省制造业上市公司创新绩效

年龄差异的背后是成长环境和受教育方式等方面的差异,不同年龄的高管会因此表现出差异化的决策方式和工作特点[1]。一般而言,年长的高管追求稳定与低风险,喜欢凭经验决策,实施的政策倾向于保持一贯性和连续性,希望公司能利润稳定,他们面对变化反应力较慢,创新意愿与决断力不是那么强[2];年轻的高管喜欢冒险和创新,他们的思维更加开放和富有活力,乐于通过实施新战略、新决策来为公司发展探索更多的可能性,当新事物出现时,他们反应迅速,能够迅速与公司产品联系起来并较快地付诸行动[3]。根据高层梯队理论,年长高管与年轻高管由于年龄差别带来认知方式与行为风格的差异,体现在团队合作中为高管团队年龄异质性对企业战略、行为与绩效的影响。社会类化理论对高管团队年龄异质性对企业创新绩效的影响解释为,高管团队中年龄导致的成员之间的认知与行为差异会促使团队内部小群体的形成,由此产生的对所处群体的认同与其他群体的排斥会加剧成员之间的情感冲突,严重时会激发矛盾,不利于团队形成统一的创新意见。研究也证明,较高年龄异质性的团队容易产生代沟,可能使团队成员之间存在交流障碍,团队凝聚力与决策效率下降,不利于企业创新[4][5]。另外,基于中国背景,年长的管理者往往在组织中更具权威,一般职位较高,考虑到公司内部的等级制度,即使年轻的高管有发表创新意见的权力,也

---

[1] 周晓惠,田蒙蒙,聂浩然.高管团队异质性、盈余管理与企业绩效 [J].南京审计大学学报,2017,14 (3):75-85.

[2] 陈忠卫,常极.高管团队异质性、集体创新能力与公司绩效关系的实证研究 [J].软科学,2009,23 (9):78-83.

[3] 赵丙艳,葛玉辉,王辉.TMT 垂直对差异对创新绩效的影响——创新氛围的中介作用和行为整合的调节作用 [J].科技与经济,2016,29 (4):1-5.

[4] 马富萍,郭晓川.高管团队异质性对技术创新绩效的影响研究——高管团队冲突处理方式的调节作用 [J].内蒙古大学学报(哲学社会科学版),2010,42 (6):38-42.

[5] Wiersema M. F., Bantel K. A.. Top Management Team Demography And Corporate Chang [J]. Strategic Change [J]. *Academy of Management Journal*, 1992, 35 (1): 91-121.

可能因更具话语权的年长高管的否决而无法实施①。基于此,提出以下假设:

H2b:经营管理人员团队年龄异质性对山东省制造业上市公司创新绩效有负向影响。

8.3.2.3 经营管理人员团队教育水平特征与山东省制造业上市公司创新绩效

1. 经营管理人员团队平均教育水平与山东省制造业上市公司创新绩效

创新不仅需要创造性思维,还需要专业知识的积累②,而教育水平在一定程度上可以代表高管团队的人力资本状况③。

高层梯队理论认为,高管团队平均教育水平可以作为团队整体思维习惯、学习能力的表征变量,虽然教育水平高并不一定意味着较高的管理水平,但一般受教育水平越高,高管团队信息处理能力和洞察力越强④⑤。多数研究也证实了这一观点,发现高管团队受教育水平越高,隐性知识越深厚,应对外界环境变化的灵活性及信息处理能力越强,对于创新的态度也更加开放,有利于企业创新绩效的提升⑥⑦。除影响个体能力外,教育水平还会影响决策时的习惯:较高教育水平的高管团队由于知识体系完备,在工作中辩证思考问题,作出符合企业利益的决策⑧。不同于一般战略,创新战略对管理者要求更高,从决策到实施到

---

① 郑蕾. 上市公司高管团队对公司绩效的影响研究 [D]. 天津:天津大学,2011.

② 吕晨,曹方卉,周之桢,等. 高管团队知识结构对高科技企业创新绩效的影响 [J]. 中国科技论坛,2018 (10):174 – 181.

③ Acs Z. J., Audretsch D. B.. Entrepreneurship, Innovation and Technological Change [J]. *Foundations and Trends (R) in Entrepreneurship*,2005,1 (4):149 – 195.

④ 陈宝杰. 女性参与高管团队对企业创新绩效的影响——来自中国中小板上市公司的实证分析 [J]. 科技进步与对策,2015,32 (5):146 – 150.

⑤ 肖挺. 高管团队特质与制造业服务化介入:基于中国制造业上市公司的实证分析 [J]. 现代财经(天津财经大学学报),2018,38 (1):83 – 97.

⑥ 吕晨,曹方卉,周之桢,等. 高管团队知识结构对高科技企业创新绩效的影响 [J]. 中国科技论坛,2018 (10):174 – 181.

⑦ Ruiz J., Jenny M., Fuentes F., María del Mar. Management Capabilities, Innovation, and Gender Diversity in the Top Management Team:An Empirical Analysis in Technology-based SME [J]. *Business Research Quarterly*,2016 (19):107 – 121.

⑧ 彭中文,张双杰,韩茹. 高管团队特征、创新机会识别与高科技企业成长 [J]. 华东经济管理,2018,32 (9):173 – 177.

成果产出的过程需要高管团队考虑全面、目光长远，抓住机遇，灵活机动决策与调配资源，是对高管团队能力的更深层次考验。加之高教育水平带来的深厚专业知识使高管更容易在企业中树立威信，增强组织凝聚力，赢得科研团队的配合与支持[1]，因此高教育水平的高管团队更能帮助企业提高创新绩效。基于上述分析，作出如下假设：

H3a：经营管理人员团队平均教育水平对山东省制造业上市公司创新绩效有正向影响。

2. 经营管理人员团队教育水平异质性与山东省制造业上市公司创新绩效

高管团队教育水平异质性衡量团队整体学历的差异化程度。基于信息决策理论的研究认为，适当的受教育水平异质性会使团队收集信息的角度呈现差异，从而在决策时表现出更高的灵活性和创造性，有利于抓住机遇提升创新绩效[2]。基于社会类化理论的研究表明，当高管受教育水平差异过大时，他们更容易产生冲突，不利于团队凝聚力的提升，并对企业创新绩效产生消极影响[3][4]。受教育水平高的高管对创新的包容度更强，目光长远，注重企业的长远发展；而受教育水平低的高管更关注财务绩效，即企业的短期业绩，双方这种认知上的差异会影响团队合作。一方面，根据社会类化理论，由于受教育水平差异造成的认知模式、能力、思维方式等方面的差异会增加沟通难度，从而加大团队内部冲突的可能性，不利于充分整合调动团队的知识资源，也会阻碍创新过程[5]。另一方面，企业中一些年长的高管受教育水平低但担任关键职位，在团队中更具话语权，在一定程度上使团队教育程度异质性带来的丰富知识资源无法在创新中发挥积极作用。基于此，提出以下假设：

H3b：经营管理人员团队受教育水平的异质性对山东省制造业上市

---

[1] 郑蕾. 上市公司高管团队对公司绩效的影响研究 [D]. 天津：天津大学，2011.

[2] 白景坤，李莎莎. 高管团队异质性、战略决策质量与创新绩效研究 [J]. 东北财经大学学报，2015（5）：3-9.

[3] Knight D., Pearce C. L., Smith K. G., etc.. Top Management Team Diversity, Group Process, and Strategic Consensus [J]. *Strategic Management Journal*, 1999, 20 (5)：445-465.

[4] Ndofor H. A., Sirmon D. G., He X.. Utilizing the Firm's Resources：How TMT Heterogeneity and Resulting Faultlines Affect TMT Tasks [J]. *Strategic Management Journal*, 2015, 36 (11)：1656-1674.

[5] 罗沛，葛玉辉. 权力分布视角下的高管团队异质性与企业创新绩效 [J]. 中国人力资源开发，2018，35（2）：41-49.

公司创新绩效有负向影响。

8.3.2.4　经营管理人员团队职业背景特征与山东省制造业上市公司创新绩效

职业背景异质性是指高管团队成员曾任职过的职业部门的差异化程度。高层梯队理论认为，这种职业经历的差别会造成认知、行为风格等方面迥异，使高管在决策、管理等工作表现中带有明显的职业特点。汉布里克和梅逊根据其功能和目的将职业背景划分为产出型、生产型和外围型三种类型。销售、市场营销、研发等部门的职业经历属于产出型职业背景，侧重市场开拓和新产品开发；生产管理、设备管理、会计等部门的职业经历属于生产型职业背景，强调生产自动化、设备更新、流程再造等效率提升和流程控制方面的工作；外围型职业背景包括法律、投资等企业的业务支持部门的任职经历，工作的重点是保证资金链、应对法律风险等。这三种类型的职业背景由于工作的关注点不同，对创新的关注度也不同，相比外围型职业背景，生产型和产出型更能帮助企业提升创新绩效，但二者的努力的方向又不同，前者从研发和市场推广发力，后者则致力于过程中效率提升方面的创新。

职业背景会影响高管的认知、经验及工作风格，加之创新过程需要高管团队决策、实施密切配合，及时调整方向、调动资源，否则创新这种高风险的活动极有可能因失败而得不到预期的产出，因此高管团队的职业背景异质性会影响企业的创新绩效。首先，团队内的职业背景差异可能会导致成员对战略重点的关注不同，产生分歧，从而降低团队的凝聚力，不利于企业创新[1]。其次，基于社会类化理论，不同职业经历的高管形成的认知、阅历及工作方式的差异会造成团队内部的群体类化，即产生一个个非正式团体，团体内部的认同感高，而团体之间相互排斥，不利于成员之间的沟通交流和信息共享，这种关系冲突使创新过程中的合作受到影响[2][3]。最后，中国文化背景下的职场"关

---

[1] 王雪莉，马琳，王艳丽. 高管团队职能背景对企业绩效的影响：以中国信息技术行业上市公司为例 [J]. 南开管理评论，2013，16 (4)：80–93.

[2] Camelo O. C., García C. J., Sousa G. E.. The Influence of Top Management Team Conflict on Firm Innovativeness [J]. *Group Decision and Negotiation*，2015，24 (6)：957–980.

[3] 张春雨，郭韬，王旺志. 高管团队异质性对技术创业企业绩效的影响——基于扎根理论的研究 [J]. 科技进步与对策，2018，35 (13)：131–136.

系"进一步削弱了异质性的资源优势,即使某些高管依据职业经验作出了不同的判断,但由于与高管团队中的关键人物或关键群体意见不一致而不敢发声或建议无效,可能会不利于企业创新。因此,提出如下假设:

H4:经营管理人员团队职业背景的异质性对山东省制造业上市公司创新绩效有正向影响。

8.3.3 研究设计

8.3.3.1 样本选择与数据来源

以山东省制造业上市公司为研究对象,研究经营管理人员团队传记特征对企业创新绩效的影响。从 CSMAR 数据库中选取在我国上海证券交易所和深圳证券交易所上市的山东省制造业 A 股上市公司为初始样本,搜集 2018~2024 年的相关数据,以锐思数据库、巨潮资讯网、上市公司年报作为补充数据来源。对初始样本和数据按照以下标准进行筛选:

(1)剔除 ST 和 ST*标记的公司。这两类公司因财务状况异常或出现其他问题被特别处理或退市预警,财务数据的真实性无法保证。

(2)剔除数据缺失的上市公司样本。尽管通过其他途径可以补足数据库中缺失的数据,但仍有部分公司未披露的数据无法获取,例如"经营管理人员教育水平""经营管理人员职业背景"等,因此,我们需要对无法获取的数据样本进行删除处理。

8.3.3.2 变量测量

1. 因变量

创新绩效。目前,学术界对企业创新绩效的测度并未完全达成一致,一些学者以企业创新投入作为衡量技术创新的指标,另一些学者则倾向于采用创新产出进行测量,比如企业申请或被授权的专利数量、新产品销售收入等。本书主要考察的是经营管理人员团队传记特征对企业技术创新绩效的影响,采用新专利数、新产品等产出指标而不是创新投入指标更符合研究目的。发明专利数代表的是创新成果的产出绩效,新产品数反映的是创新成果转化或产业化的绩效，与新产品数相比，专利数更能表示创新成果的产出绩效。另外，由于专利申请的结果并不一定最终通过，专利授权数量更能代表企业创新的有效产出，是衡量创新绩效更为可靠的指标。因此，本书对企业创新绩效的测量以企业当年新增专利授权数量为基础，具体为公司报告期授权发明、实用新型、外观设计三类专利的总和。

2. 自变量

本书关注的经营管理人员团队传记特征包括性别、年龄、职业背景、受教育水平四个方面，涉及同质性特征和异质性特征，具体如下：

（1）性别特征。女性经营管理人员占比（Gender）用经营管理人员团队中女性经营管理人员的数量占经营管理人员团队总人数的比重来衡量。

（2）年龄特征。平均年龄（A_age）。用经营管理人员团队成员的年龄总和/成员个数表示。计算公式如下：

$$A\_age = \sum_{i=1}^{n} age_i / n$$

其中，age_i 代表经营管理人员团队中第 i 位经营管理人员的年龄，n 代表经营管理人员团队所包含的成员数量。

年龄异质性（H_age）。经营管理人员年龄按照出生日期到观测期的时间计算，参照研究中常用的处理方式，用标准差系数衡量经营管理人员团队年龄异质性[①]。计算公式如下：

$$H\_age = \frac{\sigma age}{A\_age}$$

其中，$A\_age = \sum_{i=1}^{n} age_i / n, \sigma age = \sqrt{\sum_{i=1}^{n} (age_i - A\_age)^2 / n}$。

（3）教育水平特征。平均教育水平（A_edu）。首先，按照截至观测期的经营管理人员学历，对经营管理人员教育水平赋值：数字 1~5 分别表示学历高中及以下、大专、本科、硕士研究生（包括 MBA 和 EMBA）、博士研究生及以上[②]。然后，用经营管理人员团队成员的学历

[①] 孙凯，刘祥，谢波. 高管团队特征、薪酬差距与创业企业绩效［J］. 科研管理，2019，40（2）：116-125.

[②] 肖挺. 高管团队特征、制造企业服务创新与绩效［J］. 科研管理，2016，37（11）：142-149.

水平总和/成员个数计算平均教育水平,计算公式如下:

$$A\_edu = \sum_{i=1}^{n} edu_i / n$$

其中,edu_i代表经营管理人员团队中第 i 位经营管理人员的教育水平,n 代表经营管理人员团队所包含的成员数量。

教育水平异质性(H_degree)。采用研究中常用的做法,用赫芬达尔-赫希曼指数(即 Herfindal-Hirschman 指数,又称 Blau 指数)计算教育水平异质性,计算公式如下:

$$H\_degree = 1 - \sum_{i=1}^{n} Pdegree_i^2$$

其中,$Pdegree_i$代表经营管理人员团队中第 i 类学历水平的经营管理人员在占整个经营管理人员团队规模的比重,i 代表学历水平分类,n 代表经营管理人员团队所包含的成员数量。

(4)职业背景特征。职业背景异质性(H_Funback)。首先,依据经营管理人员任职前的职能部门类型,对职业背景赋值:1 代表生产,2 代表研发,3 代表设计,4 代表人力资源,5 代表管理,6 代表市场,7 代表金融,8 代表财务,9 代表法律及其他。其次,与教育水平异质性的计算相同,采用赫芬达尔-赫希曼指数计算职业背景异质性,计算公式如下:

$$H\_Funback = 1 - \sum_{i=1}^{n} Pfunback_i^2$$

其中,$Pfunback_i$代表经营管理人员团队中第 i 类职业背景的经营管理人员在经营管理人员团队成员数量所占的比重,i 代表职业背景分类,n 代表经营管理人员团队所包含的成员数量。

3. 控制变量

环境层面、组织层面、个体层面的因素是影响企业创新绩效的重要因素。因此,在本书中,参考现有相关研究,将企业规模、政府补贴、资产收益率、净资产收益率等作为控制变量。

(1)企业规模(Size)。规模不同的企业在创新绩效上表现出差异,因为企业规模越大,其实力与资源越充足,规模的优势可在一定程度上避免创新在资金方面的困扰,也可为创新争取更多的外部支持,对创新绩效提升有益。因此,企业规模应该被视为控制变量以控制规模因素对创新绩效的影响。借鉴相关研究[①][②]，企业规模用当期期末总资产的自然对数表示。

（2）政府补贴（Sub）。在当前中国市场中，政府补贴已成为激励企业创新的有效手段，能为企业研发提供资金支持、分散创新风险，促进企业未来创新绩效的提升[③]，尤其对制造强国背景下的我国制造企业而言，政府补贴更是在焕发企业创新活力、推动制造业转型升级中发挥至关重要的作用。因此，本研究选取政府补贴为控制变量，用当期收到各项政府补贴合计的自然对数表示。

（3）资产回报率（ROA）和净资产收益率（ROE）。ROA 和 ROE 体现企业的盈利能力，并影响企业是否有资金实力进行创新效率[④]。

（4）经营管理人员团队规模（Scale）经营管理人员团队人数决定了团队能获取资源的丰富程度，这对提高决策质量有益，同时也能增强企业应对风险的能力，有助于提高企业绩效。但同时，人数过多的团队也会容易发生社会类化现象，在大团队内形成非正式的小团队，不利于目标统一，降低沟通效率。因此，企业创新绩效可能会受到经营管理人员团队规模的影响，因此应该将其作为控制变量纳入研究模型中。经营管理人员团队的规模可以用经营管理人员团队中经营管理人员人数来衡量。

8.3.3.3 实证模型构建

为验证经营管理人员团队传记特征与山东省制造业上市公司创新绩效之间的关系，构建经营管理人员团队传记特征与创新绩效的关系模型如下：

$$R\&D = \beta_1 + \sum_{i=2}^{5} \beta_i Control_i + \beta_6 Scale + \beta_7 Gender + \beta_8 A\_age + \beta_9 H\_age + \beta_{10} A\_degree + \beta_{11} H\_degree + \beta_{12} H\_funback + \varepsilon$$

---

① 李端生，周虹. 高管团队特征、垂直对特征差异与内部控制质量［J］. 审计与经济研究，2017，32（2）：24 – 34.

② 李冬伟，吴菁. 高管团队异质性对企业社会绩效的影响［J］. 管理评论，2017，29（12）：84 – 93.

③ 尚洪涛，黄晓硕. 政府补贴、研发投入与创新绩效的动态交互效应［J］. 科学学研究，2018，36（3）：446 – 455.

④ 韩庆潇，杨晨，顾智鹏. 高管团队异质性对企业创新效率的门槛效应——基于战略性新兴产业上市公司的实证研究［J］. 中国经济问题，2017（2）：42 – 53.

其中，β_1 为模型常量，$\beta_2 \sim \beta_{12}$ 为各变量的系数，$Control_i$ 为各控制变量，ε 为模型残差。

8.3.4 实证检验与结果分析

8.3.4.1 描述性统计

针对研究中涉及的变量，本部分对企业创新绩效、经营管理人员团队传记特征及企业规模和政府补贴等控制变量进行描述性统计，具体包括样本量、均值、标准差、中位数、最大值等方面的分析。其中，取对数的变量包括企业财务绩效、企业创新绩效、企业规模、政府补贴。描述性统计结果如表 8-2 所示。

表 8-2　　　　　　　变量描述性统计

变量	样本量	均值	标准差	最小值	中位数	最大值
R&D	710	17.969	1.710	0.000	17.896	22.594
AV	710	20.083	1.236	16.588	19.924	24.350
Size	710	22.120	1.157	20.031	21.961	26.048
Sub	710	15.446	3.373	0.000	16.010	20.823
ROA	710	0.047	0.077	-1.012	0.043	0.228
ROE	710	0.073	0.152	-2.518	0.072	0.542
Scale	710	7.375	3.616	1.000	7.000	42.000
Gender	710	0.137	0.157	0.000	0.111	1.000
A_age	710	46.928	3.712	34.000	46.857	57.400
H_age	710	5.779	2.227	0.500	5.541	13.856
A_degree	710	3.119	0.494	1.750	3.143	5.000
H_degree	710	0.500	0.166	0.00	0.500	0.780
H_Funback	710	2.117	0.424	1.000	2.000	3.400

在样本制造业上市公司中，企业创新绩效的平均值为 17.969，最小值为 0.000，中位数为 17.896，最大值为 22.594，标准差为 1.710。

这说明公司间的创新绩效差距明显，本章研究具有现实意义。

根据表 8 - 2 对各控制变量的描述性统计量，可知：（1）企业规模的均值为 22.120，最小值为 20.031，最大值为 26.048，结合中位数和标准差可知样本企业的规模相差不大。（2）政府补贴标准差为 3.373，表明制造企业之间收到的补贴差异较大。（3）ROA 的均值为 0.047，最小值为 -1.012，最大值为 0.228，说明（4）ROE 的均值为 0.073，最小值为 -2.518，最大值为 0.542，说明（5）经营管理人员团队规模平均值约为 7.375 人，标准差为 3.616，结合最值（42.000）可知经营管理人员团队的成员数量差距较大。

从整体来看，经营管理人员团队传记特征，均值与中位数差异不大，数据分布呈正态分布特点。具体分析，可以看出山东省制造业上市公司经营管理人员团队的一些特点：

（1）女性经营管理人员占比的均值为 0.137，标准差小，说明山东省制造业上市公司经营管理人员团队中女性经营管理人员整体占比偏低，男性经营管理人员仍是经营管理人员团队的主力。

（2）平均年龄的最小值为 34 岁，最大值为 57.4 岁，且标准差为 3.712，表明山东省制造业上市公司经营管理人员团队之间年龄水平差异较大，年轻态和年长态的经营管理人员团队并存。结合平均值和中位数，可以发现目前制造业上市公司的经营管理人员主要以中年群体为主，中年经营管理人员既积累了丰富的经验，又比年长经营管理人员有更多的精力，在制造企业发展中发挥重要作用。

（3）平均教育水平的均值为 3.119，表明经营管理人员团队的整体学历水平介于本科和硕士之间，整体具备较高的教育水平。最大值达到了 5，该企业的经营管理人员团队全部由博士研究生学历经营管理人员组成。

（4）年龄异质性的均值为 5.779，标准差为 2.227，结合最值，说明不同制造企业的经营管理人员团队年龄异质性差异程度较大。同样地，观察教育水平异质性和职业背景异质性的均值、标准差和最大值，发现不同制造企业经营管理人员团队的教育水平和职业背景差异相对不明显。

8.3.4.2 相关性分析

在进行回归分析之前，对所有的变量进行了相关性分析，以检验变量间的相关程度，表 8 - 3 列示了相关分析的结果。

表8-3 相关系数矩阵

变量	R&D	Size	Sub	ROA	ROE	Scale	Gender	A_age	H_age	A_degree	H_degree	H_funback
R&D	1											
Size	0.63*	1										
Sub	0.17*	0.24*	1									
ROA	0.11*	0.00	−0.06	1								
ROE	0.19*	0.11*	−0.02	0.08*	1							
Scale	0.19*	0.16*	−0.00	−0.01	−0.09*	1						
Gender	−0.10*	−0.07	−0.02	0.00	−0.01	0.06	1					
A_age	0.14*	0.24*	0.05	−0.08	−0.08	0.10*	−0.28*	1				
H_age	−0.09*	−0.09*	−0.08*	0.12*	0.08*	0.06	0.08*	−0.06	1			
A_degree	0.33*	0.29*	0.12*	−0.01	0.08*	0.09*	0.01	0.08*	−0.14*	1		
H_degree	−0.04	−0.06	−0.01	−0.06	−0.06	0.09*	−0.03	−0.06	0.11*	0.02	1	
H_funback	0.09*	−0.02	0.02	−0.04	−0.04	−0.09*	−0.03	0.04	−0.03	0.08*	0.01	1

注：*** 代表 $p<0.01$，** 代表 $p<0.05$，* 代表 $p<0.1$。

观察经营管理人员团队传记特征与企业创新绩效的相关性，平均年龄、平均教育水平与创新绩效均在10%水平上显著正相关，女性经营管理人员占比、年龄异质性与创新绩效均在10%水平上显著负相关。其他主要控制变量公司规模、政府补贴、ROA、ROE与创新绩效均在10%的水平上显著正相关，说明控制变量的选取较为合理。

总体而言，自变量、控制变量两种变量之间的相关系数均处于0.7以下，表明变量之间相关性较弱，排除了变量之间存在多重共线性的可能，因此可以进行回归分析。

8.3.4.3 实证结果分析

在构建的实证模型的基础上，将数据代入模型，检验假设是否成立。考虑到面板数据处理时个体差异造成的截距模型选择的不同，用Hausman检验确定应选取的回归模型类型，结果显示P值小于0.01。因此，选择固定效应模型进行回归分析，结果如表8-4所示。

表8-4　经营管理人员团队传记特征对企业创新绩效影响的回归结果

变量		模型1
		因变量：R&D
控制变量	Size	0.923 *** (10.28)
	Sub	-0.006 (-0.50)
	ROA	-0.292 (-0.38)
	ROE	0.335 (0.98)
	Scale	-0.006 (-0.46)

续表

变量	模型1	
	因变量：R&D	
自变量	Gender	-1.156 ** (-2.40)
	A_age	-0.079 *** (-3.98)
	H_age	0.011 (0.43)
	A_degree	0.315 * (1.95)
	H_degree	0.993 *** (2.96)
	H_funback	-0.145 (-0.89)
常量	Constant	0.292 (0.15)
Adj_R²		0.247
F		14.767 ***

注：*** 代表 $p<0.01$，** 代表 $p<0.05$，* 代表 $p<0.1$。

根据回归结果，女性经营管理人员占比的回归系数为 -1.156、-0.079，小于0且在5%水平上显著，说明女性经营管理人员占比均显著负向影响制造业上市公司创新绩效，假设H1通过。说明在经营管理人员团队中，女性经营管理人员的低风险偏好性与谨慎性会使其在企业创新方面持保守态度，同时也会因此与男性经营管理人员发生分歧，不利于创新决策的统一。

经营管理人员团队平均年龄的回归系数为 -0.079，小于0且分别在1%水平上显著，说明平均年龄均显著负向影响制造业上市公司创新绩效，假设H2a通过。这可能是因为年龄大的经营管理人员团队在职时更追求稳定的薪酬，不愿挑战高风险的创新活动，对新事物与环境变化的接受能力相对较弱,对创新中出现的问题不能及时有效地处理,使企业的创新绩效较少。

平均教育水平的回归系数分别为 0.315,大于 0 且在 1% 水平上显著,说明经营管理人员团队平均教育水平对制造业上市公司创新绩效有正向影响,假设 H3a 通过。这可能是因为教育水平高的经营管理人员团队能力更强,视野更开阔,对创新活动的包容度更强,有利于企业研发等创新活动的开展。

教育水平异质性的回归系数为 0.993,大于 0 且在 10% 水平上显著,说明经营管理人员团队教育水平异质性对制造业上市公司创新绩效有正向影响,假设 H3b 未得到验证。虽然年龄异质性系数为正,职业背景异质性系数为负,但均未通过显著性检验,因此假设 H2b 和假设 H4 未通过。说明对中国制造企业而言,经营管理人员团队的教育水平发挥了异质性资源的优势,在经营管理人员团队决策时提供了更多的信息资源,有更强的收集分析内外部环境变化的能力,从而对创新持更加开放的态度。至于经营管理人员团队年龄异质性和职业背景异质性,虽然相关负向作用的假设未通过显著性检验,但不能排除他们与企业创新绩效之间可能存在其他非线性关系。

8.3.5 结论与建议

8.3.5.1 结论

女性经营管理人员占比均显著负向影响制造业上市公司创新绩效,假设 H1 通过。

平均年龄显著负向影响制造业上市公司创新绩效,假设 H2a 通过。

经营管理人员团队平均教育水平对制造业上市公司创新绩效有正向影响,假设 H3a 通过。

经营管理人员团队教育水平的异质性对制造业上市公司创新绩效有正向影响,假设 H3b 未得到验证。

虽然年龄异质性系数为正,职业背景异质性系数为负,但均未通过显著性检验,因此假设 H2b 和假设 H4 未通过。

8.3.5.2 管理建议

(1) 重视经营管理人员的学历水平,并鼓励他们参与继续教育与培训。一方面，通过专家讲座、政策宣传等方式使经营管理人员及时接受与理解经营环境的变化趋势，意识到创新对企业应对行业竞争和持续发展的重要性，把握制造业发展机遇勇于创新；另一方面，鼓励高管参与继续教育提升学历，使信息处理能力和资源整合能力得到有效提升，为企业创新活动的成功开展奠定知识与能力基础。

（2）根据创新和发展需求，合理配置经营管理人员团队。综合考虑年龄、学历、职业背景等因素，避免用人过程中以年龄论资排辈、唯学历等现象，打造年轻化、专业化、学历层次结构合理的经营管理人员团队。

（3）建立与企业发展适配、以人为本的激励机制。随着经营管理人员中女性高管、年轻高管的增多，企业应当根据自身战略发展需求，深入研究经营管理人员需求，尤其是女性高管、年轻高管的需求新变化、新趋势，积极探索新型激励机制，激发经营管理人员潜能。

第9章 基于协调适配的制造业人才开发战略对策

山东省《先进制造业强省行动计划（2022~2025年）》指出：要塑强产业人才队伍。通过实施"人才链、教育链、产业链、创新链"四链融合，我们可以统筹推进企业家、经营管理人才、技术创新人才、卓越工程师、高技能人才等人才队伍建设。深入实施泰山人才工程，加快培育集聚产业发展急需紧缺人才。本章9.2节、9.3节、9.4节就是由此出发，基于山东省制造业人才和制造业协调适配度的评价，论述了山东省制造业经营管理人才、科技人才和高技能人才的开发战略对策。

深入实施创新驱动发展战略，实现山东省制造强省建设目标需要全面推动劳动力要素的升级和结构优化。在此背景下，基于实证数据分析山东省制造业人才与制造业的协调适配度，从人才开发的角度提出制造业人才开发的对策具有重要的实践意义。在未来的一段时期内，这一问题应得到企业、行业、学校与政府的高度重视，切实采取措施实现教育链、人才链和产业链之间的有效衔接和协同推进。

人才开发是一个全面的、系统的、复杂的工程，人才开发战略对策主要包括人才的选拔、培养、使用、激励和约束以及人才的引进等方面。本章以山东省制造业高质量发展为背景，论述山东省制造业人才（经营管理人才、科技人才、高技能人才）开发战略对策，以促进山东省制造业的发展。

9.1 山东省制造业高质量发展目标和展望

2025年全国两会上，习近平总书记强调，圆满实现"十四五"发展目标，经济大省要挑大梁。山东是北方第一、全国第三的经济大省，2024年GDP达到9.86万亿元，同比增长5.7%。国家级制造业单项冠军数量位居全国第一、国家级战略性新兴产业集群数量位居第一、"中国500强企业"数量位居第二……以"大块头"企业多、传统产业占比高著称的山东，正在加速向新、向绿、向海洋、向未来[①]。

9.1.1　山东省制造业高质量发展目标和任务

为全面贯彻落实《山东省国民经济和社会发展第十四个五年规划和2035年远景目标纲要》，推动制造业质量变革、效率变革、动力变革，山东省工业和信息产业厅制定了《山东省"十四五"制造业科技创新发展规划》（以下简称《规划》）。规划明确提出到2025年完成的任务：创新环境进一步优化，创新体制机制基本完善，产业链创新活力全面迸发，产业链协同创新体系运转高效，突破一批关键核心技术、创建一批产业创新平台、实施一批创新项目、引进培育一批领军人才，产业技术创新真正成为制造业高质量发展的第一动力，我省制造业发展水平和发展质量全面提升，整体竞争力大幅跃升。

（1）创新投入。引导工业企业重视研发工作，企业对科技创新投入的意识不断增强。到2025年，全省规模以上工业企业R&D经费支出占营业收入比重达到2.2%左右；规模以上工业企业中有研发机构的占比达到25%左右；规模以上工业企业中有研发活动企业占比达到40%左右。

（2）创新平台。加快建设高水平创新平台，支撑创新能力提升，围绕产业链布局创新链，从战略高度和长远角度，全方位谋划建设高水平创新平台。到2025年，我们力争培育国家制造业创新中心3~4家，省制造业创新中心50家左右，"一企一技术"研发中心达2000家左右，使企业成为科技创新的主体，平台成为科技创新的主要载体。

（3）创新能力。推动企业围绕关键技术、关键设备、关键零部件、关键原材料进行创新，加快科技成果产业化，以解决科技创新支撑力量

[①] 打造北方地区经济重要增长极——山东推动高质量发展不断迈上新台阶［EB/OL］. 2025-04-18. https://www1.xinhuanet.com/fortune/20250418/9d183d51d46f49a8aecbb3a3d75fcc24/c.html.

不足的问题。到 2025 年，国家技术创新示范企业力争达到 70 家左右，省技术创新示范企业达到 500 家左右。国家"质量标杆"力争达到 60 项左右，省"质量标杆"达到 150 项左右。"十四五"期间全省实施企业技术创新项目 10000 项左右。

（4）协同创新。推进企业与高等院校、科研院所研发力量的优化配置和资源共享，推动各创新主体真正围绕产业链搞创新，产业链协同创新流程更加顺畅，创新效率更加高效。坚持问题导向、结果导向，从需求侧、供给侧双侧出发，推动科技成果产业化精准对接。在"十四五"期间，我们将每年与省内外知名高等院校、科研院所组织 2~3 场产学研精准对接活动，以加快科技成果转化落地。

（5）人才支撑。加大人才培养和引进工作力度。注重发挥本土人才和引进人才两个积极性，一方面依托创新平台，引导本地人才向平台集聚，打造干事创业载体。另一方面依托领军人才工程，加快引进培育一批在科技成果产业化方面具备一流水平、引领创新跨越发展的领军人才，为我省项目建设、突破"卡脖子"技术贡献智慧力量。到 2025 年，力争培养引进产业领军人才 300 名左右。

2025 年 4 月 30 日，山东省政府新闻办举行新闻发布会，介绍 2025 年一季度山东省属企业经济运行情况时提到，山东省国资委对省属国资国企新质生产力发展进行了系统谋划，到 2027 年，重点制造业企业研发投入强度达到 5% 以上，占新产业营业收入占比达到 26%，碳排放强度持续下降。

山东省国资委于 2024 年 12 月 22 日在全国省级国资委中率先发布《关于推动省属企业加快发展新质生产力的实施意见》，明确了 5 个方面内容、16 条具体措施，指导省属企业加快培育新质生产力，重点实施省属企业战新产业培育发展三年行动，加大政策支持力度。《实施意见》从全面提升科技创新能力、加快建设现代化产业体系、推进数智化绿色化转型发展等三个方面，研究制定了具体举措。在提升科技创新能力方面，提出加快突破关键核心技术，深化构建科技创新体系，优化科技创新激励机制等，推动创新成果向现实生产力转化。在加快建设现代化产业体系方面，提出改造提升传统产业，加快布局战新产业和未来产业，做强做优现代服务业等，提升全省产业链安全保障水平。在推进数智化绿色化转型发展方面，提出深化产业数智转型赋能，加快推动数字产业变革，提高碳元素利用效能，着力发展循环产业等，不断塑造发展新动能、新优势。

9.1.2 制造业模式与业态创新发展展望①

9.1.2.1 人工智能和工业机器人结合使"黑灯工厂"型智能制造显著增多

工业机器人接入人工智能将极大地提升其智能化程度，助力无人生产普及。应用智能制造的目的是实现柔性生产，满足消费者的个性化需求。人工智能接入后，工业机器人将在语音、视觉、决策、控制等方面实现全面融合，形成感知、决策、控制的闭环系统，不仅提升了机器人的"智慧"程度，而且使机器人能够通过人工智能技术理解人类的自然语言指令，并根据指令迅速、准确地执行相应动作，从而调整和适应不同任务需求，应对更加灵活、多变的生产场景。

9.1.2.2 数字化转型将推动服务型制造模式持续创新和提升供应链效率

一方面，服务型制造将在数字技术的持续赋能下不断涌现新模式、新业态。随着数字技术的深度融合，生产环节间的联系会更加紧密，不仅能够提高劳动力间的协调程度，而且可以通过数据反馈提升企业对市场的反应程度。这种通过技术促进效率的提升需要有新的模式与之相适应。另一方面，数字化服务转型将提高供应链效率。数字技术的深度融合将使企业不断提供高品质服务以提升产品附加值，推动服务型制造从单纯提供产品和简单服务向构建完整的生态体系转变。

9.1.2.3 增材制造技术与其他技术融合促进增材制造向纵深发展

增材制造将与数字技术、新材料技术、新设计理念加速融合，推动制造业生产模式向更加灵活、高效、个性化的方向发展。首先，增材制

---

① 郭朝先，李治鸿．我国制造业模式与业态创新进展以及"十五五"展望［J/OL］．［2025-05-04］．新疆师范大学学报（哲学社会科学版），1-12．https://doi.org/10.14100/j.cnki.65-1039/g4.20250421.001．

造将与数字技术深度融合，推动生产模式向分布式、网络化方向发展。物联网、云计算等技术，能够链接分散的3D打印设备，实现制造资源的跨地域共享。这种模式将推动生产不再集中于大型工厂，而是向社区、零售终端等接近消费者的领域渗透。其次，增材制造将与新材料技术紧密结合，不断拓展应用领域。最后，增材制造将与新设计理念相互促进，推动产品设计创新。增材制造已经摆脱了传统制造工艺模块化的束缚，为设计师提供了更大的设计自由度。未来，设计师可充分利用增材制造的优势，设计出更加复杂、精密的结构，进一步提升产品功能。

对制造业模式与业态创新而言，人力资本（人才）的重要性不可忽视。首先，针对制造业新模式与新业态快速发展的需求，应加强对高端人才的专业技能培训，重点培养掌握大数据、人工智能、云计算、物联网等新一代信息技术的复合型人才以及精通工业设计、工艺流程、质量管理等方面的专业人才。其次，应鼓励企业家、工程师、设计师等不同领域的人才跨界学习，促进知识融合和技术创新。可搭建跨行业、跨领域的交流平台，通过举办研讨会、论坛等活动，促进不同领域人才间的思想碰撞和经验分享。最后，要建立健全人才评价激励机制，构建有利于人才成长的制度环境，让优秀人才脱颖而出，做到人尽其才。

9.2 山东省制造业经营管理人才开发对策

人才开发是一个全面的、系统的、复杂的工程，人才开发战略对策主要包括人才的选拔、培养、使用、激励和约束以及人才的引进等方面的发展。具体来说，各主要活动的具体含义如下：

（1）人才选拔。人才选拔是指制造业企业为了发展的需要，根据人力资源规划和职务分析的要求，寻找吸引那些既有能力又有兴趣到本企业任职的人员，并从中挑选出适宜人员予以录用的过程，以确保企业的各项活动正常进行。人才选拔是其他各项活动得以开展的前提和基础。

（2）人才培养。从整体上讲，人才培养是一个漫长的过程，在此期间可以采用一些方式方法以实现培养目的,而最常用的两种培养方式就是教育和培训。人才培养是指充分发挥学校、企业和个人三个主体作用,将学校专业理论教学、企业实践操作和个人自我学习三者相结合,以提高人才综合能力为目的,实现高效、高质量、高水平的人才队伍建设过程。

(3) 人才使用。人才使用指把合适的人才放到适合的岗位,依据人才的自身专业、知识技能特点安排工作岗位,做到人职匹配、人尽其才。要充分尊重人才的个性差异和兴趣特长,把人才素质能力与岗位需求结合起来,力争把每一个优秀人才都放到最合适的岗位,实现人与事的最佳组合。

(4) 人才激励和约束。人才激励是指通过各种不同的有效激励手段,引导和刺激其需要、动机、欲望,汇聚成某一种指向型目标,并在争夺这一目标的过程中保持昂扬的斗志和积极的情绪,发挥潜力,以达到最终目的的活动。在实施人才激励的同时,不能缺少相应的约束措施。

(5) 人才引进。人才引进是指从政府层面吸引外部在职人员,特别是具有一定工作经验,学历、技术水平较高的人才来当地就业。一个地方能否引进好的人才,首先取决于地方领导层对引进人才作用的认识和乐于引进的决策;其次取决于这个地方人事部门有无识别适合本地特点人才的"伯乐";最后,取决于地方有没有能够吸引和留住优秀人才的良好环境。

如前所述,山东省制造业的发展与制造业人才动态协调,对山东省制造业人才的开发越合理、有效,越能加快完成山东省由制造业大省向制造业强省的转型升级。本章9.2节、9.3节、9.4节从人才选拔、培养、使用、激励和约束、引进等方面,展开对山东省制造业经营管理人才、科技人才和高技能人才等的人才开发战略对策的分析。

9.2.1　完善山东省制造业经营管理人员选拔任用机制

9.2.1.1　科学分类,为完善经营管理人员选拔任用机制奠定基础

要完善选拔任用机制,我们首先要对经营管理人员进行科学分类。

一是要对不同性质的经营管理人员进行分类管理。一是不同类型、规模、效益的企业对经营管理人员的能力素质要求不同，因此他们的选拔任用标准及方式也应该有所区别。二是对不同职位的经营管理人员进行分类管理。党组织、工会组织领导班子、董事会班子、监事会成员以及经营管理层承担的岗位职责各不相同，对他们的专业素质、选拔任用方式和能力建设途径也应区别对待。

9.2.1.2 建立有利于企业经营者脱颖而出的选拔机制

目前构成我们选拔任用机制的主要模式有六种，即委任制、选任制、考任制、聘任制、功绩制和任期制，不同的选拔任用机制优缺点不同，因此不同类别的经营管理人员，其工作性质、职位特点、素质要求各有不同，因而选拔任用机制的形式也应有所不同，甚至完全不同。甚至可以由委任制转为竞争聘任制，建立起谁管经营管理就要谁对企业盈亏负责的机制。这是健全选拔机制的一个方面。二是要注意从企业外部招聘人才，要根据企业发展的需要及时收集人才信息，千方百计以优惠条件招聘人才，广纳天下英才为企业发展服务。

9.2.1.3 促进党管干部原则与市场机制有效结合，加大市场化选聘经营管理人员的力度

要在坚持党管干部的原则的前提下，融合市场经济观念，运用市场机制的原理，运用市场机制，实现经营管理人员的科学配置。一是要将市场经济的观念与党管干部的观念融合在一起。二是利用市场机制来配置经营管理人员。在竞争环境中择优任用，通过市场机制"大浪淘沙"，优胜劣汰，真正做到"能者上、平者让、庸者下、劣者汰"，防止高才低用和庸才重用的现象，为企业的发展提供优质高效的经营管理人才保证。

9.2.2 合理配置制造业经营管理人员团队

9.2.2.1 合理控制经营管理人员团队的规模

在进行科学的角色组合和能力组合的同时，经营管理人员团队的规

模大小也应当合理化控制，团队规模是完成任务的基本保证，也是团队占有资源数量的基础要素。一般认为，一个高绩效的团队，5~11人是最佳规模。规模过小，不利于分工，规模过大，将增加团队异质性，如团队规模过大更容易受到社会惰化现象的影响。臃肿的团队，不仅会耗费大量时间协商和讨论，不利于高效率地制定策略，而且还容易派系丛生。

9.2.2.2 科学配置经营管理团队的人员结构

在不同的竞争环境中，经营管理人员的管理任务可能会有所不同，例如需要具备逻辑推算能力、公关协调能力、统筹决策能力等。而个人能力有限性与任务复杂性的矛盾决定了经营管理人员团队必须科学合理地组合，进行能力与知识的互补。将文、理、工科人才合理搭配，才能满足组织成功所必需的各个特定职能方面的要求，发挥团队最大的功效。因此，经营管理人员的配置应综合考虑年龄、学历、职业背景等因素，避免用人过程中以年龄论资排辈、唯学历等现象，打造年轻化、专业化、学历层次结构合理的经营管理人员团队。

9.2.2.3 完善经营管理人员决策权的分配

经营管理人员决策权的稳定和均衡，关系到整个团队的运作效率。权力的分配不当、责任不清、频繁更迭等现象，都是目前企业经营管理人员团队运作中暴露出的问题。特别是中国企业崇尚"家长式管理"，企业的经营管理团队更多是团队领袖的单向控制，团队领袖很难容纳其他成员的不同意见，事必躬亲，甚至独断专行。这虽然在当前国情背景下，也有利于在面临各种市场机会时快速反应，但无法实现经营管理人员团队优势发挥的最大化，其后果是弊大于利。现代化企业战略决策的复杂性与个人能力的局限性之间的矛盾日益突出，企业的可持续性成长涉及许多跨职能问题的处理，只有集思广益、相互协作才能顺应时代的发展。

随着企业规模不断扩大，竞争加剧，企业治理模式随之而进一步规范化和制度化，客观上要求经营管理人员团队的权力分配应顺应分享式、民主式的趋势，进行科学的分工和合作，实现资源和权力的分享，而非团队领袖个人独裁式的决策。相较于团队领袖个人，团队的行为整合效应更能有效地控制个体成员。

9.2.3 提升制造业经营管理人才培训的有效性

根据山东省制造业经营管理人才的现状，应该重视经营管理人才学历水平的提高，鼓励参与继续教育与培训。一方面，鼓励经营管理人员参与继续教育提升学历，使信息处理能力和资源整合能力得到有效提升，为企业创新活动的成功开展奠定知识与能力基础。另一方面，通过专家讲座、政策宣传等方式使经营管理人员及时接受与理解经营环境的变化趋势，意识到创新对企业应对行业竞争和持续发展的重要性，把握制造业发展机遇勇于创新。

9.2.3.1 明确方向，建立标准，搭建分层分类培训培养体系

（1）在培训目标方面。针对企业经营管理人员培训内容针对性不足的问题，应坚持市场需要、企业发展需要、干部履职需要什么就培训什么的原则。各个企业则结合战略定位、市场状况、自身特点等制定和细化企业的人才标准、培养规划。在政策和规划层面实现方向明确，步调一致。

（2）在培训内容方面。一方面坚持强化党性教育和理论教育，另一方面注重培养企业经营管理人员的专业能力、专业精神，增强适应发展的能力。"党性+专业"双管齐下，为新时代制造业企业经营管理人才培养建立基本的标准。

（3）在课程体系建设方面。管理培训主要依托政府、院校、教育基地等机构，针对不同企业、不同层次、不同专业领域的经营管理人才特点，搭建分层分类的管理培训课程体系。

9.2.3.2 整合资源、共建共享，建设高素质内外部师资团队

（1）外部师资建设方面。坚持以国家、省、市各级党校、行政学院、干部学院、社会主义学院、各级各类高等院校、科研院所优秀师资为主，以社会各类教育培训机构和境外培训机构为辅，充分整合各类优势培训资源，推动政府、协会等机构整合境内外优质教育培训资源，搭建各级各类培训资源共建共享平台，促进社会师资的高效共享。

（2）内部师资建设方面。结合实际，实施专兼职讲师职务聘任和竞争上岗制度，通过考核、奖惩和教育培训，加强专兼职讲师队伍建设。建立知识更新机制和实践锻炼制度，是保证内部讲师培训和素质提升的重要措施。

9.2.3.3 注重实效，推动创新，实施多样化培训培养方式

在学习形式方面，应坚持注重实效，推动创新的原则，引导和支持企业经营管理人员教育培训方式方法创新。应根据培训目标、内容设计和学员特点，综合开展线上与线下培训，课堂与体验培训，脱产与在岗培训。在教学方法上，应综合运用讲授式、研讨式、案例式、模拟式、体验式等方法，实现教学相长、学学相长的目标。

（1）加快网络培训学习平台建设。充分利用大数据、"互联网+"等现代信息技术手段，建立国家、行业、省、市、企业、机构等多维度多角度的网络学习平台，推动企业经营管理人员培训学习信息化进程，强化线上学习管理，完善网络培训制度，实现随时随地学习。

（2）加大体验式培训比重。带着目的学习、喜欢从经验中学习、没有持久的耐力与学习力，这些都是成人学习的基本特点，而企业经营管理人员都是企业领导干部，具备一定的经营管理经验，因此针对他们的培训，应增加体验式教学比重，采用针对企业实际经营管理问题的研究式、互动式、案例式、体验式、模拟式等教学方法，提升培训课程的趣味性和价值感。同时，我们推动搭建行业交流平台、企业交流平台，促进优秀管理实践的研讨、交流、学习和拓展。

9.2.4 构建制造业经营管理人员约束和激励系统

建立与制造业发展相适应、以人为本的激励机制。随着经营管理人员中女性经营管理人员、年轻经营管理人员的增多，企业应当根据自身战略发展需求，深入研究经营管理人员需求，尤其是女性经营管理人员、年轻经营管理人员的需求新变化、新趋势，积极探索新型激励机制，激发经营管理人员潜能。

9.2.4.1 产权约束和激励模块

产权约束和激励，是通过确立经营管理人员和业绩的所有权关系来

推动的。从产权角度对市场经济进行分析，是指个人或经济组织要对自身的行为负责，从而获得一定的资产或经济利益。对于企业的经营管理人员来说，产权属于内部的动力机制。例如我国国有企业的所有权与经营权，存在分离的特征，企业的产权存在着全体公民委托政府，主管部门委托经营管理人员等代理关系。所有权的缺失导致产权的关系比较模糊，国有企业要最大限度地量化和法律化责任及权力。在进行约束和激励机制建设时，会受到外界因素的影响，需要构建约束和激励机制，对所有者以及经营管理者的行为进行监督和管理。

9.2.4.2 政府约束和激励模块

政府要从宏观层面上，对经营管理人员进行约束和激励，还要制定相应的法律法规，确保经营管理人员的行为符合政策要求，要营造积极健康的市场竞争环境。政府在进行法律法规建设时，可以对经营管理人员的行为进行约束，并且调整经营管理人员与企业的关系。政府在对经营管理人员的市场行为进行规范和管理时，可以采用行政管理的形式，确保经营管理人员能够提供更加优质的社会服务。政府在对市场进行管理的过程中，需要对生产资料市场和资本市场以及其他产品市场进行统一的管理，确保各个市场之间能够相互配合协调，从而充分发挥约束和激励机制的作用。

9.2.4.3 企业约束和激励模块

企业在进行约束和激励机制建设时，要通过外部手段对经营管理人员的行为进行约束和管理，政府的行为和产权以及市场都属于外部的约束和激励手段。企业在进行内部约束和激励时，要制定完善的管理制度，对企业法人治理结构进行完善。企业要对股东和经营管理人员以及董事会之间的权力和职责进行明确的划分，确保各个部门的分工明确，形成一定的制约关系，要构建微观的约束和激励机制。董事会要设计一套行之有效的机制，确保经营管理人员在追求个人利益的同时，能够促进所有者利益的最大化发展。在进行机制建设的过程中，要设计专门的报酬制度，充分调动经营管理人员的工作积极性。

9.2.4.4 市场约束和激励模块

在进行经营管理人员约束和激励机制建设时，这项制度并不是独立的，需要与其他制度进行协调配合，从而营造平等的竞争环境，确保经营管理人员的业绩能够得到进一步的提升。存在竞争性质的价格机制，可以对企业的生产经营管理情况进行真实的反映，同时对所有者和消费者的权益进行保护。经营管理人员是通过市场进行资本运营的，市场对企业经营管理人员的约束和激励，主要包含了资本市场对经营管理人员的压力，确保企业的经营管理能够获得更多的利益。产品市场带来的压力，有利于对经营管理人员的控制。竞争性的经营市场，可以对经营管理人员进行约束和激励。兼并市场的外部监督体系对经营管理人员的经营行为产生重要的影响。

9.3 山东省制造业科技人才开发对策

深化山东省制造业技术创新要以创新型人才为坚实支撑，特别是创新型科技人才是制造业创新的保障，因此，对科技人才的开发就显得特别重要。针对制造业科技人才的特征和作用，本节围绕制造业科技人才的培养、激励、组织和引进展开论述。

9.3.1 教育、科技、人才"三位一体"推进制造业科技人才的培养

党的二十大报告指出："教育、科技、人才是全面建设社会主义现代化国家的基础性、战略性支撑[①]。"党的二十届三中全会再次肯定了教育、科技、人才的重要地位，提出："教育、科技、人才是中国式现代化的基础性、战略性支撑[②]。"党和国家从教育、科技、人才的全局性重要战略位置出发，为构建国家人才体系进行了一体化部署，同时也为我国拔尖创新人才培养的主阵地——高校，提出了新的战略指引。

---

① 习近平. 高举中国特色社会主义伟大旗帜 为全面建设社会主义现代化国家而团结奋斗——在中国共产党第二十次全国代表大会上的报告[M]. 北京：人民出版社，2022：33.

② 中共中央关于进一步全面深化改革、推进中国式现代化的决定[M]. 北京：人民出版社，2024：13.

教育、科技、人才在中国式现代化道路中、制造业的高质量发展过程中具有基础性和战略性的支撑作用。教育是科技进步和制造业人才培养的基础，为知识传承与创新提供平台；科技是推动生产力发展和社会进步的动力，是实现这一目标的关键。人才是教育与科技发展的核心要素，三者相互促进、协同发展，共同推动制造业的发展。

教育科技人才一体化发展将促进教育链、人才链与产业链和创新链的有效衔接，进一步提升我国科技创新能力，是推进制造业高质量发展的新路径。一方面，在创新型人才培养上，教育科技人才一体化发展能够为制造业高质量发展提供数量更多、质量更高的创新型人才，通过优化高等教育资源布局，以高水平科技创新和国家战略需求为导向，调整人才培养模式，实施基础学科拔尖人才培养计划，产学研融合发展培养国家战略性人才和急需紧缺人才；另一方面，在高水平科技自立自强上，教育科技人才一体化发展通过加强基础研究和前沿技术探索，推动关键核心技术突破，为新兴产业提供强有力的技术支撑。同时，要推动科技创新、提升成果转化效率和自主科技创新能力，形成更好的技术创新生态，为以科技创新为引擎的制造业高质量发展提供更强动力。

在人才培养方面，要加强与制造业企业的合作，推动产学研深度融合，培养既懂理论又有实践经验的高素质技术人才，将深奥的制造知识传递给一线。通过各层级劳动力之间的优势互补，可以促进核心制造业内部人才结构的持续优化升级，从而实现制造业人力资本结构的整体跃升。

加大科技人才经费投入力度。对于政府来说，首先要以较大的幅度增加财政支出，保证制造业科技人才开发费用比较充裕。其次要广开渠道，吸收企业资金、民间资金、国外投资资金，以及个人（家庭）等多种来源的资金。再次应当研究和实行各种有利于促进制造业科技人才培养投资的经济政策和社会政策，在社会上形成有力的资金支撑。对于制造业企业来说，要尽可能加大对科技人才进修和培训的费用的投资，如果条件允许，可以设立企业科技人才培训专项资金，这不仅可以吸引大量科技人才的加入，也可以达到提升企业创新和学习能力的目的，从而使企业在竞争中能够保持优势。

9.3.2　完善制造业企业激励机制，调动制造业科技人才工作积极性

一是目标激励机制。目标激励机制就是指因人因事而异为科技人才制定具体可行的工作目标，并通过严格考核督促其完成的科技人才激励机制。建立目标激励机制要突出抓好两个环节：其一，目标的制定。目标根据实际情况可以是短期的也可以是长期的，但无论何种目标，都要从企业、部门和科技人才自身的实际出发，与总体发展目标相结合，具有科学性、可行性、超前性和指导意义。其二，目标的考核要严格、细致，考核结果要及时兑现，依据考核结果对科技人才进行动态管理。

二是物质激励机制。薪酬高低在很大程度上决定着企业科技人才的稳定与否。山东省制造业企业的薪酬和福利待遇处于中等水平，但就科技人才的工作投入而言，其收入并不丰厚。因此，企业要加强物质激励的重视程度。物质激励是保证激励机制能够有效实施的关键因素，是完善的薪酬体系中使用最为普遍的一种方式。如果企业想要留住科技人才为自己企业不断地创造价值，就必须满足他们对薪酬的期望，使其薪酬水平保持在同行竞争企业之上，也可以达到吸引同行企业核心人才的目的。

三是精神激励机制。工作、劳动不仅是人们谋生的手段，还是人们一种更高级的社会需要。对制造型企业科技人才而言，更是如此。当其辛勤劳动取得一定成绩时，也十分渴望得到社会的理解、承认、赞扬和鼓励。如果社会舆论支持并满足了这些心理需要，其积极性就会持续高涨；反之，如果对此反应冷淡，甚至冷嘲热讽，那无疑会大大降低其工作积极性。精神激励机制就是通过给优秀科技人才授予荣誉、宣传表彰等方式，扩大其知名度和美誉度，使其在企业乃至社会获得广泛认可中得到满足，从而保持工作积极性，并以此激励更多制造业企业科技人才竞相进取的科技人才管理机制。

四是要注重营造良好的制造业技术创新文化氛围。要鼓励开放合作，倡导跨界融合，允许失败，宽容探索。通过建立创新容错机制，减少科技人才对失败的担忧，让他们敢于冒险，勇于探索未知的制造业领域，从而加快科技创新的步伐。

另外，鼓励制造业企业设立研发岗位，提高研发人员薪酬待遇，进一步完善管理制度，强化对研发人员的激励力度，形成知识创造价值、价值创造者得到合理回报的良性收入分配制度。

9.3.3 组织实施制造业产业领军人才工程，让优秀人才脱颖而出

一是针对制造业新模式和新业态快速发展的需求，我们应该加强对高端人才的专业技能培训，重点培养掌握大数据、人工智能、云计算、物联网等新一代信息技术的复合型人才以及精通工业设计、工艺流程、质量管理等方面的专业人才。

二是应鼓励企业家、工程师、设计师等不同领域的人才跨界学习，促进知识融合和技术创新。可搭建跨行业、跨领域的交流平台，通过举办研讨会、论坛等活动，促进不同领域人才间的思想碰撞和经验分享。

三是面向新旧动能转换"十强"产业和关键产业链，加快引进培育一批产业领军人才，培育产业发展新优势，加速新旧动能转换，为我省项目建设、突破"卡脖子"技术贡献智慧力量。实施领军人才配额制，重点支持关键产业链"链主"企业引才需求，为"延链补链强链"提供智力支撑。

四是打造高端人才干事创业平台。通过推进国家和省制造业创新中心、工业企业"一企一技术"研发中心等创新平台建设，为高端人才提供干事创业平台载体，营造既能引进来、又能留得下的人才创新环境。

9.3.4 加大海外高层次人才的引进力度，实现制造业人才发展规划目标

加大海外高层次人才的引进力度，特别是那些在关键技术领域有突出贡献的科学家和工程师。通过提供优厚的待遇、良好的工作环境以及灵活的科研管理机制，吸引他们回国或来华创业，积极投身到我国制造业的技术创新和产业升级的浪潮中，以便尽快构筑"人才高地"，实施超越式的人才集聚模式。众所周知，"名人"的辐射作用，孵化作用能迅速地提升知名度，一个院校若有一个或几个负有盛名的学者，将身价

倍增，著名的学者、专家在特有的研究领域中处于领先地位，他们自然而然地成为学术的中心，引导着研究的方向。

9.3.4.1 围绕提升基础研究和原始创新能力，引进一批战略科学家

立足于缩小制造业基础研究与国际领先水平的差距，在电力装备、农机装备、生物医药、高档数控机床和机器人等基本前沿领域，大力引进从事原创研究、交叉研究，开展理论探索、科学观察、科学实验卓有成效，具有引领国际科学发展趋势的优秀科学家。根据山东省科技创新的重点领域和优先方向，积极引进从事量子计算与量子通信、航空航天装备、先进轨道交通装备制造等研究和新兴、交叉、边缘学科研究，以及培育和发展重大产业技术的应用基础研究的战略科学家。

9.3.4.2 围绕提升前沿技术和战略高技术引领突破能力，引进一批科技领军人才

聚焦新一代信息技术、新能源、新材料和高端制造、生物与生命健康等前沿领域，空间技术、网络技术、智能化技术、能源资源、生态技术、纳米和基因工程技术，深空、深海、深地、深蓝等战略高技术，引进具有引领突破前沿领域和战略技术能力的科技领军人才和世界级科技大师，推动山东省在高端制造业关键核心技术上取得突破，抢占国际竞争制高点。

9.3.4.3 围绕提升参与和引领国际经济合作竞争能力，引进一批战略性企业家和专门人才

主动适应创新驱动发展战略、"走出去"战略的需要，引进一批具有全球战略眼光、市场开拓精神、国际化管理创新和跨文化经营管理能力的创新创业企业家、风险投资大师，企业发展亟须紧缺的风险评估、金融分析专家以及战略规划、资本运作、国际投资等专门人才。认真研究实施"一带一路"倡议对国外高端制造业管理人才和智力需求的特点，着力引进一批具有国际视野、通晓国际经济运行规则、熟悉"一带一路"共建国家法律法规的复合型人才。

山东省应为引进科技人才设置专项资金，不惜重金引进国内外制造业高层次的科技人才，从而形成科技人才的聚集效应。

9.4 山东省制造业高技能人才开发对策

高技能型人才作为我国人才队伍建设的重要组成部分，是将生产实践与技术创新相结合的第一执行者，是落实中国式现代化建设的基础性支撑[①]。培养高技能型人才是一项漫长的系统性工程，而加速该工程的推进离不开政策引导与调控。自2021年人力资源社会保障部印发《"技能中国行动"实施方案》[②]，2022年中共中央办公厅、国务院办公厅印发了《关于加强新时代高技能人才队伍建设的意见》[③]，到2024年中华全国总工会出台《大国工匠人才培育工程实施办法（试行）》[④]，2023年山东省也出台了《关于加强新时代全省高技能人才队伍建设的实施意见》[⑤]，并于2024年9月26日山东省第十四届人民代表大会常务委员会第十一次会议通过了《山东省先进制造业促进条例》，促进山东省高技能型人才队伍建设政策体系正逐渐完善，在政策演变过程中，国家、山东省对高技能人才培养在企业、高职院校、个人等层面均进行了不同程度的牵引与导向。

9.4.1 加快构建职普融通、政产教研融合的职教体系，促进制造业高技能人才培养

我国制造业正加快向高端化、智能化、绿色化转型升级，不少企业

---

① 胡彩霞，檀祝平. 高技能人才培养：政策导向、现实困境与教育调适［J］. 职教论坛，2022，38（11）：14－22.

② 人力资源社会保障部. "技能中国行动"实施方案（人社部发〔2021〕48号）［EB/OL］. 2021－06－30. https：//www.mohrss.gov.cn/xxgk2020/fdzdgknr/qt/gztz/202107/t20210705_417746.html.

③ 中共中央办公厅、国务院办公厅. 关于加强新时代高技能人才队伍建设的意见（国务院2022年第29号）［EB/OL］. 2022－10－07. https：//www.gov.cn/gongbao/content/2022/content_5719981.htm.

④ 中华全国总工会. 大国工匠人才培育工程实施办法（试行）（总工发〔2024〕1号）［EB/OL］. 2024－01－19. http：//acftu.people.com.cn/n1/2024/0119/c67502－40162224.html.

⑤ 山东省人民政府. 关于加强新时代全省高技能人才队伍建设的实施意见｛鲁政办字〔2023〕146号｝［EB/OL］. http：//www.shandong.gov.cn/art/2023/9/25/art_267492_59402.html.

生产一线发生变化，对技能岗位提出新要求。党的二十届三中全会《决定》提出，"加快构建职普融通、产教融合的职业教育体系""建设一流产业技术工人队伍"。工人队伍中的高技能人才，是推动技术创新和实现科技成果转化不可缺少的重要力量。应通过学校教育培养、企业岗位培训、个人自学提高等方式，加快高技能人才的培养。高等职业院校和高级技工学校、技师学院应该充分发挥其培训基地的作用，扩大培训规模，提高培训质量。充分发挥企业的主体作用，强化岗位培训，组织技术革新和攻关，改进技能传授方式，促进岗位成才。

9.4.1.1 构建以行业企业为主体、技工院校、职业学校为基础、政府推动与社会支持相结合的高技能人才培养体系

建立现代化的"政—企（产）—产—学—研"合作机制，是促进各方资源整合利用、协调各方利益的关键。政府要不断优化组织管理，进一步改善政府支持方式，为人才培养提供坚实的制度保障，促进政府、企业、产业界、高校与科研机构之间的有效沟通与协作，确保多元主体能够围绕共同目标形成合力，推动技能人才培养工作迈向新台阶。企业作为技能人才工作的主要场所，要构建实践与创新平台，为技能人才提供将理论知识转化为实际操作能力的机会。高校作为技能人才培养的主阵地，要设计并实施系统化的人才培养方案，优化课程教学和专业设置，为提升技能人才的培养质量奠定坚实基础。科研院所作为科研创新的前沿阵地，应该搭建高层次的科技探索平台，促进学术研究与实际应用的深度融合[1]。

行业主管部门和行业组织要结合本行业生产、技术发展趋势，做好高技能人才供需预测和培养规划工作。建议各类企业将高技能人才培养纳入企业发展总体规划和年度计划，并依托企业培训中心、产教融合实训基地、高技能人才培训基地、公共实训基地、技能大师工作室、劳模和工匠人才创新工作室、网络学习平台等，大力培养高技能人才。国有企业应结合实际情况，将高技能人才培养规划的制定和实施情况纳入考核评价体系。鼓励各类企业事业组织、社会团体及其他社会组织以独资、合资、合作等方式依法参与举办职业教育培训机构，积极参与承接政府

---

[1] 王强，张馨冉，祝慧琳. 美国先进制造业技能人才培养的制度供给与实践路径 [J]. 中国人民大学教育学刊，2025（1）：141-154.

购买服务。对纳入产教融合型企业建设培育范围的企业兴办职业教育符合条件的投资，可依据有关规定按投资额的30%抵免当年应缴教育费附加和地方教育附加。

9.4.1.2 完善职业教育体系，大力培养高层次技术技能复合型人才

制造业的转型升级不仅需要大量的科学人才，同时也依赖更庞大的技术应用人才，然而从目前山东省职业教育的人才培养规模和层次来看还远未达到制造业未来发展的需求。

1. 优化职业教育类型，探索省域现代职业教育体系新模式

我们将以中等职业学校为基础、高职专科为主体、职业本科为牵引，建设一批符合经济社会发展和技术技能人才培养需要的高水平职业学校和专业。同时，我们将采取中等职业学校和普通高中同批次并行招生等措施，稳定中等职业学校招生规模。完善职教高考制度，健全"文化素质+职业技能"考试招生办法，扩大应用型本科学校在职教高考中的招生规模，切实保障职业学校学生在升学、就业、职业发展等方面与同层次普通学校学生享有平等机会。山东省提出要推进国家"双高计划"高职建设工程，重点建设20所高水平高职院校。实施固本强基工程，加快建设100所左右高水平中职学校。大力发展技工教育，实施技工教育优质校建设工程，建设国家级和省级优质校、优质专业（群）。推广企业全面参与的集团化办学模式。允许职业院校开展有偿性社会培训、技术服务或创办企业。山东省还应该加快省内应用型本科向"高职化"转变，明确应用型本科就是本科层次高职的定位，这样既能明确应用型本科的发展方向又能打破高职教育只有专科层次的瓶颈，从而真正完善职业教育人才培养体系。

2. 改革人才培养方案，创新高技能人才培养模式，适应山东省制造业升级

创新产教融合人才培育模式，指导高等学校、中等职业学校、职业培训机构等，结合先进制造业人才需求，加强新工科建设，合理设置学科、专业和教学培训内容，强化技能培训和职业教育。加强产教融合、校企合作，进行针对性人才培养，能有效缓解技能人才供需矛盾。山东推进技工院校工学一体化技能人才培养模式，实现理论教学和实践教学融通合一、专业学习和工作实践学做合一、能力培养和工作岗位对接合

一。山东有37所和51所院校分别承担全国技工院校工学一体化第一阶段和第二阶段建设任务，包括制定工学一体化课程标准、开发教学资源、建设教学场地等。

探索中国特色学徒制。鼓励校企深度合作，推动建设先进制造业公共实训基地，鼓励在具备条件的企业建设高技能人才培养基地，推行现代学徒制和企业新型学徒制。

深化产教融合、校企合作，开展订单式培养、套餐制培训，创新校企双制、校中厂、厂中校等方式。对联合培养高技能人才成效显著的企业，各级政府应当按照规定给予表扬和相应政策支持。完善项目制培养模式，针对不同类别不同群体高技能人才实施差异化培养项目。鼓励通过名师带徒、技能研修、岗位练兵、技能竞赛、技术交流等形式，开放式培训高技能人才。建立技能人才继续教育制度，推广求学圆梦行动，定期组织开展研修交流活动，促进技能人才知识更新与技术创新、工艺改造、产业优化升级要求相适应。在山东省经济社会发展中，制造业企业存在"招工难"的现象，而富余劳动力却存在"就业难"的现象，这是企业转型升级发展对员工的技能要求与富余劳动力技能低之间的矛盾导致的。基于职业院校优质教学资源，组织相关制造业企业与职业院校合作开展对富余劳动力的系统培训并推荐到制造业企业就业。

山东省在技工教育方面，建成以技师学院为主要层次、技工学校梯次发展的现代技工教育体系，2023年全省招生18.4万人。截至2023年底，全省技工院校开设"订单班""冠名班"989个，为比亚迪、奇瑞、齐鲁制药等企业定向培养技能人才，全省各类"订单班""冠名班"在校生达3.7万人[①]。

9.4.1.3 发挥制造业企业培养（培训）主体作用，健全终身职业技能培训制度，提升制造业高技能人才的适配素质

企业是高技能人才开发、使用的主体，被选拔的人才一般都需经过培训，才能成为满足各种职业和岗位要求的专门人才。先进制造业以信息、知识要素投入为特征，因此对高技能人才的技术要求和创新要求越

---

① 制造业加快转型升级，生产一线岗位需求发生变化——新型技能人才如何培育．人民日报．2024-08-18 人民日报．中华人民共和国中央人民政府．https：//www.gov.cn/yaowen/liebiao/202408/content_6969011.htm.

来越高。作为企业的管理者，一方面应该加大培训投入，将人才培训作为一项可持续发展的战略规划来运作，及时进行新知识、新技术、新材料等相关知识技能的培训，使人才像蓄水池一样永远保持新鲜活力。另一方面，在企业内部应建立一套高效完善的、包含高技能人才培训需求调查、培训计划实施、培训效果评估和培训迁移等要素的高技能人才培训体系。

优化"金蓝领"项目，全面推进中国特色学徒制，到2025年，全省培养10万名以上企业新型学徒职工和现代学徒。加强产学研合作，按照复合型技术技能人才标准，培育一批卓越工程师。探索校企双制、校中厂、厂中校等培养模式。建议各类组织依法参与举办职业教育培训机构。对纳入产教融合型企业建设培育范围的试点企业兴办职业教育的投资，可依据有关规定按投资额的30%的比例，抵免该企业当年应缴教育费附加和地方教育附加。遴选10家左右"产业链"链主企业，根据全链发展需求，牵头面向链上企业开展"产业链"综合培训项目试点。建议各类头部企业建立跨企业培训中心、实训基地，以培养行业领域高技能人才。

9.4.1.4 加大急需紧缺高技能人才培养力度，促进山东省制造业高质量发展

（1）培育塑造高技能领军人才。围绕山东省制造业重大战略、重大工程、重大项目对高技能人才的需求，实施高技能领军人才培育计划。发挥领军人才传承、创新作用，到2025年，建设20个左右国家级技能大师工作室。到2030年，建设200个齐鲁技能大师特色工作站、400个省级劳模和工匠人才创新工作室。注重后备力量长期培养，对优秀青年技能人才给予动态关注和支持，形成梯次培养机制，培养万名高技能领军人才。

（2）实施"技能兴鲁"百万工匠培育行动。深入实施职业技能提升行动，逐步扩大高级工以上政府补贴性技能人才培训规模。我们突出产业链、新兴产业的需求，动态调整政府补贴性职业技能培训目录。推广求学圆梦行动，促进技能人才知识更新。充分发挥政府、企业、职业院校（含技工院校，下同）和社会力量综合优势，到2030年培育百万名以上"技能兴鲁"新工匠。

9.4.2 健全人才使用机制，充分发挥制造业高技能人才的潜力

9.4.2.1 健全高技能人才使用机制

引导企业建立科学岗位管理体系，鼓励高技能人才参与重大生产决策、重大革新攻关项目，组建"技师+工程师"团队。我们支持高技能人才兼任职业院校实习实训指导教师。倡导"产业链"内企业建立高技能人才共享交流机制，鼓励高技能人才通过兼职、服务、技术攻关、项目合作等柔性流动方式充分发挥作用。分级分层梳理高技能人才信息，建设高技能领军人才信息库，纳入全省高层次人才库管理，面向行业共性工艺革新等问题建立领题攻关机制。

发挥高技能领军人才的引领示范作用。以泰山产业技能领军人才为引领，加大齐鲁首席技师选拔力度，遴选"山东省技术技能大师"，深化"齐鲁工匠"建设工程，培育"鲁班首席工匠""齐鲁大工匠""齐鲁工匠"。制定企业特级技师、首席技师岗位评聘的指导意见，"十四五"期间，开展特级技师、首席技师评聘的企业 200 家左右，评聘 1000 人左右。

加强高技能专家工作室建设。通过发挥专家工作室的平台优势，我们可以凝聚技能人才团队，开展技术革新、技艺传承和破解难题等工作，从而助力企业生产经营提质增效。实行个人成果命名制，对工作成果、操作法或技能大师工作室的领衔人，以其姓名命名成果、操作法或工作室。选拔优秀青年技能操作骨干与拔尖技能人才签订《师徒协议》，鼓励拔尖技能人才跨单位带徒。为了发挥中华技能大奖、全国技术能手、五一劳动奖章获得者等拔尖人才的"名人效应"，我们组织举办了能工巧匠大讲堂，邀请他们分享个人成长经历和成功经验，弘扬工匠精神和优良传统。

建立高技能人才团队。团队带头人（领军人才、专家等）注重传授技艺和经验，毫无保留地将自身的实践经验和经验积累传授给新生代，帮助他们掌握各类制造设备和工具的操作技巧，培养他们的技术技能水平和综合素质；组织培训和传帮带活动，协助各类职业院校开展技

能培训、经验分享和职业发展指导等活动，帮助年轻一代提升技能水平和职业竞争力；注重营造良好的学习和创新氛围，鼓励团队成员积极探索、勇于尝试，培养团队成员的合作精神和创新能力。

9.4.2.2 完善高技能人才稳才留才引才机制

我们鼓励和引导企业关心关爱技能人才，依法保障技能人才的合法权益，并合理确定他们的劳动报酬。健全人才服务体系，促进技能人才合理流动，提高技能人才配置效率。建立健全技能人才柔性流动机制，鼓励技能人才通过兼职、服务、技术攻关、项目合作等方式更好地发挥作用。畅通高技能人才向专业技术岗位或管理岗位的流动渠道。引导企业规范开展共享用工。支持各地结合产业发展需求实际，将急需紧缺技能人才纳入人才引进目录，引导技能人才向欠发达地区、基层一线流动。支持各地将高技能人才纳入城市直接落户范围，高技能人才的配偶、子女按有关规定享受公共就业、教育、住房等保障服务。

9.4.3 建立人才多元化评价机制，提升制造业高技能人才的工作绩效

技能人才评价是优化技能人才配置、激发技能人才活力的重要手段。我省将坚持"质量优先、需求导向、纵深推进"原则，聚力打好"拓、促、创、强""组合拳"，推动技能人才评价与高质量充分就业同频共振、与产业转型升级同向同行、与技能人才成长同步发展。

（1）支持企业自主开展技能等级认定。发挥职业技能等级认定在促进技能人才成长中的积极作用，推动企业自主开展职业技能等级认定。支持企业结合生产经营特点和实际需要，自主确定评价职业（工种）范围，自主设置职业技能岗位等级，自主开发制定评价标准规范，自主运用评价方法，自主开展技能人才评价。鼓励企业在职业技能等级认定工作初期，广泛开展定级评价。可根据岗位条件、职工日常表现、工作业绩等，参照有关规定直接认定职工职业技能等级。支持企业将职业技能等级认定与企业岗位练兵、技术比武、新型学徒制、职工技能培训等各类活动相结合，建立与薪酬、岗位晋升相互衔接的职业技能等级制度。打破学历、资历、年龄、身份、比例等限制，对掌握高超技能、

业绩突出的企业一线职工，可按规定直接认定为高级工、技师、高级技师。

（2）健全技能人才评价制度。健全以职业能力为导向、以工作业绩为重点、注重工匠精神培育和职业道德养成的职业技能鉴定体系。健全与国家职业资格制度相衔接、与职业技能鉴定考前培训制度相适应的职业技能等级制度，开展职业技能鉴定，搭建成长平台。加强对鉴定质量的监管。将职业技能等级作为技能操作人员上岗、聘任和享受相关待遇的重要依据。加大专项职业能力考核项目开发力度，满足新业态新技术、区域特色产业和技艺传承评价需求。探索建立境外技能人员职业资格认可清单制度。加快形成纵向衔接、横向贯通、覆盖全面的技能人才评价制度体系。

（3）健全技能评价服务体系。实施技能岗位"人人持证"工程。到2025年，在以技能人员为主体的规模以上企业和用人单位中，全面推行职业技能等级认定。为了扩大社会培训评价组织职业技能等级认定的覆盖面，我们探索推进专项职业能力考核社会化改革，并为劳动者提供多层次、高质量的技能评价服务。

完善技能人才的职业资格证书制度，推进技师考评制度改革，实行培训、考核、使用和待遇相结合的制度，逐步建立统一标准、自主申报、社会考核、企业聘用的高技能人才成长机制。进一步提高高技能人才的社会地位，优化高技能人才成长的社会环境。

（4）完善职业技能竞赛体系。广泛深入开展职业技能竞赛，完善以世界技能大赛为引领、全国职业技能大赛为龙头、全国行业和地方各级职业技能竞赛以及专项赛为主体、企业和院校职业技能比赛为基础的中国特色职业技能竞赛体系。依托现有资源，加强世界技能大赛综合训练中心、研究（研修）中心、集训基地等平台建设，推动世界技能大赛成果转化。我们定期举办全国职业技能大赛，并推动省、市、县开展综合性竞赛活动。鼓励行业开展特色竞赛活动，举办乡村振兴职业技能大赛。举办世界职业院校技能大赛、全国职业院校技能大赛等职业院校技能竞赛。健全竞赛管理制度，推行"赛展演会"结合的办赛模式，建立政府、企业和社会多方参与的竞赛投入保障机制，加强竞赛专兼职队伍建设，提高竞赛科学化、规范化、专业化水平。完善并落实竞赛获奖选手表彰奖励、升学、职业技能等级晋升等政策。鼓励企业对竞赛获奖选手建立与岗位使用及薪酬待遇挂钩的长效激励机制。

完善以世界技能大赛为引领，全国职业技能大赛为龙头，"技能兴鲁"职业技能竞赛为骨干，各市和行业竞赛为主体，企业和院校职业技能比赛为基础的竞赛体系。定期举办山东省职业技能大赛、职业院校技能大赛，并组织开展引领性劳动和技能竞赛。

9.4.4 构建多要素结合的激励机制，激发制造业高技能人才积极性

中华全国总工会《大国工匠人才培育工程实施办法（试行）》办法提到的激励措施有：(1) 中华全国总工会设立大国工匠激励保障专项资金，支持工匠开展项目攻关、技能传承等工作。两年培育期内，每年给予培育对象5万元经费用以开展培训研修和交流学习活动，鼓励各级工会配套经费。(2) 创新工作室。鼓励以培育对象名字命名其所在班组，创建以其领衔、命名的创新工作室，符合条件的优先命名为"全国示范性劳模和工匠人才创新工作室"，给予一次性10万元经费补助。鼓励引导创新工作室进行数字化智能化升级，并对表现特别优异的给予一次性20万元经费支持。(3) 设立大国工匠人才培育工程重点支持项目，每年支持若干在国家重大战略、重大工程、重大项目、重点产业中担当重任的培育对象开展创新攻关项目，给予一次性50万元项目资助，以项目需求为导向联系有关部委、高校科研院所、专家学者、媒体等各方面资源予以支持。支持培育对象的在研项目，由中华全国总工会联系相关专家提供指导、咨询、成果申报等服务，优先获得职工创新补助资金等资助，优先推荐申报国家科学技术进步奖、中国专利奖、全国创新争先奖等奖项。(4) 待遇。培育期满获得大国工匠证书后，工会比照全国劳模标准为人选落实走访慰问、健康体检、疗休养、就医服务等待遇，所在单位根据人选实际能力水平研究核定薪酬等待遇。切实加大新闻宣传力度，积极推荐培育对象作为大国工匠年度人物、大国工匠新闻人物，推荐和组织参加各类重要活动。(5) 推荐使用。支持培育对象进一步发挥作用。积极向各级党委组织部门汇报，推荐纳入各级党委联系服务范围；积极联系教育、科技、工信等部门，推动进入国家创新人才链；着力培养担任党代表、人大代表、政协委员的履职能力；推荐担

任地市、行业工会兼职副主席及相关社会职务；打通职业发展通道，推荐培养担任企业、行业有利于发挥其专长的高级职务。

结合山东省制造业发展和高技能人才实际，我们总结梳理了以下激励要素：

（1）提升高技能人才待遇水平。引导企业建立健全以技能、绩效为导向的薪酬分配制度。指导企业对高技能人才建立基于岗位价值、能力素质、绩效的综合薪酬工资制，合理评价技能要素贡献。同时，鼓励企业对高技能人才特别是高技能领军人才实行年薪制、协议薪酬、专项特殊奖励，按规定探索实行股权激励、项目分红或岗位分红等中长期激励方式，并结合技能人才劳动特点，统筹设置技能津贴、师带徒津贴等专项津贴，更好体现技能价值激励导向。畅通为高技能人才建立企业年金的机制，提高技能人才薪酬福利水平。进一步提高失业保险参保职工技能提升补贴政策受益率。

根据《山东省人力资源和社会保障厅 山东省财政厅关于失业保险支持参保职工提升职业技能有关问题的通知》的规定：职工取得初级（五级）职业资格证书或职业技能等级证书的，补贴标准一般不超过1000元；职工取得中级（四级）职业资格证书或职业技能等级证书的，补贴标准一般不超过1500元；职工取得高级（三级）职业资格证书或职业技能等级证书的，补贴标准一般不超过2000元。

支持各地将高技能人才纳入城市直接落户范围，高技能人才的配偶、子女按有关规定享受公共就业、教育、住房等保障服务。建立高技能人才休假疗养制度，分级分类开展休假疗养、研修交流和节日慰问活动。广泛开展高技能领军人才技能研修交流、休疗养和节日慰问活动。山东省坚持以实绩定待遇、评奖励，打破人才成长瓶颈和"天花板"，让技能人才能够受尊重、得实惠，实现"名利双收"。比如，创新激励制度，为759位高技能人才发放"山东惠才卡"，享受住房保障、子女就学、职称评聘等29项服务。

（2）加大高技能人才表彰奖励力度。对照国家表彰奖励体系，建立以山东省表彰为引领、行业企业奖励为主体、社会奖励为补充的高技能人才表彰奖励体系，并逐步完善我省高技能人才表彰奖励制度。将高技能人才纳入省政府特殊津贴享受人员申报范围。积极推荐高技能人才参评劳动模范和先进工作者、科学技术奖等相关表彰评选，省级以下表彰可适当向高技能人才倾斜。对于符合条件的高技能人才，我们按照规定授予他们省五一劳动奖章等称号。同时积极推荐高技能人才参加国家评选和表彰。提高高技能人才在各级各类表彰和荣誉评选中的名额分配比例，提高表彰奖励标准，拓宽表彰奖励覆盖面。

（3）加强对高技能人才的政治引领和政治吸纳，做好党委（党组）联系服务高技能人才工作。将高技能人才纳入各地人才分类目录。注重依法依章程推荐高技能人才为人民代表大会代表候选人、政治协商会议委员人选、群团组织代表大会代表或委员会委员候选人。进一步提高高技能人才在职工代表大会中的比例，并支持他们参与企业管理。根据按照有关规定，我们可以选拔推荐优秀高技能人才到工会、共青团、妇联等群团组织挂职或兼职，并加大优秀高技能人才在群团组织挂职或兼职的力度。

（4）健全、贯通高技能人才职业发展通道。为了拓展高技能人才的职业技能等级设置，我们支持和引导制造业企业增加职业技能等级层次，并探索设立首席技师、特级技师等岗位职务。建立技能人才与管理人才、专业技术人才职业转换通道。建立职业资格、职业技能等级与专业技术职务比照认定制度，加强高技能人才与专业技术人才职业发展贯通。各类用人单位对在聘的高级工以上高技能人才在学习进修、岗位聘任、职务职级晋升、评优评奖、科研项目申报等方面，按相应层级专业技术人员享受同等待遇。

（5）弘扬劳模精神、劳动精神、工匠精神。创新方式方法，结合世界技能大赛、国内职业技能竞赛、高技能人才评选表彰、世界青年技能日等重大赛事、重大活动和重要节点，采取群众喜闻乐见的形式，广泛深入开展技能中国行、"迎世赛，点亮技能之光"、中华绝技等宣传活动，讲好技能成才、技能报国故事，传播技能文化，大力弘扬劳模精神、劳动精神、工匠精神。各地可利用技工院校、职业院校、博物馆、文化宫、青少年宫等教育和培训场所，推动设立技能角、技能园地等技能展示、技能互动、职业体验区域，引导广大劳动者特别是青年一代关注技能、学习技能、投身技能。技工院校、职业院校要大力开展技能教育，在劳动教育和劳动实践活动中宣传劳模精神、劳动精神、工匠精神。

9.4.5 强化人才优惠政策，吸引和引进制造业发展所需高技能人才

政府应该围绕产业园区、重点企业、重大项目，分别成立专题工作组，组织重点骨干制造业企业参加高层次人才合作洽谈会，组织企业赴高校开展招聘等，精准组织开展各类人才引进活动。对于急需的高技能人才，可以制定具体政策条款，引导企业面向国内与国外，多种渠道、多种形式引进。

在分析前期高技能人才引进中的障碍和问题后，支持企业、科研机构、重点实验室、研究中心等发挥人才平台承载能力，引进一批优秀高技能人才，特别是山东省当前制造业重点发展领域的新兴制造业领域和高端制造领域的高水平技术技能复合型人才。对新引进的高技能人才，经认定后分别对应领军人才、高端人才和青年才俊以及对引进和培养的重点产业急需紧缺高技能人才，应分别给予不同的优惠政策。还应该将高技术技能人才纳入山东省制造业人才分类目录，明确人才类别，在落户、医疗保健、住房保障、子女入学等配套措施上享受相应的人才待遇。

政府制定的优惠政策应涉及以下几个方面的内容：一是给予引进的高技能人才的福利优惠，确定待遇级别和政府补贴数额。例如，规定从国内外引进的非常紧缺的高技能人才，可以享受与制造业企业内高级专业技术人员的同等的待遇，并且还可以享受由当地政府发放的政府补贴。二是要对企业内的较高水平的高技能人才，建立一定的岗位技能津贴制度。对于在技术开发、改造、革新中作出特殊贡献的高技能人才，其所在的企业要有合理的奖励政策。政府应该进一步完善高技能人才的社会保障体系。三是政府可以允许企业将智力支出作为技术开发的投入费用，并将引进人才、培育人才的投入列入企业的经营成本中，对于聘请具有重要贡献的创新型和紧缺型的高技能人才以及在研发或生产岗位上的高级技师的企业，政府可以给予一定的补助。四是政府可以制定政策鼓励企业参加高技能人才的招聘活动，规定参与企业的摊位费和招聘广告费用，可以全额由政府资助，对引进人才的企业，财政给予补助。

参考文献

[1] 艾栋, 孟舒慧, 董广萍, 等. 河南省高层次创新型科技人才队伍建设评价研究 [J]. 科技资讯, 2023, 21 (1): 251-256.

[2] 白凤宝. 企业经营管理人员的约束和激励机制分析 [J]. 上海商业, 2021 (7): 74-75.

[3] 暴金. "十五五"时期河北省装备制造业数字人才培育的建议 [J]. 石家庄职业技术学院学报, 2025, 37 (1): 33-37.

[4] 蔡春晓. 中国优势制造业发展水平的指标体系构建及综合评价 [D]. 长沙: 湖南大学, 2021.

[5] 蔡璟. 高职院校人才培养对地方经济高质量发展的贡献适配度研究 [D]. 南昌: 江西财经大学, 2024.

[6] 曹永峰, 葛俊龙. 先进制造业基地的成长与跨国公司研发国际化 [J]. 国际贸易问题, 2004 (12): 66-69.

[7] 陈宝森. 变革中的美国制造业 [J]. 世界经济与政治论坛, 2004 (2).

[8] 陈光丽, 陈晖. 区域高层次科技人才评价指标体系研究——以昆明市为例 [J]. 科技与创新, 2024 (8): 168-171.

[9] 陈始发, 梁薇. 新质生产力与国家安全主动权的塑造 [J]. 江西财经大学学报, 2024 (4): 3-12.

[10] 陈薇. 装备制造业发展现状评价研究 [D]. 合肥: 合肥工业大学, 2016.

[11] 谌新民, 潘彬. 产业升级与高技能人才供给结构性失衡的影响因素研究——以广东省珠江三角洲地区为例 [J]. 华南师范大学学报 (社会科学版), 2009 (6): 85-92, 160.

[12] 成汹涌, 张敬洺. 河南高层次科技人才评价机制创新建构与实施研究 [J]. 产业创新研究, 2024 (15): 70-72.

[13] 邓淑芬,江涛涛. 区域物流人才与物流产业协同适配度研究——以江苏为例 [J]. 常州大学学报(社会科学版),2018,19(5):77-83.

[14] 邓子立."三评"背景下广东省科技人才评价制度优化研究. 广东省,广东省科技创新监测研究中心,2022-09-28.

[15] 董广萍,河南省创新型科技人才评价及激励机制研究. 河南省,河南省科学技术信息研究院,2019-04-01.

[16] 杜宝贵,刘致良. 区域先进制造业发展水平提升的驱动因素及组态路径——基于30个城市的定性比较分析 [J]. 创新科技,2025,25(3):42-54.

[17] 杜传忠,侯佳妮. 制造业服务化对我国制造业国际分工地位提升作用的实证分析——基于服务业开放调节效应的视角 [J]. 江西财经大学学报,2023(5):23-36.

[18] 杜娟,吴先文,肖峰,等. 高端装备制造业技术技能人才进阶式培养体系构建与实践 [J]. 教育科学论坛,2024(27):13-16.

[19] 杜廷霞,闫峰,程铭,等. 山东省区域性科技人才资源分析与评价研究 [J]. 中国科技资源导刊,2023,55(3):85-93.

[20] 杜杨. 推动制造业高端化提升新质生产力成核心动能 [N]. 经济导报,2024-12-06(002).

[21] 范俐鑫. 山东技能人才评价将有创新"大动作"[N]. 济南日报,2024-03-26(001). DOI:10.28453/n.cnki.njnrb.2024.000994.

[22] 冯子标. 人力资本运营论 [M]. 北京:经济科学出版社,2000:38.

[23] 傅为忠,刘瑶. 产业数字化与制造业高质量发展耦合协调研究——基于长三角区域的实证分析 [J]. 华东经济管理,2021,35(12):19-29.

[24] 傅晓华. 协同学与我国可持续发展系统自组织研究 [J]. 系统辩证学学报,2004(1):98-100.

[25] 高运胜,杨阳. 全球价值链重构背景下我国制造业高质量发展目标与路径研究 [J]. 经济学家,2020(10):65-74.

[26] 高子平. 人才结构与产业结构协调性研究:以上海市信息产业为例 [J]. 中国行政管理,2010(7):84-87.

［27］耿丽. G 市国有企业经营管理人员培训调研与分析［J］. 现代商业，2022（24）：82-84.

［28］龚广祥，王展祥，孙勇. 中国去工业化经济风险的表现形式、形成机理及防控路径研究［J］. 经济学家，2024（3）：98-107.

［29］谷慧玲，王首龙，张梓萌. 河北省科技人才评价指标体系的构建研究［J］. 华东科技，2024（5）：102-104.

［30］郭朝先，李治鸿. 我国制造业模式与业态创新进展以及"十五五"展望［J/OL］. 新疆师范大学学报（哲学社会科学版），1-12［2025-05-07］.

［31］郭静宜. 技能人才培养与制造业转型升级协调度研究［D］. 秦皇岛：燕山大学，2022.

［32］郭克莎，彭继宗. 制造业在中国新发展阶段的战略地位和作用［J］. 中国社会科学，2021（5）：128-149+207.

［33］郭克莎，田潇潇. 加快构建新发展格局与制造业转型升级路径［J］. 中国工业经济，2021（11）：44-58.

［34］郭亚敏. 黑龙江省装备制造业技术人才开发问题研究［D］. 哈尔滨：哈尔滨商业大学，2016.

［35］郭亚敏. 黑龙江省装备制造业技术人才开发现状［J］. 现代经济信息，2016（11）：90-91.

［36］国家统计局. GB/T4754—2017. 国民经济行业分［S］. 2017-06-30. 2017-10-01.

［37］国家统计局. 中国统计年鉴 2019-2014［EB/OL］. https://www.stats.gov.cn/sj/ndsj/.

［38］国家统计局. 中华人民共和国 2024 年国民经济与社会发展统计公报［EB/OL］. 2025-02-28. https://www.gov.cn/lianbo/bumen/202502/content_7008605.htm.

［39］国家制造强国建设战略咨询委员会，中国制造 2025 蓝皮书［M］. 北京：电子工业出版社，2017.

［40］国务院. 中国制造 2025（国发〔2015〕28 号）［EB/OL］. 2015-05-19. https://www.gov.cn/zhengce/zhengceku/2015-05/19/content_9784.htm.

［41］韩超，李翀宇. 中国制造业低碳化发展趋势及其政策导向分

析［J］．齐鲁学刊，2024（3）：137－149．

［42］韩莹莹．中国先进制造业的概念界定、现状及发展趋势［J］．商展经济，2024（3）：144－147．

［43］何喜军，魏国丹，张婷婷．区域要素禀赋与制造业协同发展度评价与实证研究［J］．中国软科学，2016（12）：163－171．

［44］洪娟．安徽省科技人才评价体系创新优化的对策研究［J］．安徽科技，2024（4）：43－44．

［45］胡彩霞，檀祝平．高技能人才培养：政策导向、现实困境与教育调适［J］．职教论坛，2022，38（11）：14－22．

［46］华艺，陶建宏．企业高管团队高效运作的影响因素及对策探讨［J］．企业经济，2012，31（8）：52－55．

［47］黄昶生，张旭宇．山东省制造业评价及转型升级对策［J］．中国石油大学学报（社会科学版），2015，31（5）：24－29．

［48］黄慧，安徽省科技人才评价体系优化及对策研究．安徽省，安徽省农业科学院，2022－05－19．

［49］黄继涛．安徽省科技人才竞争力评价及提升策略研究［D］．合肥：合肥工业大学，2023．

［50］黄如桃．南昌市制造业企业技术技能人才缺失现状及对策研究［D］．南昌：江西师范大学，2022．

［51］黄昕，苏珊．"双碳"目标下广东省21个地级市制造业发展竞争力评价［J］．商业观察，2024，10（19）：34－37．

［52］黄烨菁．何为"先进制造业"？——对一个模糊概念的学术梳理［J］．学术月刊，2010，42（7）：87－93．

［53］惠宁，杨昕．数字经济驱动与中国制造业高质量发展［J］．陕西师范大学学报（哲学社会科学版），2022，51（1）：133－147．

［54］霍影，姜颖．区域人才结构与产业结构协同适配度评价方法研究——以黑龙江省为例［J］．北京交通大学学报（社会科学版），2013，12（4）：54－60．

［55］季莎莎．辽宁省产业结构与人才结构的适配度研究［D］．辽宁工程技术大学，2016．

［56］季生．中国高端制造业亟需解决五类人才的短缺［J］．经理人，2025（2）：13－15．

[57] 贾楠. 技术人才是制造业强国之本 [J]. 群言, 2022 (3): 34-36.

[58] 蒋斌. 适应制造业转型的人才开发策略研究 [J]. 现代企业文化, 2024 (32): 146-148.

[59] 蒋真儿, 徐丽华, 巫强. 里子还是面子: 高学历研发人员与制造业企业创新绩效 [J]. 山西财经大学学报, 2025, 47 (3): 72-86.

[60] 经济大省挑大梁｜打造北方地区经济重要增长极——山东推动高质量发展不断迈上新台阶 [N]. 新华社, 2025-04-18.

[61] 孔春蕾. 我国制造业转型升级的税收政策优化研究 [D]. 上海: 上海海关学院, 2019.

[62] 黎峰. 开放型经济转型与大国富强之路 [J]. 江西财经大学学报, 2023 (3): 14-25.

[63] 李朝辉, 王金波, 张建, 等. 基于熵值法的山东省制造业数字化转型评价研究 [J]. 德州学院学报, 2025, 41 (2): 35-41.

[64] 李晨阳. 八部门开展科技人才评价改革试点工作 [N]. 中国科学报, 2022-11-11 (001).

[65] 李春梅. 中国制造业发展质量的评价及其影响因素分析——来自制造业行业面板数据的实证 [J]. 经济问题, 2019 (8): 44-53.

[66] 李春平, 葛莹玉, 江苏人才结构与经济增长的协调度分析 [J]. 现代商贸业, 2007, 19 (12): 4-5.

[67] 李丹丹, 李剑富. "中国制造2025"背景下高技能人才培养内涵研究述评 [J]. 当代职业教育, 2017 (2): 78-83.

[68] 李端生, 周虹. 高管团队特征、垂直对特征差异与内部控制质量 [J]. 审计与经济研究, 2017, 32 (2): 24-34.

[69] 李红, 苏昌贵. 新形势下长沙先进制造业基地建设与布局 [J]. 经济地理, 2009, 29 (7): 1148-1153.

[70] 李廉水, 程中华, 刘军. 中国制造业"新型化"及其评价研究 [J]. 中国工业经济, 2015 (2): 63-75.

[71] 李良成, 陈欣, 郑石明. 科技人才与科技创新协同度测度模型及应用 [J]. 科技进步与对策, 2019, 36 (10): 130-137.

[72] 李琳, 王足. 我国区域制造业绿色竞争力评价及动态比较

[J]．经济问题探索，2017（1）：64-71,81．

[73] 李率男，王懿，曹瑾，等．创新驱动发展战略下科技人才评价指标体系建设研究［J］．中国科技人才，2023（2）：46-60．

[74] 李能丽，邵磊，孙建．推动山东制造业利用外资增量提质的对策建议［J］．山东宏观经济，2023（5）：47-57．

[75] 李庆波，徐永赞，朱鹏举．科技人才评价研究综述［J］．河北科技大学学报，2024,45（4）：443-453．

[76] 李史恒，屈小娥．数字经济赋能制造业高质量发展：理论机制与实证检验［J］．经济问题探索，2022（10）：105-117．

[77] 李伟鸿，王佳杰，夏玉光，等．促进高技能人才队伍建设政策量化评价研究［J］．顺德职业技术学院学报，2024,22（3）：19-24+30．

[78] 李晓华．数字技术推动下的服务型制造创新发展［J］．改革，2021（10）：72-83．

[79] 李旭，黄毅．现代制造业高素质技术技能人才的特征与育人机制［J］．科教文汇，2024（24）：147-152．

[80] 李旭，黎晗．先进制造业高素质技术技能人才培养的"职业教育—产业实践—五链一体"融合机制研究［J］．文化产业，2024（30）：166-168．

[81] 李煜华，张敬怡．先进制造业发展政策量化评价与优化路径［J］．统计与决策，2022,38（10）：175-179．

[82] 加里·贝克尔．人力资本理论——关于教育的理论和实证分析［M］．北京：中信出版社，2007：XVII．

[83] 林喜庆，许放．基于AHP的城市科技人才竞争力评价研究——以中国4个直辖市2008年数据分析为例［J］．北京科技大学学报（社会科学版），2015,31（1）：109-118．

[84] 林香港，孔庆晓．县域制造业技术技能人才供需前景分析及解决途径——以温州职业技术学院永嘉学院为例［J］．公关世界，2023（14）：52-54．

[85] 刘芳．制造业人才培养的多元化路径与实践［J］．市场瞭望，2024（22）：187-189．

[86] 刘浩华，潘强，余忠发，等．物流业与制造业融合发展测度

及提升策略研究——以江西省为例 [J/OL]. 供应链管理, 1-13 [2025-05-04].

[87] 刘宏涛, 杨盼君. 科技人才评价研究综述 [J]. 对外经贸, 2024 (8): 96-99.

[88] 刘会政, 朱光. 中国装备制造业国际分工地位及提升路径研究 [J]. 国际商务 (对外经济贸易大学学报), 2018 (5): 12~24.

[89] 刘敏. 基于灰色关联分析的资源型城市产业结构调整研究——以山西省为例 [J]. 现代商业, 2019 (8): 64-65.

[90] 刘言正, 毛新宇, 孙灵通. 教育、科技、人才"三位一体"推进高校拔尖创新人才培养路径研究 [J/OL]. 西北工业大学学报 (社会科学版), 1-8 [2025-05-07].

[91] 刘莹, 徐盈. 青年科技人才的新质素养: 概念、价值及培育路径 [J/OL]. 西南科技大学学报 (哲学社会科学版), 1-9 [2025-04-26].

[92] 刘云, 王雪静, 郭栋. 新时代我国科技人才分类评价体系构建研究——以中国科协人才奖励为例 [J]. 科学学与科学技术管理, 2023, 44 (11): 15-26.

[93] 刘佐菁, 陈杰, 苏榕. 广东省科技人才竞争力评价与提升策略 [J]. 科技管理研究, 2018, 38 (22): 134-141.

[94] 鹿晔等. 山东打造世界级先进制造业集群路径研究 [J]. 山东宏观经济, 2023年第5期.

[95] 吕明元, 苗效东, 李晓华. 天津市制造业发展质量评价与影响因素分析——基于2003—2017年数据 [J]. 天津商业大学学报, 2019, 39 (5): 12-19.

[96] 罗文, 徐光瑞. 中国工业发展质量研究 [J]. 中国软科学, 2013 (1): 50-60.

[97] 马延尚. 企业技术高管占比、研发投入与企业创新绩效的关系研究 [D]. 吉林大学, 2025.

[98] 马玉洁, 王小兵, 姜美玉. 新质生产力视角下中国省域制造业的质量竞争力评价研究 [J]. 对外经贸, 2025 (3): 52-56.

[99] 马跃. 高管创新型人力资本对制造业企业创新绩效的影响 [D]. 北京: 首都经济贸易大学, 2022.

[100] 孟晓波. 西部地区制造业新型化发展评价研究 [D]. 柳州: 广西科技大学, 2020.

[101] 聂淑花, 魏作磊. 生产性服务业开放与制造业高质量发展 [J]. 商业研究, 2023 (6): 20-29.

[102] 牛巧红. 浅谈广东技能人才评价推动高质量发展的对策 [J]. 中国培训, 2023 (4): 27-29.

[103] 牛小侠, 朱国平. 强化制造业升级人才保障 [N]. 经济日报, 2025-02-14 (005).

[104] 潘国轩, 潘丽荣. 黑龙江省装备制造业人才、技术与经济增长耦合协调发展研究 [J]. 农村经济与科技, 2021, 32 (20): 179-181.

[105] 潘劲松, 范玉明, 李晓峰. 山东省推进制造业高质量发展路径研究 [J]. 山东宏观经济, 2024 (4): 68-72.

[106] 潘仙友, 王烜, 袁格. 企业绿色投资结构同群效应与碳生产率——基于制造业上市公司的经验证据 [J/OL]. 软科学, 1-12 [2025-05-01].

[107] 裴连进. 广钢集团子公司经营管理人员选拔任用机制问题研究 [J]. 中国高新技术企业, 2008 (19): 20-22.

[108] 裴玲玲. 科技人才集聚与高技术产业发展的互动关系 [J]. 科学学研究, 2018, 36 (5): 813-824.

[109] 彭志强, 樊辰, 张利好, 等. 装备制造业创新型高技能人才群体特征和成功经验分析研究 [J]. 科教文汇, 2024 (7): 28-32.

[110] 皮江红, 朱卫琴. 浙江制造业人才结构与产业结构匹配性研究 [J]. 浙江工业大学学报 (社会科学版), 2022, 21 (1): 46-53.

[111] 戚聿东. 制造业智能化赋能中国经济高质量发展——《制造业智能化与中国经济高质量发展》书评 [J]. 科研管理, 2023, 44 (10): 194.

[112] 綦良群, 王成东, 蔡渊渊. 中国装备制造业R&D效率评价及其影响因素研究 [J]. 研究与发展管理, 2014, 26 (1): 111-118.

[113] 屈群苹. 提升人才培养与产业升级适配度 [N]. 经济日报, 2025-04-15 (005).

[114] 全球科技人才分布版图重塑: 美国高层次科技人才居首,

中国快速崛起［EB/OL］.2025 – 01 – 13. https：//baijiahao. baidu. com/
s? id = 1821116417115554245&wfr = spider&for = pc.

［115］人力资源社会保障部."技能中国行动"实施方案（人社部
发〔2021〕48 号）［EB/OL］.2021 – 06 – 30. https：//www. mohrss. gov.
cn/xxgk2020/fdzdgknr/qt/gztz/202107/t20210705_417746. html.

［116］山东省第十四届人民代表大会常务委员会第十一次会议通
过. 山东省先进制造业促进条例［EB/OL］. http：//gxt. shandong. gov.
cn/art/2024/9/27/art_103863_10346024. html.

［117］山东省人民政府. 关于加强新时代全省高技能人才队伍建设
的实施意见｛鲁政办字〔2023〕146 号｝［EB/OL］. http：//www. shandong.
gov. cn/art/2023/9/25/art_267492_59402. html.

［118］山东省人民政府. 山东省"十四五"人才发展规划［EB/
OL］.2021 – 08 – 25. http：//gb. shandong. gov. cn/art/2021/8/25/art_
206002_427377. html.

［119］山东省人民政府. 我省发布 2024 年重点人才需求岗位
［EB/OL］.2024 – 04 – 26. http：//fgw. shandong. gov. cn/art/2024/4/26/art_
91502_10435171. html.

［120］山东省统计局. 山东省第五次全国经济普查公报（第六号）
［EB/OL］.2025 – 04 – 10. http：//tjj. shandong. gov. cn/art/2025/4/10/art_
321172_10317358. html.

［121］山东省统计局. 山东省统计年鉴 2019 – 2024［EB/OL］.
http：//tjj. shandong. gov. cn/col/col6279/.

［122］山东省委、省政府. 先进制造业强省行动计划（2022—
2025 年）［EB/OL］.2022 – 11 – 11. http：//www. shandong. gov. cn/art/
2022/11/12/art_97904_562759. html.

［123］商务部新闻办公室. 商务部公布 2022 年国家级经济技术开
发区综合发展水平考核评价结果［EB/OL］.2024 – 07 – 30. http：//
file. mofcom. gov. cn/article/syxwfb/202301/20230103379178. shtml.

［124］时彦超,刘晓容. 数据要素赋能山东省制造业高质量发展研
究［J］.商业经济,2025（2）:37 – 40,178. DOI:10. 19905/j. cnki.
syjj1982. 2025. 02. 030.

［125］苏日娜. 内蒙古科技人才竞争力评价与提升研究［D］. 呼

和浩特：内蒙古大学，2023.

[126] 孙彦玲，孙锐. 科技人才评价的逻辑框架、实践困境与对策分析 [J]. 科学学与科学技术管理，2023，44（11）：46-62.

[127] 孙占，张玉赋，张华. 江苏省人才与产业转型发展互动关系研究 [J]. 科技进步与对策，2015，32（8）：46-50.

[128] 汤卫伟."双碳"目标背景下安徽制造业高质量发展路径研究 [J]. 企业改革与管理，2025（5）：139-141.

[129] 唐德才，汤杰新，刘昊. 中部6省制造业"新型化"比较与评价 [J]. 工业技术经济，2016，35（6）：111-121.

[130] 陶章. 科技型企业高管团队异质性与企业绩效的关联度研究 [J]. 技术经济与管理研究，2018（6）：10-14.

[131] 王大权. 贵阳市科技人才竞争力评价及提升路径研究 [J]. 农村经济与科技，2021，32（18）：231-233.

[132] 王发明. 产业经济学教程 [M]. 杭州：浙江大学出版社，2015.

[133] 王华. 国企经营管理人员多维度考核体系构建与实践探索 [J]. 商讯，2024（3）：183-186.

[134] 王见敏，龚家鑫，令狐绍霞，等. 贵阳市科技人才区域竞争力提升研究 [J]. 中国人事科学，2022（11）：37-52.

[135] 王建明. 人力资本生产制度研究 [M]. 北京：经济科学出版社，2001：17.

[136] 王建胜. 长三角城市群产学研知识流动与先进制造业发展的机制与效应 [J]. 经济地理，2024，44（2）：134-144+218.

[137] 王娟，张翔，覃雨宜. 双向FDI协同与制造业高质量发展——基于中国省级面板数据的实证分析 [J]. 资源开发与市场，2024，40（12）：1828-1837.

[138] 王蒙，孙恺艺. 科技人才对河南省制造业技术创新的影响研究 [J]. 河南科技，2024，51（10）：139-143.

[139] 王宁. 济南制造业中层管理人员胜任素质模型研究 [D]. 成都：西南交通大学，2012.

[140] 王强，张馨冉，祝慧琳. 美国先进制造业技能人才培养的制度供给与实践路径 [J]. 中国人民大学教育学刊，2025（1）：141-154.

[141] 王婷婷, 张秋秋. 智能制造背景下制造业"三链-四方"人才培养模式探究——以东北地区为例 [J]. 商场现代化, 2024 (21): 107-109.

[142] 王文, 申宇婧, 金臻. "中国制造2025"的十年进展评估——基于美国文献的视角 [J/OL]. 学术探索, 1-10 [2025-05-01].

[143] 王小明, 邵睿, 朱莉芬. 数字经济赋能制造业高质量发展探究 [J]. 改革, 2023 (3): 148-155.

[144] 王小琴. 高科技企业科技人才评价与激励 [J]. 科研管理, 2007 (S1): 45-51.

[145] 王新红, 李世婷. 基于改进熵值法的中国制造业创新驱动能力评价研究 [J]. 商业研究, 2017 (1): 27-33.

[146] 王雪莉, 马琳, 王艳丽. 高管团队职能背景对企业绩效的影响: 以中国信息技术行业上市公司为例 [J]. 南开管理评论, 2013, 16 (4): 80-93.

[147] 王永昌, 尹江燕. 论经济高质量发展的基本内涵及趋向 [J]. 浙江学刊, 2019 (1): 91-95.

[148] 王云昌, 张芸. 国企经营管理人员的激励与约束机制 [J]. 中国人力资源开发, 2002 (7): 11-13.

[149] 王政. 长江中游城市群先进制造业的选择与评价研究 [D]. 武汉: 武汉理工大学, 2018.

[150] 王政, 刘温馨. 国家级制造业创新指数稳步提升 [N]. 人民日报, 2025-04-22 (014).

[151] 魏高亮. 广西汽车制造业高技能人才评价体系构建研究 [D]. 广西大学, 2024.

[152] 习近平. 高举中国特色社会主义伟大旗帜 为全面建设社会主义现代化国家而团结奋斗——在中国共产党第二十次全国代表大会上的报告 [EB/OL]. 2022-10-16. https://www.gov.cn/xinwen/2022-10/25/content_5721685.htm.

[153] 习近平. 高举中国特色社会主义伟大旗帜 为全面建设社会主义现代化国家而团结奋斗——在中国共产党第二十次全国代表大会上的报告 [M]. 北京: 人民出版社, 2022.

[154] 向玲凛. 西部制造业发展动态及其高质量发展水平评价

[J]．统计与决策，2023，39（2）：120-124．

[155] 向子威．路径依赖视角下先进制造业数字化转型实现路径研究 [D]．上海：上海应用技术大学，2023．

[156] 肖嘉琦，张金清．高管团队异质性与企业绩效研究综述 [J]．商业研究，2018（3）：115-122，161．

[157] 肖黎春．上海产业结构和就业结构变动发展趋势及特征分析 [J]．人力资源研究，2003（3）：84-87．

[158] 谢港华，史言信．制造业高质量发展：形成逻辑、测度评价与实现路径——一个文献综述 [J]．山西财经大学学报，2025，47（4）：84-98．

[159] 新华财经．山东推动先进制造业集群能级跃升 [EB/OL]．2025-05-01．http：//gxt．shandong．gov．cn/art/2025/5/1/art_15171_10349807．html．

[160] 邢明强，梁高杨，彭永芳．科技人才创新活力评价体系和激励政策研究 [J]．河北地质大学学报，2018，41（4）：94-99．

[161] 熊珍琴，李琪．江西省先进制造业集群竞争力评价与提升策略研究 [J]．现代工业经济和信息化，2024，14（11）：51-54．

[162] 徐建伟，韩晓，赵阳华．推动制造业高质量发展的时代要求、现实基础与策略选择 [J]．改革，2023（11）：55-66．

[163] 徐胜，杨学龙．创新驱动与海洋产业集聚的协同发展研究——基于中国沿海省市的灰色关联分析 [J]．华东经济管理，2018，32（2）：109-116．

[164] 许秀静．鲁粤苏浙4省装备制造业创新力评价 [J]．科技经济导刊，2025，33（1）：59-67．

[165] 颜平，周闻宇，王瑞荣，等．长三角城市群数字经济与制造业高质量发展耦合协调时空演化及影响因素 [J]．经济地理，2024，44（7）：87-95．

[166] 颜廷武，李凌超，张俊飚．生产效率导向下中国农机装备制造业发展地区评价与路径选择 [J]．中国科技论坛，2015（7）：123-129．

[167] 杨大庆，谭风其．世界先进制造业的发展经验及其借鉴 [J]．北方经济，2006（2）．

[168] 杨浩昌,罗雨成,李廉水. 智能制造对制造业高质量发展的影响研究——基于"量"与"质"的视角 [J]. 科学学研究, 2024, 42 (8): 1644-1655.

[169] 杨华,郭丽芳. 经济转型视角下的山西人才结构优化策略分析 [J]. 科技管理研究, 2014, 34 (8): 153-157.

[170] 杨若凡,夏建国. 先进制造业的发展与职业技术教育 [J]. 教育发展研究, 2005 (3): 66-69.

[171] 杨升岩. 山东潍坊:强化现代农业和先进制造业人才支撑 [J]. 中国人才, 2022 (9): 80.

[172] 杨文骏,房颖. 辽宁省产业结构及政策分析——基于配第—克拉克定理 [J]. 全国商情(经济理论研究), 2016 (6): 45-47.

[173] 杨亚娟,孙向前. 关于云南省科技人才评价的思考 [J]. 产业科技创新, 2024, 6 (6): 28-31.

[174] 于丹,霍影. 黑龙江省产业结构与人才结构协调性研究 [J]. 科技创业月刊, 2013, 26 (8): 18-20.

[175] 于清敏. 顺德制造业发展现状综合评价研究 [J]. 顺德职业技术学院学报, 2018, 16 (3): 83-90.

[176] 余淼杰,张睿. 中国制造业出口质量的准确衡量:挑战与解决方法 [J]. 经济学(季刊), 2017, 16 (2): 463-484.

[177] 翟原. 山西省上市公司促进区域经济发展研究 [J]. 科技创新与生产力, 2014 (3): 9-11.

[178] 翟子慧,饶远立,郭朝,等. 我国各区域医药制造业科技竞争力水平的评价研究 [J]. 生产力研究, 2024 (11): 86-91.

[179] 张海波. 山东加快以数实融合推动经济高质量发展的实践探索 [J]. 新型工业化, 2023, 13 (11): 66-72.

[180] 张厚明,王顺利. 构建我国制造业高质量发展人才支撑体系的思路 [J]. 中国国情国力, 2024 (7): 8-11.

[181] 张兰. 高端装备制造业技能人才综合评价模型实证分析 [D]. 保定:河北大学, 2014.

[182] 张宓之,裴文乾,何雪莹. "十四五"科技人才评价方法与指标体系构建 [J]. 科技中国, 2022 (11): 75-78.

[183] 张姗姗. 人才强省视域下河北省科技人才分类评价指标体系

研究［J］. 科技传播，2024，16（23）：13－17.

［184］张世亮，高馨. 新旧动能转换背景下山东省装备制造业技术技能人才需求调研与分析［J］. 中国教育技术装备，2023（2）：61－64.

［185］张文昌. 中国制造业全要素生产率测算与分解［D］. 武汉：中共湖北省委党校，2019.

［186］张榉榉，张鹏飞，徐子轶. 海洋产业集聚与海洋科技人才集聚协同发展研究——基于耦合模型构建［J］. 山东大学学报（哲学社会科学版），2014（6）：118－128.

［187］张德祥，王晓玲. 产学研深度融合与高等教育强国建设［J］. 中国高教研究，2023（11）：1－8.

［188］张晓芹，王宇. 基于《中国制造2025》的新型制造业综合评价——以佛山市制造业为例［J］. 科技管理研究，2018，38（3）：100－106.

［189］张亚宁. 河北省人才结构与产业结构协调发展研究［J］. 合作经济与科技，2016（3）：16－17.

［190］张延平，李明生. 我国区域人才结构优化与产业结构升级的协调适配度评价研究［J］. 中国软科学，2011（3）：177－192.

［191］张艳凝. 高端制造业海外高层次科技人才引进机制创新研究［J］. 产业与科技论坛，2025，24（4）：232－234.

［192］张洋，黄楠，余厚强，等. 基于政策文本分析的我国科技人才评价导向研究［J］. 情报科学，2024，42（3）：10－17.

［193］张渊. 辽宁省人才结构与产业结构协调适配度研究［D］. 沈阳：辽宁大学，2021.

［194］张远为，林江鹏. 湖北省制造业竞争力评价与提升路径［J］. 湖北社会科学，2022（10）：50－60.

［195］章穗，张梅，迟国泰. 基于熵权法的科学技术评价模型及其实证研究［J］. 管理学报，2010，7（1）：34－42.

［196］赵春雨，薛曼. 新发展理念下制造业竞争力评价指标体系构建［J］. 经济师，2023（5）：7－8.

［197］赵佳丽，吴榕. 数字产业与制造业协同集聚对区域创新效率的影响研究［J］. 管理学刊，2024，37（5）：113－127.

[198] 赵剑波,史丹,邓洲.高质量发展的内涵研究[J].经济与管理研究,2019,40(11):15-31.

[199] 赵莉,贾鹏程,车文磊.高管团队异质性对制造企业创新绩效的影响研究[J].商场现代化,2025(6):119-121.

[200] 郑吉昌,朱开明.先进制造业基地竞争优势的内在动因和服务支撑研究[J].中国软科学,2005(4):120-126.

[201] 制造业加快转型升级,生产一线岗位需求发生变化——新型技能人才如何培育.人民日报,2024-08-18.

[202] 中共中央办公厅、国务院办公厅.关于加强新时代高技能人才队伍建设的意见(国务院2022年第29号)[EB/OL].2022-10-07.https://www.gov.cn/gongbao/content/2022/content_5719981.htm.

[203] 中共中央关于进一步全面深化改革推进中国式现代化的决定[M].北京:人民出版社,2024:13.

[204] 中共中央 国务院关于进一步加强人才工作的决定[EB/OL].2003-12-26.https://www.gov.cn/test/2005-07/01/content_11547.htm.

[205] 中共中央 国务院.国家中长期人才发展规划纲要(2010—2020年)[EB/OL].2021-06-07.http://www.moe.gov.cn/jyb_xwfb/s6052/moe_838/201006/t20100607_88754.html.

[206] 中华全国总工会.大国工匠人才培育工程实施办法(试行)(总工发〔2024〕1号)[EB/OL].2024-01-19.http://acftu.people.com.cn/n1/2024/0119/c67502-40162224.html.

[207] 中华人民共和国国民经济和社会发展第十四个五年规划和2035年远景目标纲要[EB/OL].2021-03-13.http://www.moe.gov.cn/jyb_xwfb/xw_zt/moe_357/2021/2021_zt01/yw/202103/t20210315_519738.html.

[208] 周晓惠,田蒙蒙,聂浩然.高管团队异质性、盈余管理与企业绩效[J].南京审计大学学报,2017,14(3):75-85.

[209] 朱海就.知识创新:论先进制造业基地建设[J].科技进步与对策,2006(10):108-111.

[210] 朱兰.人工智能与制造业深度融合:内涵、机理与路径[J].农村金融研究,2023(8):60-69.

［211］朱贤祺. 江苏省城市科技人才吸引力综合评价研究［J］. 经营与管理，2022（6）：173-178.

［212］朱晓静. 山东构建产业生态体系推动制造业高质量发展研究［J］. 中国国情国力，2022（11）：30-34.

［213］诸葛锦元，高毅蓉. 开封市人力资源结构与产业结构的协调适配度研究［J］. 企业改革与管理，2019（3）：207-211.

［214］邹群彩，凌祥，涂善东. 先进制造模式——分散网络化制造的研究进展［J］. 南京化工大学学报（自然科学版），2001（4）：106-110.

［215］左元丽. 基于因子分析的制造业上市公司综合绩效评价——以江苏制造业上市公司为例［J］. 会计之友，2016（24）：89-92.

［216］Brett J, Reopel M. Advanced Manufacturing in New England: Strategies for Tapping the potential［J］. *Federal Reserve Bank of Boston*, 2010（3）：5-8.

［217］Brown J., & Davis D. Leadership Tenure and Organizational Identification: Implications for Value Creation［J］. *Journal of Leadership & Organizational Studies*, 2022, 29（2）：189-203.

［218］Dimitris Mourtzis, Ekaterini Vlachou, Vasilios Zogopoulos, Ravi Kumar Gupta, Farouk Belkadi, Adel Debbache, Alain Bernard. Customer feedback gathering and management tools for product-service system design［J］. *Procedia* CIRP, 2018, 67.

［219］Hambrick D. C., Mason P. A.. Upper Echelons: The Organization as a Reflection of Its Top Managers［J］. *Academy of Management Review*, 1984, 9（2）：193-206.

［220］Hassan Barau Singhry, Azmawani Abd Rahman, Ng Siew Imm. Effect of advanced manufacturing technology, concurrent engineering of product design, and supply chain performance of manufacturing companies［J］. *The International Journal of Advanced Manufacturing Technology*, 2016, Vol. 86（1-4）：663-669.

［221］H Haken. *Advanced Synergetics: Instability Hierarchies of Self-Organizing Systems and Devices*［M］. New York: Springer-Verlag, 1993：86-89.

[222] Ismail K, Abdullah M, et al. The Use of Business Strategy in Advanced Manufacturing Environment [J]. *International Journal of Asian Social Science*, 2013, 3 (10): 2134–2146.

[223] Mingzhou Jin, Renzhong Tang, Yangjian Ji, Fei Liu, Liang Gao, Donald Huisingh. Impact of advanced manufacturing on sustainability: An overview of the special volume on advanced manufacturing for sustainability and low fossil carbon emissions [J]. *Journal of Cleaner Production*, 2017, 161.

[224] Saini, Ramandeep. An Analysis of Performance Appraisal Systems and Career Development Programs in Manufacturing Sector [J]. *Journal of Management Research*, 2016, 15 (3): 61–74.

[225] Schoonhoven C. B., Eisenhardt K. M., Lyman K.. Speeding Products to Market: Waiting Time to First Product Introduction in New Firms [J]. *Administrative Science Quarterly*, 1990, 35 (1): 177.

[226] Vandenbussche J, Aghion P, Meghir C. Growth, Distance to Frontier and Composition of Human Capital [J]. *Journal of Economic Growth*, 2006, 11 (2): 127–154.

[227] Wang M., Zhang H., Li S. The Impact of Top Management Team Education on Decision-Making Capability and Firm Performance [J]. *Management Science*, 2022, 68 (4): 1456–1478.